U0061674

駱偉建　趙英杰　王榮國　●　著

概念 邏輯 命題

中國特別行政區理論體系研究

責任編輯	江其信	
書籍設計	道 轍	

書　　名	概念 邏輯 命題：中國特別行政區理論體系研究
著　　者	駱偉建　趙英杰　王榮國
聯合出版	三聯書店（香港）有限公司
	香港北角英皇道 499 號北角工業大廈 20 樓
	澳門基金會
	澳門新馬路 61-75 號永光廣場 7-9 樓
發　　行	香港聯合書刊物流有限公司
	香港新界荃灣德士古道 220-248 號 16 樓
印　　刷	美雅印刷製本有限公司
	香港九龍觀塘榮業街 6 號 4 樓 A 室
版　　次	2023 年 9 月香港第一版第一次印刷
規　　格	大 32 開（140mm×210mm）288 面
國際書號	ISBN 978-962-04-5324-3

目錄

緒論

　　為認識一項事物，人們把握其體系是一種自然的傾向。何為體系？全身之總稱為體，自上而連於下謂之系，體系說出一項事物不是偶然或零散的，而是一個自上而下有機聯繫的整體。為何人們有此傾向？這或許與人性有關。向日葵有向陽性，青苔有向陰性，人有體系性。面對紛繁複雜的世界，無論東方或西方，人們都不可避免產生了"何以如此"的困惑。起初人訴諸神話傳說來解答這一困惑，認為不同的神掌管着世界的不同部分。哲人的興起使人們轉而訴諸哲學來尋找世界的"本原"，尋找作為整體之世界的最小單元。推而廣之，人們還將這一思考應用到更為具體的事物上：思考一個理想的城邦是怎樣被建構的；思考一部法律應當滿足哪些要求。柏拉圖（Plato）、亞里士多德（Aristotle）、蓋尤斯（Gaius）等被後世傳誦者的著作都是這類體系性思考的經典作品。

　　歷經中世紀來到近代，人們追求體系性認識的傾向更加有增無減。特別是伴隨着科學主義的降臨，一項認識是否具有體系性，或者說能否被體系化，成為判斷其為科學或偽科學的唯一標準。是，則被視為科學而普遍接受；否，則被視為偏見或臆想而決然拋棄。法學研究亦不例外。近代以前，神法、自然法、人法構成的法體系觀念綿延中世紀一千年。

近代以後，在科學主義的大旗下，歷史法學派、社會法學派、分析法學派分別對法的體系提出各自的觀點，認為歷史、社會、語言等影響並構成了法的要素，而這些要素聯結為一個整體。在這一趨勢下，不同維度下的法律制度成為體系性研究的對象。換言之，法律體系因應法律的維度不同而具有不同的概念。最宏觀的概念是法系下的法律制度，如勒內·達維德（René David）《當代世界主要法律體系》將具有共同法律文化傳統的國家和地區的法律制度進行整合。較為宏觀的概念是法域下的法律制度體系，即一個法域內正在生效的各個部門法所組成的有機整體，如歐盟、德國或美國法律制度等。較為微觀的概念是特定國家的某一部門法的法律制度，例如中國或美國憲法是如何構成的。最為微觀的概念是特定規則下的法律制度，例如葡萄牙民法中的佔有制度是如何構成的。[1]

本書嘗試從理論層面進行體系研究的對象是我國的特別行政區制度。縱覽世界各國法律，即便內容迥異，有一條線是一致的，即一個國家的全部領土內實行的要麼是社會主義制度，要麼是資本主義制度，沒有第三個選擇。前者有越南、老撾等少數國家，後者有德國、法國等多數國家。但中國是一個例外：中國是一個以工人階級領導的、以工農聯盟為基礎的人民民主專政的社會主義國家，但在其領土範圍內的港澳地區實行的卻是另一種制度，即資本主義制度。如我國兩個特別行政區的基本法序言所言，為解決歷史遺留問

---

[1] 李曉輝：〈比較法研究中的 "法律體系" 概念〉，《國家檢察官學院學報》，2011年第5期，第98頁。

題，維護國家統一和領土完整，有利於香港、澳門的社會穩定和經濟發展，考慮到香港、澳門的歷史和現實情況，國家決定，在對香港、澳門恢復行使主權時，根據《中華人民共和國憲法》第 31 條的規定，設立香港、澳門特別行政區，並按照 "一個國家，兩種制度"（以下簡稱 "一國兩制"）的方針，不在香港、澳門實行社會主義的制度和政策。同時全國人民代表大會根據《中華人民共和國憲法》特制定特別行政區基本法，不僅規定特別行政區所實行的制度，也保障國家對於特別行政區基本方針政策的實施。

因此，我國特別行政區制度是國家根據憲法、通過基本法設立的國家管理港澳特殊地域的制度。在中國的國家管理制度中，特別行政區制度屬國家對特殊地方實施管理的制度，它與國家對一般行政區和民族自治地方的管理制度一起，構成完整的國家對地方行政區域的管理制度。[1] 但是，學界不乏以西方通行的自由主義理論或社會契約論的意識形態來解讀特別行政區制度及其具體問題的研究。換言之，作為 "中國特色" [2] 的特別行政區制度還有進一步完善理論建構的必要性與空間。

本書的內容結構為：首先對特別行政區制度的思想基礎 "一國兩制" 理論進行體系化處理，包括梳理其形成過程與正當性基礎，論證 "一國兩制" 是中國為解決歷史遺留問題首創的理論，"一國兩制" 是中國化的理論而非西方理論，是有

---

[1] 鄒平學：〈論香港特別行政區制度的內容、特徵和實施條件〉，《法學評論》，2014 年第 1 期。

[2] 鄒平學：〈論特別行政區制度的中國特色〉，《長沙理工大學學報（社會科學版）》，2009 年第 1 期。

其理論依據和現實依據的，形成了中國特色的理論體系。以及，提取出“一國兩制”的系統論命題，即“一國兩制”是一個系統，系統由構成要素組成，各要素相互作用而形成一種存在結構，追求的是國家好、港澳好、共同發展的目標。這種存在結構及其目標的實現主要體現為五項基本關係的正確界定，包括構成政治基礎的“一國”與“兩制”關係、構成法律基礎的憲法與基本法關係、構成縱向權力基礎的中央與特區關係、構成橫向權力基礎的特區機關關係，以及構成權利基礎的政府與居民關係。這五種基本關係的界定在方法上主要通過釐清相關概念及其邏輯關係，以及提出相關命題而完成，以期最終達到具體呈現特別行政區制度的理論體系的研究目標。

第一章

作為思想基礎的
"一國兩制" 理論

一、"一國兩制"理論的中國特色

"一國兩制"是中國特色的思想理論,這一命題可由理論的形成過程與證明過程得出。命題至少包含三層含義:第一,"一國兩制"理論不是西方舶來品,而是為解決中國歷史遺留問題與實現國家統一的目標,結合中國實際情況提出的自身理論。西方現有的自由主義或共和主義的資本主義政治理論,既無法提出"一國兩制"的構想,也無法想像"一國兩制"的操作性方法。第二,既然從西方這些主流的政治理論無法推演出"一國兩制"思想,那麼如果仍以其為出發點或大命題去解釋"一國兩制",顯然是犯了方法論上的前提錯誤。因此,對"一國兩制"的理解需要回歸其自身的邏輯。第三,上述資本主義政治理論不能作為解釋"一國兩制"的大前提,並不意味着諸如主權、治權、分權、權利、義務等概念是無法借鑒適用的,不過需要注意的是,這裡的借鑒主要發揮其思維工具而非理論前提的作用。

(一)"一國兩制"理論的形成

"一國兩制"理論的形成並非一蹴而就,而是從初步構想逐漸成為政策,乃至最終法律化,有一個發展過程。簡要地說,自 1949 年中華人民共和國成立以來,"一國兩制"大致經歷了四個形成階段。

第一階段,可概括為"一國兩制"的初探,具體內容為"一綱四目"。1956 年 1 月,毛澤東主席提出準備第三次國共合作，愛國一家，並在給蔣介石的信中說道，台灣為中國政府統轄下的自治區，實行高度自治。1957 年 4 月 28 日，周恩來在同上海工商界人士座談會上指出："香港的主權總有一天我們是要收回的，但對香港的政策同對內地是不一樣的，如果照抄，結果一定搞不好。因為香港現在還在英國統治下，是純粹的資本主義市場，不能社會主義化，也不應該社會主義化。香港要完全按資本主義制度辦事，才能存在和發展，這對我們是有利的。" 1958 年 10 月，針對美國在台灣海峽的戰爭挑釁，毛澤東親自起草，以國防部長彭德懷的名義先後發表了《告台灣同胞書》和《再告台灣同胞書》兩個文告，強烈譴責美國政府堅持侵略台灣的立場，進一步闡明了第三次國共合作、和平解決台灣問題的設想。例如，《告台灣同胞書》中寫道："你們與我們之間的戰爭，三十年了，尚未結束，這是不好的。建議舉行談判，實行和平解決。"《再告台灣同胞書》中寫道："同胞們，中國人的事只能由我們中國人自己解決。一時難於解決，可以從長商議。" 1963 年初，周恩來將毛澤東的思想概括為 "一綱四目"。"一綱" 是台灣必須回歸祖國。"四目" 是：①台灣回歸祖國後，除外交必須統一於中央外，所有軍政大權人事安排由蔣決定；②所有軍政及建設經費不足之數，由中央撥付；③台灣的社會改革可以從緩，協商解決；④雙方互約不派人進行破壞對方團結之事。[1]

第二階段，可概括為 "一國兩制" 構想形成，具體體現在 "對台九條方針政策" 和憲法第 31 條的規定。1978 年 10

---

[1] 《毛澤東傳（1959-1976）》（上），中央文獻出版社，2003 年，第 881 頁。

月，鄧小平在會見日本文藝家江藤淳時就指出：“如果實現祖國統一，我們在台灣的政策將根據台灣的現實來處理。比如說，美國在台灣有大量的投資，日本在那裡也有大量的投資，這就是現實，我們正視這個現實。”[1]當年1月會見緬甸總統吳奈溫時，鄧小平第一次明確談到統一後台灣的某些制度和生活方式可以不動。他說：“在解決台灣問題時，我們會尊重台灣的現實。比如，台灣的某些制度可以不動。美日在台灣的投資可以不動，那邊的生活方式可以不動。”[2]1978年12月22日黨的十一屆三中全會公報提出要解決台灣問題。全國人大常委會於1979年1月1日發表了《告台灣同胞書》，單方停止炮擊以緩和台灣海峽間的軍事緊張局勢，而且聲明要尊重台灣現狀和台灣各界人士的意見。

此後1981年9月30日，全國人大常委會委員長葉劍英向新華社記者發表談話，提出了著名的實現祖國統一的九條方針和建議，即：①舉行兩黨的對等談判，為此可先派人接觸；②雙方為通郵、通商、通航等提供方便，達成有關協議；③國家實現統一後，台灣可作為特別行政區，享有高度的自治權，並可保留軍隊，中央政府不干預台灣地方事務；④台灣現行社會、經濟制度不變，生活方式不變，同外國的經濟、文化關係不變；⑤台灣當局和各界代表人士，可擔任全國性政治機構的領導職務，參與國家管理；⑥台灣地方財政遇有困難時，可由中央政府酌情補助；⑦台灣各族人民、各界人士願回祖國大陸定居者，保證妥善安排，不受歧視，

---

[1]　《鄧小平論祖國統一》，團結出版社，1995年，第1頁。
[2]　《鄧小平論祖國統一》，團結出版社，1995年，第1頁。

來去自由；⑧歡迎台灣工商界人士回祖國投資，興辦各種經濟事業，保證其合法權益和利潤；⑨歡迎台灣各族人民、各界人士、民眾團體以各種方式提供建議，共商國事。[1] 應該說，此時的 "一國兩制" 方針得到了進一步發展以及更加具體化。正如鄧小平在 1984 年 12 月 19 日會見英國首相撒切爾夫人時說的："1981 年國慶前夕，葉劍英委員長就台灣問題發表的九條聲明，雖然沒有概括為 '一國兩制'，但實際上就是這個意思。"

1982 年 12 月 4 日第五屆全國人民代表大會第五次會議通過《中華人民共和國憲法》，第 31 條規定："國家在必要時得設立特別行政區。在特別行政區內實行的制度按照具體情況由全國人民代表大會以法律規定。" 這為國家實行 "一國兩制"、設立特別行政區奠定了憲法層面的基礎。

1983 年 6 月 26 日，鄧小平在會見美國西東大學教授楊力宇時，進一步闡述了按照 "一國兩制" 解決台灣問題、實現國家統一的具體構想：①台灣問題的核心是祖國統一。和平統一已成為國共兩黨的共同語言。②制度可以不同，但在國際上代表中國的，只能是中華人民共和國。③不贊成台灣 "完全自治" 的提法，"完全自治" 就是 "兩個中國"，而不是一個中國。自治不能沒有限度，不能損害統一的國家的利益。④祖國統一後，台灣特別行政區可以實行同大陸不同的制度，可以有其他省、市、自治區所沒有而為自己所獨有的某些權力。司法獨立，終審權不須到北京。台灣還可以有自己的軍隊，只是不能構成對大陸的威脅。大陸不派人駐

---

[1] 《三中全會以來重要文件選編》（下），人民出版社，1982 年，第 965-966 頁。

台，不僅軍隊不去，行政人員也不去。台灣的黨、政、軍等系統都由台灣自己來管。中央政府還要給台灣留出名額。⑤和平統一不是大陸把台灣吃掉，當然也不能是台灣把大陸吃掉，所謂"三民主義統一中國"不現實。⑥要實現統一，就要有個適當方式。建議舉行兩黨平等會談，實行國共第三次合作，而不提中央與地方談判。雙方達成協議後可以正式宣佈，但萬萬不可讓外國插手，那樣只能意味着中國還未獨立，後患無窮。[1] 後被概括為"鄧六條"，使得"一國兩制"方針更加完備、明確和系統化。

第三階段，可概括為"一國兩制"理論的政策化，體現在對港澳恢復行使主權的十二條方針政策上。1982年9月，鄧小平會見英國首相撒切爾夫人時提到關於香港回歸祖國問題時說，可以用"一個國家，兩種制度"的方法解決，即起初針對解決台灣問題的"一國兩制"構想開始運用於港澳歷史問題的解決。1984年12月19日中英兩國政府簽署的關於香港問題的聯合聲明和1987年4月13日中葡兩國政府簽署的關於澳門問題的聯合聲明，規定了中央政府對港澳的十二條政策，標誌着"一國兩制"理論正式應用於實踐，成功地解決了港澳的歷史遺留問題，並形成了一系列具體政策。1984年10月，《瞭望》週刊發表〈一個意義重大的構想——鄧小平同志談"一個國家，兩種制度"〉，對"一國兩制"首次作了系統報道。其內容主要包括：第一，"一國兩制"的主體是社會主義。"'一國兩制'除了資本主義，還有社會主義，就是中國的主體、十億人口的地區堅定不移地實行社

[1] 《鄧小平文選》，第三卷，人民出版社，1993年，第30-31頁。

會主義……主體是很大的主體，社會主義是在十億人口地區的社會主義，這是個前提，沒有這個前提不行。在這個前提下，可以容許在自己身邊，在小地區和小範圍內實行資本主義。我們相信，在小範圍內容許資本主義存在，更有利於發展社會主義。"[1] 第二，"一國兩制" 方針長期不變。針對部分人（包括外國人）擔心中國 "政策多變" 問題，鄧小平在年內多次闡明相關政策："'一個國家、兩種制度'，我們已經講了很多次了，全國人民代表大會已經通過了這個政策。有人擔心這個政策會不會變，我說不會變。""我們講 '五十年'（不變），不是隨隨便便、感情衝動而講的，是考慮到中國的現實和發展的需要。"[2] 第三，用 "一國兩制" 辦法解決中國統一問題也是一種和平共處。鄧小平認為："根據中國自己的實踐，我們提出 '一個國家、兩種制度' 的辦法來解決中國的統一問題，這也是一種和平共處。" 同時指出："和平共處的原則不僅在處理國際關係問題上，而且在一個國家處理自己內政問題上，也是一個好辦法。"[3]

第四階段，可概括為 "一國兩制" 理論的法律化，主要體現在特別行政區基本法中。1985 年 7 月至 1990 年 4 月、1988 年 10 月至 1993 年 3 月先後起草並通過了《香港特別行政區基本法》和《澳門特別行政區基本法》。兩部基本法以 "一國兩制" 為理論基礎，以中國憲法為立法依據，遵循對港澳十二條方針政策，從港澳實際出發，對特別行政區制度作出了全面的規範，為 "一國兩制" 的實踐奠定了法律制度

---

[1] 《鄧小平文選》，第三卷，人民出版社，1993 年，第 59、103 頁。

[2] 《鄧小平文選》，第三卷，人民出版社，1993 年，第 59、103 頁。

[3] 《鄧小平文選》，第三卷，人民出版社，1993 年，第 96-97 頁。

基礎。

（二）"一國兩制"理論的證成

"一國兩制"的構想之所以能成為一項理論，乃建基於邏輯充分的思想觀念與現實判斷。其中，思想觀念包括解放思想、實事求是的認識觀，"大一統""和而不同"的治國觀，"兩點論"與"重點論"的辯證法，與原則性、靈活性相統一的協商藝術。

1. 思想觀念
(1) 實事求是的思想

鄧小平論到，如果"一國兩制"的構想是一個對國際上有意義的想法的話，那要歸功於馬克思主義的辯證唯物主義和歷史唯物主義，用毛澤東主席的話來講就是實事求是。這就是用馬克思列寧主義的基本原理，緊密聯繫我國的實際，從香港、澳門、台灣的實際情況出發，找出解決問題的辦法。所以可以說，實事求是是提出"一國兩制"構想與理論的思想基礎。"實事求是"一詞，最早見於東漢班固所著《漢書·景十三王傳》："河間獻王（劉）德……修學好古，實事求是。"[1]唐代顏師古註曰："務得事實，每求真是也。"1941年 5 月，毛澤東在〈改造我們的學習〉一文中把這一原指治學態度的格言從哲學的高度作了新的解釋，賦予了它新的含義，指出："'實事'就是客觀存在着的一切事物，'是'就是

---

[1] 《漢書》，卷五十三，浙江古籍出版社，2000 年，第 768 頁。

客觀事物的內部聯繫，即規律性，'求'就是我們去研究。我們要從國內外、省內外、縣內外、區內外的實際情況出發，從其中引出其固有的而不是臆造的規律性，即找出周圍事變的內部聯繫，作為我們行動的嚮導。"並且，他在這篇文章中說到"言必稱希臘"、凡事皆追溯到西方思想的錯誤之處："許多馬克思列寧主義的學者也是言必稱希臘，對於自己的祖宗，則對不住，忘記了"；"有些人對於自己的東西既無知識，於是剩下了希臘和外國故事，也是可憐得很，從外國故紙堆中零星地撿來的"；"幾十年來，很多留學生都犯過這種毛病。他們從歐美日本回來，只知生吞活剝地談外國。他們起了留聲機的作用，忘記了自己認識新鮮事物和創造新鮮事物的責任"。[1]

實事求是作為一個完整而有序的系統，包括四個基本點。第一個基本點："一切從實際出發"，這是辯證唯物主義認識論的基本要求，是實事求是思想路線的出發點；第二個基本點："理論聯繫實際"，這是實事求是思想路線的基本原則，也是達到實事求是的基本條件和基本方法；第三個基本點："實事求是"，它是實事求是思想路線的核心；第四個基本點："在實踐中檢驗真理和發展真理"，這是"實事求是"的根本途徑，也是實事求是思想路線的運動過程。[2]

1978 年 6 月 2 日，鄧小平在全軍政治工作會議上的講話中作了深刻而系統的闡述："我們開會，作報告，作決議，以及做任何工作，都為的是解決問題。我們說的做的究竟能

[1] 《毛澤東選集》，第三卷，人民出版社，1991 年，第 801-805 頁。

[2] 邱乘光：〈鄧小平對實事求是思想路線的貢獻〉，《中國延安幹部學院學報》，2014 年第 4 期，第 8-9 頁。

不能解決問題，問題解決得是不是正確，關鍵在於我們是否能夠理論聯繫實際，是否善於總結經驗，針對客觀現實，採取實事求是的態度，一切從實際出發。我們只有這樣做了，才有可能正確地或者比較正確地解決問題，而這樣地解決問題，究竟是否正確或者完全正確，還需要今後的實踐來檢驗。如果我們不這樣做，那我們就一定甚麼問題也不可能解決，或者不可能正確地解決。"[1] "搞社會主義一定要遵循馬克思主義的辯證唯物主義和歷史唯物主義，也就是毛澤東概括的實事求是，或者說一切從實際出發。"[2] 只有遵循實事求是的根本方法，即"採取實事求是、從實際出發、理論和實踐相結合的方法，總結過去的經驗，分析新的歷史條件，提出新的問題、新的任務、新的方針"，才能引導我們的社會主義現代化建設事業取得成功。[3]

實際上，1978 年 12 月 22 日十一屆三中全會文件已說明了上述分析的正確性。當時全會將國家工作重點轉移到社會主義現代化建設上，堅持唯物主義的思想路線，恢復和發揚了實事求是、一切從實際出發、理論聯繫實際的思想路線。所以，在解決香港、澳門、台灣問題時，堅持從實際出發，一方面要實現國家的統一，另一方面要兼顧港澳台的現狀和利益。"一國兩制"的理論符合了這個實際，最大限度地滿足各方利益。

(2)"大一統"與"和而不同"的思想

中國自古並非國名，它既不專屬某一固定的地理名稱，

[1] 《鄧小平文選》，第二卷，人民出版社，1993 年，第 113-114 頁。
[2] 《鄧小平文選》，第三卷，人民出版社，1993 年，第 118 頁。
[3] 《鄧小平文選》，第二卷，人民出版社，1993 年，第 118 頁。

也無關某一朝代或政權，更非由一個民族建構而成，古人"以中國為一人，以天下為一家"，更相信中國即世界，中國即文明。單以德國統一或歐洲聯盟等西方所界定或經歷的統一（unification）以及整合（integration）模式，根本無法反映屬文化層次的中國大一統。[1] 中國的大一統思想由來已久。老子主張以"一"為本，"道生一，一生二，二生三，三生萬物"。孔子提出"君君、臣臣、父父、子子"的"天下有道"的社會秩序。孟子主張"君仁臣義，君民同樂"，天下"定於一"，認為"天無二日，民無二王"。漢代董仲舒提出，"《春秋》大一統者，天地之常經，古今之通誼也"。中國傳統的大一統理念蘊含着三個方面的內容：以天道為國家治理的根本依據，為政者修德方能與道相通；以政治一統為其外在形式，行仁政是國家長期穩定的根本保障；以協和萬邦為用，明君皆以安天下為己任。中國傳統的大一統理念蘊含着深厚的治理智慧，它以儒為治，兼容並蓄，統一了民眾的價值觀；以和而不同為理念，促進了不同文明之間的交流互鑒；以因俗而治為方略，尊重少數民族的風俗習慣，各民族呈現互嵌式發展，逐漸發展成為中華民族共同體意識；以仁民愛物為天下歸"一"的真正內核。[2]

就政治制度而言，"大一統"的思想體現為從秦始皇稱帝直至辛亥革命推翻清帝制，中國實行的就是由一個皇帝、一個政府對中國整個版圖內所有民族實行統一行政管理的國家制度。同時，"大一統"又包含和而不同、因俗而治的執政理

---

[1]　許仟、何湘英：〈文化中國的大一統觀念〉，《政策研究學報》，2002 年第 2 期。

[2]　程麗君：〈大一統理念及其蘊含的治理智慧〉，《社會治理》，2021 年第 8 期。

念。中國古代傳統治邊思想體系中，最能體現因時、因地、因人而治原則的莫過於“羈縻”思想。這一思想是指在不改變周邊少數民族實體內部結構的前提下，通過加強政治、經濟、文化等諸多聯繫的辦法，施加中心對邊區的影響，從而建立一種較為穩定的政治關係格局，進而逐步擴大和加強大一統的多民族國家政權，最終完成中央王朝對周邊少數民族的直接有效統治。[1] 羈縻政策的實質是一種法律制度，中國古代中央政府歷來注重運用“羈縻之術”處理和調整與邊疆少數民族的關係，並與武力威服政策巧妙結合，形成了一套內容豐富、形式靈活且頗具成效的邊疆民族法律政策體系。[2] 清代作為我國封建君主專制的最後一個王朝，總結吸收了以往歷代統治者的經驗教訓，把封建君主專制中央集權制度發展到新的高峰。[3] 清政府根據地區聚居區的不同實行了多種制度：在漢族聚居區實行郡縣制；在維吾爾族聚居區實行伯克制；對遊牧的哈薩克、布魯特、蒙古諸族及哈密、吐蕃維吾爾人實行扎薩克制。[4]

國家和民族的統一，並不意味着消除一切的差異，可以在合的條件下存在不同，即“和而不同”的哲學思想。合則利、分則害，和合才能相生。在“大一統”和“和而不同”

[1] 彭建英：《中國古代羈縻政策的演變》，中國社會科學出版社，2004 年，第 4-5 頁。

[2] 王喆、周磊：〈法律史視野下的羈縻政策研究——以唐、清兩代治理西北邊疆的比較為例〉，《時代法學》，2014 年第 1 期，第 31 頁。

[3] 王喆、周磊：〈法律史視野下的羈縻政策研究——以唐、清兩代治理西北邊疆的比較為例〉，《時代法學》，2014 年第 1 期，第 33 頁。

[4] 王喆、周磊：〈法律史視野下的羈縻政策研究——以唐、清兩代治理西北邊疆的比較為例〉，《時代法學》，2014 年第 1 期，第 33-34 頁。

的思想下，形成了統一之下，允許差異制度共存的治國之道。這一執政理念同樣維持至今，當然在具體的論證表述上會有不同。例如，鄧小平說："世界上有許多爭端，總要找個解決問題的出路。我多年來一直在想，找個甚麼辦法，不用戰爭手段而用和平方式，來解決這種問題。" 這就是 "一國兩制"。馬克思主義哲學解決矛盾的基本形式一般分為三種：一是矛盾的一方克服另一方，這是較為普遍的形式，如革命階級戰勝反動階級，真理克服謬誤等。二是矛盾雙方 "同歸於盡"，為新的矛盾雙方所代替，如奴隸社會中奴隸階級與奴隸主階級的最終解決就是雙方 "同歸於盡"，為新的對立雙方即農民階級和地主階級的矛盾所代替。三是有些矛盾經過一系列發展階段，最後達到對立面的 "融合"，即融合成一個新的事物，使矛盾得到解決。[1] 這就是 "和而不同" 的精神。如此而言，實現國家統一是中華民族的共同心願，也是 "一國兩制" 正當性、合理性的來源。中華民族 "大一統" 思想源自各族人民對中華民族的認同感，從而形成一種集體意識和心理定式，是中華民族內聚力的紐帶，是中華民族精神之魂。同時，"和而不同" 的包容精神能充分考慮到各方面的特殊情況，實現各方利益的最大化。

(3) "兩點論" 與 "重點論" 的唯物辯證法思想

唯物辯證法堅持 "兩點論" 與 "重點論" 的統一。所謂 "兩點論"，就是既看到事物主要矛盾和矛盾的主要方面，又看到次要矛盾和矛盾的次要方面；既看到主流，又看到支

---

[1] 李秀林等主編：《辯證唯物主義和歷史唯物主義原理》，中國人民大學出版社，第 165-166 頁。

流；既看到有利的一面，也看到不利的一面，以克服形而上學的片面性。所謂“重點論”，就是要抓住事物的主要矛盾和矛盾的主要方面，抓住關鍵、找準重點、精準施策，反對主次不分、重點不明、平均用力。以改革開放初期關於經濟體制的性質問題為例，當時存在把社會主義與資本主義分別同計劃經濟與市場經濟相對應的想法，鄧小平卻論述道，“說市場經濟只存在於資本主義社會，只有資本主義的市場經濟，這肯定不正確。社會主義為甚麼不可以搞市場經濟。我們是計劃經濟為主，也結合市場經濟，但這是社會主義的市場經濟”。[1]

對於“一國兩制”方針政策，鄧小平仍然貫徹主次分明的馬克思主義辯證法，他說：“我們的政策是實行‘一個國家，兩種制度’，具體說，就是在中華人民共和國內，十億人口的大陸實行社會主義制度，香港、台灣實行資本主義制度。”“‘一國兩制’也要講兩個方面。一方面，社會主義國家裡允許一些特殊地區搞資本主義，不是搞一段時間，而是搞幾十年、成百年。另一方面，也要確定整個國家的主體是社會主義。否則怎麼能說是‘兩制’呢？那就變成‘一制’了。有資產階級自由化思想的人希望中國大陸變成資本主義，叫做‘全盤西化’。在這個問題上，思想不能片面。不講兩個方面，‘一國兩制’幾十年不變就行不通了。”

此外，他還多次指出：“中國的主體必須是社會主義。”“‘一國兩制’除了資本主義，還有社會主義，就是中國的主體，十億人口的地區堅定不移地實行社會主義。主體

---

[1] 《鄧小平文選》，第二卷，人民出版社，1993年，第236頁。

地區是十億人口，台灣是近兩千萬，香港是五百五十萬，這就有個十億同兩千萬和五百五十萬的關係問題。主體是很大的主體，社會主義是在十億人口地區的社會主義，這是個前提，沒有這個前提不行。在這個前提下，可以容許在自己身邊，在小地區和小範圍內實行資本主義。我們相信，在小範圍內容許資本主義存在，更有利於發展社會主義。"[1]

最後，主次分明的辯證法同樣運用在中英談判過程中。"一國兩制"的精神實質是實現祖國統一、維護國家主權的原則性與充分考慮港澳台歷史和現實的高度靈活性的有機統一。在解決香港問題上，鄧小平先生充分展示了其主次分明的領導藝術，在面對英國撒切爾夫人"以主權換治權"的要求時，鄧小平先生堅定地說，關於主權問題，中國在這個問題上沒有迴旋餘地，坦率地講，主權問題不是一個可以討論的問題。可見，在維護國家主權問題上的原則性不能絲毫動搖，在非原則性的問題上充分考慮到香港澳門的歷史和現實，即回歸後實行不同的社會制度和生活方式，顧及了各方的利益，體現了高度的靈活性。

2. 現實判斷

"一國兩制"構想的提出同樣基於對現實的判斷。鄧小平指出，"一個國家，兩種制度"的構想，是根據世界的現實、歷史的狀況和中國的實際提出來的。

(1) 世界的現實情況

鄧小平指出："現在世界上真正大的問題，帶全球性的

---

[1] 《鄧小平文選》，第三卷，人民出版社，1993 年，第 103 頁。

戰略問題，一個是和平問題，一個是經濟問題或者說發展問題。"[1] "我們提出'一個國家，兩種制度'的構想也考慮到解決國際爭端應該採取甚麼辦法。因為世界上這裡那裡有很多疙瘩，很難解開。我認為有些國際爭端用這種辦法解決是可能的。我們就是要找出一個能為各方所接受的方式，使問題得到解決，過去好多爭端爆發了，引起武力衝突，假如能夠採取合情合理的辦法，就可以消除爆發點，穩定國際局勢。"[2] 鄧小平還說："處理國與國之間的關係，和平共處五項原則是最好的方式。其他方式，如'大家庭'方式，'集團政治'方式，'勢力範圍'方式，都會帶來矛盾，激化國際局勢。總結國際關係的實踐，最具有強大生命力的就是和平共處五項原則。現在進一步考慮，和平共處的原則用之於解決一個國家內部的某些問題，恐怕也是一個好辦法。根據中國自己的實踐，我們提出'一個國家，兩種制度'的辦法來解決中國的統一問題，這也是一種和平共處。"[3] "世界戰爭的危險還是存在的，但是世界和平力量的增長超過戰爭力量的增長。" "美國人民、蘇聯人民也是不支持戰爭的。世界很大，複雜得很，但一分析，真正支持戰爭的沒有多少，人民是要求和平、反對戰爭的。還要看到，世界新科技革命蓬勃發展，經濟、科技在世界競爭中的地位日益突出，這種形勢，無論美國、蘇聯、其他發達國家和發展中國家都不能不認真對待。"[4] 這些經典的表述實則反映了當時國家領導人對國際

---

[1] 《鄧小平文選》，第三卷，人民出版社，1993年，第105頁。
[2] 《鄧小平文選》，第三卷，人民出版社，1993年，第68頁。
[3] 《鄧小平文選》，第三卷，人民出版社，1993年，第96-97頁。
[4] 《鄧小平文選》，第三卷，人民出版社，1993年，第127頁。

局勢的準確判斷。從國際上的現實情況來看，港澳問題是歷史遺留問題，涉及與英國、葡萄牙的關係，需要妥善解決，維護世界和平是我國對外政策的總方針，我國的社會主義現代化建設也需要一個和平的國際環境，"一國兩制"是能夠行得通的一種新方式和範例。

(2) 中國的現實情況

鄧小平論到，從港澳台的現實和歷史情況來看，提出和平統一的任務時，擺在前面的選擇有，是內地的社會主義吃掉港澳台資本主義？還是港澳台的資本主義吃掉內地的社會主義？最好是誰也不要吃掉誰，而是採取和平的方式，實行"一國兩制"。從內地現實情況來看，十一屆三中全會以後，我國工作重點真正轉移到社會主義現代化建設為中心，需要保持港澳台的經濟發展、繁榮和穩定，既有利於被三個地方的人民所接受，又有利於國家的社會主義現代化建設，這個方式就是"一國兩制"，除此之外沒有其他辦法。至於很多人擔心政策會不會改變，"核心的問題，決定的因素，是這個政策對不對。如果不對，就可能變。如果是對的，就變不了。進一步說，中國現在實行對外開放、對內搞活經濟的政策，有誰改得了？如果改了，中國百分之八十的人的生活就要下降，我們就會喪失人心。我們的路走對了，人民贊成，就變不了。"[1]"我相信，凡是符合最大多數人的根本利益，受到廣大人民擁護的事情，不論前進的道路上還有多少困難，一定會得到成功。"[2]"我們要向世界說明，我們現在制定的這

[1] 《鄧小平文選》，第三卷，人民出版社，1993年，第58-59頁。

[2] 《鄧小平文選》，第三卷，人民出版社，1993年，第142頁。

些方針、政策、戰略，誰也變不了。為甚麼？因為實踐證明現在的政策是正確的，是行之有效的。人民生活確實好起來了，國家興旺發達起來了，國際信譽高起來了，這是最大的事情。改變現在的政策，國家要受損失，人民要受損失，人民不會贊成，首先是八億農民不會贊成。"[1] "只有堅持這條路線，人民才會相信你，擁護你。誰要改變三中全會以來的路線、方針、政策，老百姓不答應，誰就會被打倒。"[2] 鄧小平對中國現實情況的準確判斷亦說明 "一國兩制" 建基於中國的實際。

[1] 《鄧小平文選》，第三卷，人民出版社，1993 年，第 83-84 頁。
[2] 《鄧小平文選》，第二卷，人民出版社，1993 年，第 371 頁。

二、"一國兩制"系統論

"一國兩制"不是西方的理論，因此按照西方理論是沒有辦法解釋其中具體內容的。例如，為甚麼在一個統一的國家內可以實行兩種不同的社會制度？為甚麼行政長官選舉後還要中央人民政府任命？為甚麼特區的自治權來源於中央授權而不是居民授權？為甚麼特區有司法終審權而不是在中央？這些問題用西方的理論都是無法解釋的。因為按照西方理論，結果必然是"一國一制"，或者"兩國兩制"。這亦說明"一國兩制"有自身的邏輯和體系。這一體系可用系統哲學來詮釋。具體而言，系統哲學是一系列普遍規律和範疇的科學體系，以系統的聯繫、演化和發展為特徵，其規律和範疇普遍適用於自然、社會和人的思維領域。系統哲學既是一般世界觀，也是一般方法論、認識論、價值論，是哲學形態，是一種思維形式和工具。系統論的創始人貝塔朗菲（Karl Ludwig Von Bertalanffy）將系統定義為"處於一定相互聯繫中與環境發生關係的各組成部分的總體"[1]。錢學森也提出："把極其複雜的研究對象稱為系統，即由相互作用和依賴的若干組成部分結合成特定功能的有機整體，而且這個'系統'本身又是它所從屬的更大系統的組成部分。"[2] 按照系統論的

---

[1] ［奧］貝塔朗菲：〈一般系統論〉，《自然科學哲學問題叢刊》，1979 年第 1-2 期；轉引自王雨田主編：《控制論、信息論、系統科學與哲學》，中國人民大學出版社，1988 年，第 400 頁。

[2] 錢學森、許國志、王壽雲：〈組織管理的技術──系統工程〉，《上海理工大學學報》，2011 年第 6 期。

定義，系統是由相互聯繫、相互制約、相互作用的若干要素構成，具有特定功能的有機整體。一個系統不可或缺的三個方面是：一定的要素、特定的功能和有機的整體。運用系統論的分析方法可以看到"一國兩制"理論是一個完整的系統。

（一）"一國兩制"系統的構成要素

"一國兩制"的理論系統是由主體因素、規則因素、權力因素、制度因素、目標因素以及環境因素構成的。

1. 主體因素

社會系統不能沒有主體，"一國兩制"這個特定系統由一個國家、兩種制度構成。在國家層面，有兩個主要的主體，即全國人民代表大會及其常務委員會和國務院。香港、澳門基本法第 2 條規定，中華人民共和國全國人民代表大會授權特別行政區依照本法的規定實行高度自治。第 12 條規定，特別行政區是中華人民共和國的一個享有高度自治權的地方行政區域，直轄於中央人民政府。

在特區層面，有特區行政長官、政府、立法會和司法機關四個主體。香港基本法第 43 條、澳門基本法第 45 條規定，特別行政區行政長官是特別行政區的首長，代表特別行政區。香港基本法第 59 條、澳門基本法第 61 條規定，特別行政區政府是特別行政區的行政機關。香港基本法第 66 條、澳門基本法第 67 條規定，特別行政區立法會是特別行政區的立法機關。香港基本法第 80 條、澳門基本法第 82 條規定，特別行政區法院行使審判權。

此外還有內地公民和特區居民，香港、澳門基本法第三章規定了居民的基本權利和義務。因此，在"一國兩制"系統中有各種主體，不同的主體處在不同的地位，行使各自的職能，發揮各自的作用。"一國兩制"系統的運行是由上述主體互相作用決定的。

2. 規則因素

社會系統不能沒有規則，在"一國兩制"系統中，主體並不能為所欲為。否則，系統的秩序就混亂了，就不能正常運行。所以，系統中的主體均需要按一定的規則行事。"一國兩制"系統的規則就由憲法、基本法、特區法律組成。香港、澳門基本法序言規定，根據《中華人民共和國憲法》，全國人民代表大會特制定中華人民共和國香港、澳門特別行政區基本法，規定香港、澳門特別行政區實行的制度，以保障國家對香港、澳門的基本方針政策的實施。香港、澳門基本法第 18 條規定，在特別行政區實行的法律為該法及該法第 8 條規定的原有法律和特別行政區立法機關制定的法律。香港、澳門基本法第 11 條規定，特別行政區的任何法律（、法令、行政法規和其他規範性文件）均不得同該法相抵觸。上述規定清楚地表明憲法是特別行政區基本法的法律基礎，基本法是特別行政區制度的法律依據，特區法律是基本法的具體化，它們之間的法律地位、法律效力是由高到低的遞減的位階關係。因此，"一國兩制"系統中的主體遵循的規則是憲法、基本法、法律。

3. 權力因素

社會系統中的主體是通過行使權力發揮作用的，在"一國兩制"的系統中，中央的主體和特區的主體是分別通過行使國家主權、治權和特區自治權，各司其職。香港、澳門基本法第二章"中央和特別行政區的關係"中規定，中央人民政府負責管理與特別行政區有關的外交事務；負責管理特別行政區的防務；任免特別行政區的行政長官和政府主要官員等；審查特別行政區立法會制定的法律是否符合基本法；決定全國性法律在特別行政區的適用；決定特區進入戰爭或緊急狀態；等等。香港、澳門特別行政區行使行政管理權、立法權、獨立的司法權和終審權。因此，"一國兩制"系統中主體權力是法定的，職責分明。

4. 制度因素

社會系統必然形成一定的制度，有相對的穩定性，主體在制度下生存，權力在制度下運行。在"一國兩制"的系統中，人民代表大會制度和特別行政區制度是兩個最重要的制度因素。主體、規則、權力均以制度為載體。人民代表大會制度是國家的根本政治制度，全國人民代表大會制定和修改基本法；授予特區高度自治權；全國人民代表大會常務委員會解釋基本法，審查特區的法律是否符合基本法；國務院領導特區政府等，都是人民代表大會制度的體現，不能脫離人民代表大會制度去理解基本法的規定。同樣，特區的行政長官、政府、立法會、法院等公權力機關之間的相互關係也是由特別行政區的制度所決定的，也必須在特別行政區的制度中理解和把握它們之間的關係。

5. 環境因素

社會系統當然也會受到環境因素的影響。在"一國兩制"這個特定系統中，更是容易受到內外政治因素和內外經濟因素的影響。環境因素是系統在運行過程中不確定的、變化中的因素，同時也會影響以上因素。如香港、澳門基本法第18條規定，在全國人民代表大會常務委員會決定宣佈戰爭狀態或因特別行政區內發生特別行政區政府不能控制的危及國家統一或安全的動亂而決定特別行政區進入緊急狀態時，中央人民政府可發佈命令將有關全國性法律在特別行政區實施。此時系統的規則因素、制度因素等就會相應調整。

以上要素是"一國兩制"系統不可少的，是有機整體中的部分，也是客觀存在的。抹殺或者忽視它們的存在都不可能準確地理解和把握"一國兩制"的體系。

（二）"一國兩制" 系統的功能與目標

社會系統都有其特定功能，即每一個系統都有其要實現的目標。"一國兩制"這個特定系統也有其特定功能與目標。香港、澳門基本法序言第二段中明確規定，為了維護國家的統一和領土完整，有利於香港、澳門的社會穩定和經濟發展、繁榮，國家決定實行"一個國家，兩種制度"的方針。

因此，"一國兩制"系統的特定功能一方面就是維護國家統一和領土完整。實現國家統一是中華民族的共同心願，是實現中華民族偉大復興的必然要求[1]，也是"一國兩制"正當

---

[1] 習近平：〈堅持"一國兩制"，推進祖國統一〉，人民網，2017 年 12 月 8 日。

性、合理性的來源。"實現國家統一是民族的願望、一百年不統一，一千年也要統一。怎麼解決這個問題，只能是'一國兩制'，除此以外，沒有其他辦法。"[1] 因此這樣的目標是"一國兩制"系統所要達到的，即是為了維護國家主權、安全和發展利益，任何偏離這個目標的理解和闡釋都是不符合系統特定功能的，也是在系統之外的。

"一國兩制"系統的功能另一方面是有利於特別行政區的社會穩定和經濟發展、繁榮。如鄧小平所言，採取"一國兩制"的辦法解決港澳問題，不是一時的感情衝動，也不是玩弄手法，完全是從馬克思主義的辯證唯物主義和歷史唯物主義，即實事求是的解放思想出發[2]，充分照顧到港澳的歷史和現實情況的。國家採取"一國兩制"是誠心誠意的，是對特別行政區長期打算的，是為了有利於特別行政區的社會更穩定、經濟更發展、人民的生活水平更好。因此這樣的目標也是"一國兩制"系統所要達到的，任何偏離這個目標的理解和闡釋也都是不符合系統特定功能的，也是在系統之外的。

總結而言，"一國兩制"系統是實現祖國統一、維護國家主權的原則性與充分考慮港澳台歷史和現實的高度靈活性的有機統一。系統中的各要素，包括主體、規則、權力、制度以及環境都要圍繞系統的特定功能所展開，任何因素的理解和闡釋如與系統特定功能與目標相違背，都是不符合"一國

[1]　〈一個國家，兩種制度〉，《鄧小平文選》，第三卷，人民出版社，1993 年，第 60 頁。
[2]　鄧小平：《建設有中國特色的社會主義（增訂本）》，人民出版社，1987 年，第 90 頁。

兩制"系統的。

（三）"一國兩制"系統的整體性與關聯性

社會系統是一個有機整體，並非各部分簡單相加的總和。系統運行的首要條件就是系統的整體性。各個要素在構成系統之後，必須在整體中運行，不能脫離整體講個體要素，系統的功能和作用取決於整體的一致行動。系統中各要素如果缺乏整體觀，只講特殊性，不講整體性，或者脫離整體講個體，那麼系統就難以有效運行。

整體性是建立在系統的共同基礎和共同目標上的。沒有這兩個共同點，系統就不能將各要素構成一個整體，也不能將整體維持下去。"一國兩制"系統的基礎是"一國"，目標是國家統一和特區穩定發展。所以，維持"一國兩制"系統的運行，第一要務是要維護"一國兩制"系統的基礎。"一國兩制"系統中的法律規則早已明確"一國"就是中華人民共和國，這是不容討論，也是不能抹殺的。沒有這個基礎，系統將轟然倒塌。其次也要維護"一國兩制"系統的目標與功能，偏離這個目標，系統將危在旦夕。

"一國兩制"系統的運行尚需滿足另一個條件，即系統的關聯性。在不同的系統下，兩種制度原本沒有共同的基礎和目標。但是，在"一國兩制"系統下，兩種制度形成了共同基礎和目標：對國家而言是維護特區穩定發展；對特區而言是維護國家統一、主權和發展利益。兩者的結合形成了共同的基礎和目標，建立了兩種制度各要素之間的關聯性。"一國兩制"允許不同社會制度的共存，可以超越不同制度之爭，從而決定了兩種制度之間合作是系統的要求，對抗則是破壞系統的行為。所以，系統論的關聯性原則是要合作，不要對抗。

三、"一國兩制"系統論的三層次邏輯關係

"一國兩制"系統的各要素構成了整體性和關聯性,其實質是體現了"一國"的共同性和"兩制"的特殊性,以及共同性與特殊性的結合。在"一國兩制"系統理論的基礎上形成了下面三層次的邏輯體系。

(一)"一國"是邏輯的起點

"一國兩制"理論體系的第一層次是從"一國"原則為邏輯起點展開的。

1. 從"一國"出發確立國家主權原則

"一國兩制"系統是建立在"一國"原則基礎之上。倘若沒有"一國",何來"兩制"?堅持"兩制",必須首先堅持和維護"一國"。脫離"一國"談"兩制",忽略、架空甚至對抗"一國",那無異於捨本求末,自毀長城。[1]

從"一國"的原則出發,國家主權得以確立。國家主權是指一個國家獨立自主處理內外事務的最高權力,是國家的根本屬性,具有不可分割、不從屬外來意志和神聖不可侵犯的性質。[2]根據《布萊克法律詞典》解釋,所謂主權,就是

---

[1]　饒戈平:〈一國兩制與國家對港澳地區的管治權〉,《中國法律》,2012 年第 1
　　　期,第 11 頁。

[2]　中國社會科學院法學所《法律辭典》編委會編:《法律辭典》(簡明本),法
　　　律出版社,2004 年,第 270 頁。

"任何一個獨立國家藉以實行管治的最高的、絕對的、不可加以限制的權力；是對憲法和政府及其管理的至高無上的控制權；是政治權力自給自足的淵源，國家所有特定的政治權力都由此而派生；是國家擁有的不受外國支配的管理其內部事務的權利和權力的一種國際上的獨立地位；也意味着一種至高無上的獨立的政治社會或政治形態"[1]。國家主權被界定為國家內"最高的、絕對的、不可加以限制的權力"，在各說紛呈的學界代表了一種主流觀點。[2]

2. 行使主權設立特別行政區

現代國家的國家結構形式主要有聯邦制和單一制。聯邦制國家是指由兩個或兩個以上相對獨立的共和國、邦或州等成員組成的統一國家。單一制國家是指由若干個普通行政區域或自治區域等地方區域單位組成的統一國家。[3] 我國實行單一制的國家結構制度，憲法序言明確規定，中華人民共和國是全國各族人民共同締造的統一的多民族國家。第 4 條規定，各少數民族聚居的地方實行區域自治，設立自治機關，行使自治權，各民族自治地方都是中華人民共和國不可分離的部分。第 31 條的規定，國家在必要時得設立特別行政區，全國人民代表大會以法律規定特別行政區所實行的制度。這些規定皆為主權行使的具體表現。

---

[1] *Black's Law Dictionary*, West Publishing, 1990, p. 1396.

[2] 饒戈平：〈一國兩制與國家對港澳地區的管治權〉，《中國法律》，2012 年第 1 期，第 11 頁。

[3] 李元起主編：《中國憲法學專題研究》，中國人民大學出版社，2014 年，第 93-94 頁。

3. "一國" 和主權下的國家主權機關

統一的國家，不僅領土完整，而且主權要統一。統一的主權只能由代表國家主權的中央政府行使。憲法第 2 條規定，國家的一切權力屬人民，人民行使國家權力的機關是全國人民代表大會和地方各級人民代表大會。國家的行政機關等其他機關由人民代表大會產生，對它負責，受它監督。人民主權原則產生了人民當家作主的國家機關。憲法第 3 條規定，中央和地方的國家機構職權的劃分，遵循在中央的統一領導下，充分發揮地方的主動性、積極性的原則。中央機關與地方機關的關係是實行中央統一領導地方的制度，中央領導地方，地方服從中央。在國際上，代表國家主權的自然只能是中央機關。

4. "一國" 和主權內的中央管治權

甚麼是 "管治權"，在學理上還缺乏一個明確的定義。類似的概念有《臨時約法》和《欽定憲法大綱》裡的 "統治權" 和我國海洋法裡規定的 "管制權"，但毫無疑問管治權是基於主權產生的，即管治權是一個國家基於主權而對其所屬領土行使管轄和治理的權力，是管轄權和治理權力的統一。[1]

我國在單一制國家結構形式下，中央對所有地方的所有事務行使管轄和治理的權力。香港和澳門自古以來就是中國的領土，中國對香港和澳門恢復行使主權，即恢復對香港和澳門的管治權。2014 年《"一國兩制" 在香港特別行政區的

---

[1] 王禹：〈"一國兩制" 下中央對特別行政區的全面管治權〉，《港澳研究》2016 年第 2 期，第 5 頁。

實踐》（白皮書）中首次提出"全面管治權"的概念，既包括中央直接行使的權力，也包括授權香港特別行政區依法實行高度自治。對於香港、澳門特別行政區的高度自治權，中央具有監督權力。因此中央對特別行政區有全面的管轄權，一方面是中央直接行使的，另一方面是中央通過授權的方式授予特別行政區高度自治權，但中央對授予特別行政區的高度自治權具有監督權。

5. "一國"下的國家安全和國家發展利益

國家安全是"一國"的保障，關鍵是保護國家領土完整和國家主權統一。維護國家安全的基本要求，一是要充分認識國家安全是"一國"的組成部分，這是"一國"存在和發展的保障；二是要採取措施既要防範內部危害國家安全的動亂，也要防止外部勢力對特區的干涉。基本法規定，特區自行立法維護國家安全，如果特區發生危害國家統一的動亂，中央決定緊急狀態，發佈命令處理，維護國家安全是中央和特區的共同憲制責任。以及，國家發展是"一國"的要求，只有國家發展，國家才能生存和延續，中國現代化才有動力和保障。維護國家發展的利益，既要做到特區配合國家建設社會主義現代化強國的戰略，發揮特區的優勢和所長，也要做到國家的發展絕對不允許受到干擾、破壞、中斷。意圖勾結外部政治勢力遏制國家發展，將特區變成反對國家的基地的行為必須防止、制止、懲治，從而落實"一國"的發展戰略目標。

（二）"一國"下"兩制"的邏輯展開

1. 由"兩制"衍生出特別行政區制度

"一國"下的"兩制"允許在國家的某一地區實行不同於國家主體的社會制度，保留其原來實行的社會制度。"兩制"需要有賴以存在的空間和形式。特別行政區制度就是適宜的形式。憲法第 31 條明確規定，國家在必要時得設立特別行政區。在特別行政內實行的制度按照具體情況由全國人民代表大會以法律規定。全國人大於 1988 年 10 月至 1993 年 3 月起草制定兩部基本法，規定特別行政區制度，明確在特別行政區不實行社會主義制度和政策，保持原有資本主義制度和生活方式五十年不變，即在主體實行社會主義制度同時，因着特別行政區的歷史和現實情況，保持原有的資本主義制度。

2. 特別行政區制度由"制度"和"自治權"構成

特別行政區制度既是國家管理特區的制度，也是特區自我管理的制度。作為後者，由"制度"和"自治權"兩個部分構成。香港、澳門基本法第 11 條等條文明確規定，特區的制度包括社會、經濟制度，有關保障居民的基本權利和自由的制度，行政管理、立法和司法方面的制度以及有關政策，保留和發展原有的資本主義制度，五十年不變。同時，第 2 條、第 3 條規定，特別行政區實行高度自治，享有行政管理權、立法權、獨立的司法權和終審權，並實行"港人治港""澳人治澳"。

3. 特區政權組織由行政長官、行政機關、立法機關和司法機關組成

特別行政區政權組織由行政長官、行政機關、立法機關和司法機關組成，依法行使基本法規定的職權。在特區行政、立法、司法三機構的關係上，既做到相互獨立、相互制約、相互配合，又保障以行政長官為核心的權力主導政治體制的運作。

香港、澳門基本法第四章第一節規定行政長官，其中香港基本法第 43 條、澳門基本法第 45 條規定特區行政長官是特別行政區的首長，代表特別行政區，對中央人民政府和特別行政區負責。香港基本法第 48 條、澳門基本法第 50 條規定了行政長官的職權。行政長官在特區政治體制中佔有最重要的地位，是行政主導體制的集中體現。

第二節規定行政機關，其中香港基本法第 59、60、62 條和澳門基本法第 61、62、64 條分別規定特別行政區政府是特別行政區的行政機關。特別行政區政府的首長是特別行政區行政長官，以及行政機關的職權。

第三節規定立法機關，其中香港基本法第 66、73 條和澳門基本法第 67、71 條分別規定特別行政區立法會是特別行政區的立法機關和立法會職權。

第四節規定司法機關，其中香港基本法第 80 條、澳門基本法第 82 條規定特區法院行使審判權。澳門基本法第 90 條規定，檢察院獨立行使法律賦予的檢察職能。

4. 特區自治權源於授權及受監督

特區的高度自治權並不是固有權力，而是通過中央授權

享有的。香港、澳門基本法第 2 條規定，全國人大授權特區依照基本法實行高度自治，享有行政管理權、立法權、獨立的司法權和終審權。高度自治權是中央基於主權原則下，對特區管理地區事務的授權，且其行使又是有限制有條件的。香港、澳門基本法第 16 條規定，特區享有行政管理權，依照基本法自行處理特區的行政事務，但是香港基本法第 48 條、澳門基本法第 50 條也規定，特區行政長官需要執行中央人民政府就基本法的有關事務發出的指令。香港、澳門基本法第 17 條規定，特區享有立法權，立法會可依照基本法和法定程序制定、修改、暫停實施和廢除法律。但第 2 款也規定特區立法機關所制定的法律須報全國人民代表大會常務委員會備案；以及第 18 條規定，當香港、澳門特區進入緊急狀態時，中央人民政府可發佈命令將有關全國性法律在特區實施。香港、澳門基本法第 19 條規定，特區享有獨立的司法權和終審權，但第 2 款和第 3 款也規定特區法院須繼續保持原有法律制度和原則對法院審判權所作的限制，並且對於國家行為及國家行為的事實問題無管轄權。高度自治權與全面管治權並不相互衝突，高度自治權由全國人大授權，而全國人大對於授權給高度自治權享有監督權。

（三）"一國"與"兩制"關係的邏輯展開

如前所述，特別行政區制度孕育於"一國兩制"系統中，具體呈現為多重關係，包括構成政治基礎的"一國"與"兩制"關係、構成法律基礎的憲法與基本法關係、構成縱向權力基礎的中央與特區關係、構成橫向權力基礎的特區機關關係以及構成權利基礎的政府與居民關係。正確認識和處理好這些基本關係，才能維護“一國兩制”系統的穩定與和諧，才能發揮特別行政區制度的優勢。為有助於整體性的理解，在對這五項關係逐一展開具體分析之前，須先作簡要梳理。

1.“一國”與“兩制”的關係

考慮到“一國兩制”理論是整個特別行政區制度存在的基礎，“一國”與“兩制”的關係則是後面各種關係問題的探討基礎。“一國”是出發點和歸宿點，具有本元性，是“一國兩制”系統的基礎。“兩制”是實現“一國”的方式和手段，是派生性的，是“一國兩制”系統的組成部分。因此，“一國”之下有“兩制”，“兩制”之上有“一國”，必須堅持“一國”之本，不可本末倒置。堅持“一國”之本需要對國家有認同感，需要擁護國家的統一，擁護中華人民共和國對港澳恢復行使主權，反對分裂，維護國家的安全。

另一方面，“兩制”間要互惠合作，發揮各自所長，從而促進“一國”的發展。“兩制”間不是對抗的關係，不是你吞吃我或是我吞吃你的關係，而是共生共存的關係，需要彼此尊重。否則任何一制的消滅都將造成“兩制”的不存在。同時，實行“兩制”是為了更好地維護特別行政區的社會穩定和經濟發展，因此需要發揮“兩制”之利，就是要用好高度自治權，充分利用原有制度的優勢，帶動經濟發展並與國家的發展相融合，促進“一國”的發展與統一，為現代化建設作出貢獻。

2. 憲法與基本法的關係

憲法與基本法的關係問題涉及特別行政區制度的合法性。作為國家的根本法,憲法對全國有效,特區也不例外。特區基本法是根據憲法制定,既要符合憲法中的"一國"規定,也要落實憲法中的"兩制"規定。"一國兩制"理論在法律上由"一國"衍生出憲法,根據憲法制定基本法,憲法和基本法共同構成特區的憲制基礎。"兩制"則允許特區採用自身的法律制度,根據基本法制定法律。"一國"是"兩制"的基礎,自然,憲法和基本法效力高於特區的法律。凡與憲法和基本法相抵觸的法律(、法令、行政法規和其他規範性文件)均無效。所以,要嚴格遵守和執行憲法與基本法,一切以憲法和基本法為根本準則。

3. 中央與特區的關係

中央與特區的關係是"一國兩制"理論體系的縱向權力基礎,以憲法和基本法為依據。主權產生治權,治權既包括中央的管治權,也包括特區的自治權。由於特區的自治權是中央授予的,自然中央的管治權就是中央和特區關係的邏輯起點,決定了特別行政區直轄於中央人民政府,中央和特區的關係是領導和被領導、監督和被監督的關係。

中央行使對特區的管治權,包括中央直接行使的管理權力,如行政長官由中央任命,基本法由全國人大常委會最終解釋;也包括對特區的行政、立法權行使中央監督權,特區的司法管轄權受中央管理事務的限制等。同時,特區在基本法限定的地方性自治事務範圍內,即不屬中央管理和中央與特區關係的事務,行使行政管理權、立法權和司法權。中央的管治權與特區的自治權既有分工，又要互相合作，做到有機結合。

4. 特區機關之間的關係

特別行政區內部行政、立法與司法的關係是"一國兩制"理論體系的橫向權力基礎。特別行政區是國家中的一個地方行政區、一個地方政府，直轄於中央人民政府。所以，特區的政治體制既要處理中央與特區的縱向權力關係，也要處理行政與立法的橫向權力關係。特區的最高首長行政長官既對中央負責又對特區負責，因此需要確立行政長官在行政、立法、司法關係中居於核心的行政主導地位，從而規定了行政長官在特區政治體制內的主導地位和作用，確立了行政長官及其領導的政府與立法機關和司法機關的關係。行政主導並不排斥立法機關對行政機關的監督，相反，行政機關要對立法機關負責。在制約和負責中，行政與立法相互合作，保障行政長官依法施政，提高施政的能力和效率。

5. 政府與居民的關係

政府與居民的關係是"一國兩制"理論體系中權力與權利的基礎。權利與權力，乃構成人類社會制度之脊樑。[1] 現代法治的本意就蘊含着保障權利和制衡權力，因此正確定位這兩者之間的關係和界限應該成為法治國家政體設計的理論基石。[2] 政府在行使法定職權時要為居民享有權利和自由提供物

[1] 漆多俊：〈論權力〉，《法學研究》，2001 年第 1 期，第 1-3 頁。

[2] 周啟柏：〈公權力與私權利關係的法理學思考〉，《西安外事學院學報》，2007 年第 1 期，第 76 頁。

質和法律的條件，保障居民的權利和自由。居民在行使權利和自由時，要履行法定的義務，服從政府的管理，維護公共秩序和安全。基本法用法律的形式調整政府與居民間權力與權利的關係。

總結而言，"一國兩制"理論系統的各要素相互作用形成系統的整體性與關聯性，其本質就是以"一國"為邏輯起點，維護國家和主權的統一；維護中央的管治權；維護國家安全和發展利益。在"兩制"的要求下，允許特區保留原有的社會制度；實行高度自治；"港人治港""澳人治澳"，維護特區的社會穩定和經濟發展、繁榮。在"一國"與"兩制"的關係上構建憲法和基本法與特區法律關係，中央管治權與特區自治權關係，行政、立法和司法關係，特區政府與居民的關係。從而形成"一國兩制"三層次的邏輯體系以及五大基本關係。這些層次和基本關係的內在邏輯性，既不能混亂和顛倒它們之間順序和位置，也不能割裂它們之間的關係。

第二章

作為政治基礎的
"一國" 與 "兩制"
關係命題

“一國”與“兩制”的關係問題是“一國兩制”理論的政治基礎。首先需要認識和把握。我們應該從基本概念和基本邏輯兩個方面進行論述。

一、基本概念

（一）“一國”與“兩制”

1. “一國”的內涵

　　“一國”即“一個國家”。漢語中的“國家”一詞，上古稱為國，甲骨文本字為“戈”（後來發展為“或”字），象徵執武器守衛領土；在金文中加入“囗”（即“圍”），象徵城牆，形成現在的國，有城邦、城市、都城之意。[1] 漢語古代“國”的涵義類似但不等同於現代觀念中的“國家”，而“國”與“家”在最初是有區分的。[2] 如《周易》：“是以身安而國家可保也。”“國”早先指部落聯盟的氏族土地，至商周則義為諸侯封地。[3] 秦漢以後以一國而統天下，由於儒家文化強調“家國同構”，家又指家庭、家族，從而形成了“家”“國”並提的條件。

　　但是，中國古籍中出現的“國家”指由某個姓氏家族形

---

[1]　《考工記》：“匠人營國，方九里，旁三門，國中九經九緯，經塗九軌，左祖右社，面朝後市。”

[2]　《尚書》：“天子建國，諸侯立家。”

[3]　徐中舒主編：《漢語大字典》，四川辭書出版社、湖北辭書出版社，1986 年。

成的王朝[1]，遠非近代民族國家的觀念。西學東漸時，人們才用"國家"一詞附會西方的"state"，但實際上中文的"國家"一詞可對應多個英文術語。例如，"country"意義的國家是指一個涵蓋一定範圍的土地且具有政府的政治實體，此政治實體可能是獨立的主權國家（sovereign country），也可能是某個主權國家的一個區域。再如"state"意義上的國家是政治學的常用術語，強調政府統治的狀況，指獨立國家或主權國家，是永久定居在一定領土之上，因共同的習慣和風俗並為促進共同的安全和進步而結合在一起的人的集合體。在現代國際法上，國家最主要的特徵是主權，即通過一個有組織的政府對其領土內的所有人和事進行控制而不受他國干涉的權利，人民、領土和享有主權的政府，三者結合而成為國家。還有，"nation"意義上的國家，原是民族的意思，指具有共同的種族、起源、語言和傳統，並且通常組成一個政治實體的人民集合體。[2]

　　當然，現今意義上的國家主要側重於政治學意義上的"state"概念。例如，《牛津法律大辭典》對政治意義上的國家有簡要的論述：第一，是指生活在地球表面的確定部分、在法律上組織起來並具有自己政府的人的聯合；是法律上組織起來的並且人格化了的社會。國際法上現代國家最本質的屬性是主權，指擁有充分的權力維護對外獨立，對內忠誠和秩序以及在其領土內規定、適用和解釋法律制度的最高權和獨立權。第二，國家可以是單一制，也可以是聯邦制。國家

---

[1] 顧炎武《日知錄》："易姓改號，謂之亡國；仁義充塞，而至於率獸食人，人將相食，謂之亡天下。"

[2] 孫關宏等：《政治學概論》，復旦大學出版社，2003年，第73-114頁。

可以根據其政府形式分為獨裁制或專制制、寡頭統治制、民主制，也可以以附屬國或獨立國的形式存在。第三，"國家"一詞也用來表示該國政府，以區別於該國的居民。[1]

而"一國兩制"系統中的"一國"，首先是政治意義的國家，具備了國家定義中的普遍性要素，也就是中華人民共和國。它不僅是歷史、文化、自然的中國，也是政治與法律的中國，是《中華人民共和國憲法》中的中國，是憲法所確立的國家主權、國家制度所構成的國家，不是意識形態上或理論上虛構出來的或者可以任意捏造的國家。具體而言，"一國"的主要內涵是：

第一，"一國"是統一的中華人民共和國。

"一國"自然要求領土完整，實現統一而非分裂的國家，統一是"一國"的基礎。換言之，領土完整、國家統一，這是"一國"的前提和基礎。具體來講，中華人民共和國在領土上是完整和統一的，港澳特區是國家的一部分，是一個國家的地方行政區域。香港、澳門基本法第 1 條規定，特別行政區是中華人民共和國不可分離的部分。第 12 條規定，特別行政區是中華人民共和國的一個享有高度自治權的地方行政區域，直轄於中央人民政府。這明確宣示特區不是一個獨立的政治實體，否則在法律上就不能統一到中華人民共和國中來，而是成為了另一個國家。

既然特區不是獨立的政治實體，港澳也就不具有民族自決的問題。按照《公民權利和政治權利國際公約》《經濟、社

---

[1]　[英] 沃克：《牛津法律大辭典》，北京社會與科技發展研究所譯，光明日報出版社，1988 年，第 851-852 頁。

會與文化權利的國際公約》，所有人民都有自決權，他們憑這種權利自由決定他們的政治地位，並自由謀求他們的經濟、社會和文化的發展。這一規定來源於二戰後聯合國大會1960年第1514（XV）號決議宣佈的《給予殖民地國家和人民獨立宣言》，其中規定：①使人民受外國的征服，統治和剝削的這一情況，否認了基本人權，違反了聯合國憲章，並妨礙了增進世界的和平與合作。②所有的人民都有自決權；依據這個權利，他們自由地決定他們的政治地位，自由地發展他們的經濟，社會和文化。對於享有民族自決權的主體，國際社會的主流意見一般認為有三種：①處於殖民統治之下、正在爭取民族解放和國家獨立的民族；②處在外國軍事侵略和佔領下的民族；③主權國家的全體人民（主權國家的一部分人民是不能單獨搞民族自決權的）。[1]

港澳自古以來就是中國的領土，從法律規定講，港澳地區從來不是殖民地，而是受殖民管治。中國在恢復聯合國席位後不久，就由當時的中國常駐聯合國代表黃華於1972年3月8日致函聯合國非殖民化特別委員會主席，明確指出："香港、澳門是屬於歷史上遺留下來的帝國主義強加於中國的一系列不平等條約的結果。香港和澳門是被英國和葡萄牙當局佔領的中國領土的一部分，解決香港、澳門問題完全是屬於中國主權範圍內的問題，根本不屬於通常的'殖民地'範疇。因此，不應列入反殖宣言中適用的殖民地地區的名單之內。"聯合國非殖民化特別委員會於同年6月15日通過決議，向聯

---

[1] 郝鐵川：〈香港無權獨立行使"民族自決權"〉，《明報》，2013年8月10日，第A19版。

合國大會建議從上述的殖民地名單中刪去香港和澳門。同年
11 月 8 日，第 27 屆聯合國大會通過了有關將香港、澳門從
殖民地名單中刪除的決議。[1] 這確認了港澳地區不存在作為殖
民地民族自決的問題。

　　因此，所謂港澳前途由港澳居民自決的說法不符合國家
主權原則，不符合港澳的法律地位，完全不能成立。實際
上，英國與葡萄牙在分別使香港與澳門加入國際人權公約時
也明確作出了相關排除聲明。例如，英國在 1976 年批准上
述公約並將其擴展適用於英國屬土時，曾作出若干保留條文
及聲明，其中一項是維持其在簽署公約時就第 1 條所作的保
留或排除聲明。[2] 再如，葡萄牙於 1978 年加入兩個國際人權
公約，並於 1992 年 12 月 7 日通過決議將公約延伸適用於澳
門，其中明確排除了人權公約中有關民族自決權的規定對澳
門的效力："《公民權利和政治權利國際公約》和《經濟、社
會和文化權利的國際公約》在澳門生效，特別是兩公約的第 1
條不影響《葡萄牙共和國憲法》和《澳門組織章程》所規定
的澳門地位。""該兩公約在澳門生效同樣不影響 1987 年 4
月 13 日簽訂的《葡萄牙共和國政府與中華人民共和國政府關
於澳門問題的聯合聲明》的規定，特別是其中關於澳門是中
國領土，中華人民共和國政府將於 1999 年 12 月 20 日對澳門
恢復行使主權，葡萄牙負責澳門的行政管理至 1999 年 12 月

---

[1]　藍天：《"一國兩制"法律問題研究（總卷）》，法律出版社，1997 年，第
　　　53 頁。

[2]　*International Covenant on Civil and Political Rights*, Registration: 23 March 1976,
　　　No 14668.

19 日。"[1] 同時中國政府於 1999 年 12 月 2 日就澳門繼續適用兩個國際人權公約問題向聯合國秘書長明確表示，排除民族自決權規定對澳門的效力，指出目前適用於澳門的兩個國際人權公約，自 1999 年 12 月 20 日起將繼續適用於澳門特別行政區，同時我國政府聲明：兩個國際人權公約在澳門特別行政區適用，特別是兩個國際人權公約第 1 條，不影響聯合聲明和基本法關於澳門的地位的規定。[2] 因此，兩項人權公約中有關民族自決權的規定是完全不適用於香港、澳門地區的。

"一個國家"的原則，既是一個需要完成由處於分裂的國家狀態走向統一的國家的過程，也是一個在國家統一後需要堅決維護的國家的目標。實際上，即便在上述《給予殖民地國家和人民獨立宣言》亦強調到民族自決權不能用來破壞他國領土完整，規定"任何旨在部分地或全面地分裂一個國家的團結和破壞其領土完整的企圖都是與聯合國憲章的目的和原則相違背的"，"一切國家應在平等、不干涉一切國家的內政和尊重所有國家人民的主權及其領土完整的基礎上忠實地、嚴格地遵守聯合國憲章，世界人權宣言和本宣言的規定"。

第二，"一國"由中華人民共和國行使主權。

領土統一了，主權也要統一。主權是一個國家對內、對外最高的權力，凌駕於所有權力之上，沒有一個權力可以

---

[1] 王西安：《國際條約在中國特別行政區的適用》，廣東人民出版社，2008 年，第 131-132 頁。

[2] 王禹：〈兩個國際人權公約在澳門的適用問題〉，《"一國兩制"與澳門居民權利保障（學術研討會論文集）》，澳門理工學院 "一國兩制" 研究中心，2014 年，第 165 頁。

超越這個權力。主權對外是獨立且排外的，對內是最高且不可分的。若一個國家的主權讓由其他國家行使，則該國就無法按照自己的意志獨立自主地行使對本國領土範圍內一切區域和事務的最高統治權，國家就失去了獨立性；若一個國家的主權分割由國內的若干主體共享（即存在若干個 "主權者"），則不同的 "主權者" 均無法對該國領土內的一切區域和事務行使最高統治權，國家就必然陷入分裂。[1] 因此實現領土統一後，主權也必須要統一。由誰來行使主權呢？當然應該完完全全由中央政府代表國家統一來行使，而非與特別行政區分享主權。

然而，現實中仍存在模糊的 "一國" 概念，表現為對 "一國" 的內涵曲解，其實質是虛化 "一國"，不承認 "一國" 的代表就是中華人民共和國或不承認中華人民共和國可以對港澳特區享有完全主權和全面管治權，忽略 "一國" 主權的代表和行使的主體是中央人民政府。具體而言，不認同中國的國家制度，不認同一個國家中的中央政府，把國家的構成要素割裂開來，抽象地講領土、人民、主權，否定國家制度，將 "一國" 理解為虛無縹緲的國家，以及否定 "一國" 原則所要求的由中央政府行使主權，對特別行政區實行管轄。

2. "兩制" 的內涵

對於 "兩制" 的理解，首先需要明確的是，制度是指社會制度，而非國家制度。基於 "一國" 原則，國家制度只有

---

[1]　江華：〈試論 "一國" 原則的基本內涵〉，《港澳研究》，2017 年第 2 期，第 41 頁。

一個，即憲法第 1 條規定 "社會主義制度是中華人民共和國的根本制度"。在國家制度層面，特區與其他地方行政區域是沒有區別的，與之不同的 "一制" 是社會制度，一般可由三句話來概括：

第一，高度自治。

首先，特區與內地其他地方政府在一些方面擁有相同性質的權力如立法權，但是特區所擁有的權力範圍和程度要高於其他地方政府；其次，特區作為中國的一個地方政府，與內地其他地方政府相比較，享有後者遠遠沒有甚至聯邦制各州亦沒有的權力，如司法的終審權、發行貨幣權、簽發護照權等。

但是，需要注意的是，特區所享有的高度自治不是特區所固有的，而是基於全國人大的授權，因此高度自治並不是一種完全的自治，就如鄧小平講的，如果是完全自治，就是主權了。既然是主權授予的，就一定有範圍，有範圍就不能講完全，完全就是排他了。除此之外，高度自治還要接受中央的監督，不能脫離中央的管治，如特區制定的法律須送到全國人大常委會備案，接受全國人民代表大會常委會的監督；享有行政管理權也須接受中央的指令權；特區法院雖有權解釋基本法中自治範圍內的條款，但人大常委會享有最終解釋權，等等。

第二，"港人治港""澳人治澳"。

"港人治港""澳人治澳" 是指特別行政區自治範圍內的事務由以愛國者為主體的特區當地人自行管理，主要是享有選舉權和被選舉權的永久性居民來管理特區自治性事務，而不是中央政府從內地派遣幹部到特區進行管理。"港人治港""澳人治澳"只是一個形象的說法，並不是一個嚴謹的概念，所以在基本法條文中並未出現這幾個字。與之對應的是香港、澳門基本法第 3 條中規定，特區的行政機關和立法機關由特別行政區永久性居民組成。"居民"是一個法律概念，基本法用"居民"代替"港人""澳人"，顯然是更加準確地定義了"港人治港""澳人治澳"。首先，"港人""澳人"指向的是居民，不是公民或國民，與國籍無關。其次，"港人""澳人"中的絕大多數是中國公民，即擁有中國國籍並定居在香港、澳門者，兩個身份並不矛盾。

"港人治港""澳人治澳"要以愛國者為主體。愛國者治港治澳的說法同樣來自鄧小平先生，他在 1984 年 6 月 23 日會見香港人士時講到，"港人治港有個界線和標準，就是必須由以愛國者為主體的港人來治理香港"。愛國者治港治澳的政治標準發端於此，並且相繼延續至後來的中央領導人講話或文件中。例如，2014 年 6 月國務院發佈白皮書《"一國兩制"在香港特別行政區的實踐》，除重申這一標準外，還寫到"愛國是對治港者主體的基本政治要求"。主流意見認為這一標準合憲合法，天經地義，而少數意見認為其抽象模糊，易引發篩選效果和政治區分。實際上，兩者意見並不衝突，抽象模糊不是合憲合法的對立面，我國憲法或特區基本法的多數條款或用詞都是較為抽象的。至於篩選效果和政治區分更不是對立面，例如兩部特區基本法均規定行政長官須為中國籍，這是明確地篩選或區分政治人士的標準示例之一。如此一來，少數意見不能證偽主流意見，但這不意味着主流意見因此就自我證立。換言之，愛國者治港、治澳的"天經地義"本身需要作出解釋，才能證立為何這一政治標準是特區從政者必須遵循的。簡言之，國家自存決定了具體的制度內容需要對之作出回應，包括領土防衛、政權保障、經濟發展等。政權保障其中體現為對國家公共職位的任職資格要求，包括須為本國人、達到一定年齡、精神正常、無刑事責任等。回到愛國者治港、治澳這一標準上來，為何其為特區從政人士的前提要求，同樣與國家自存問題有關。特別行政區制度緣於維護國家統一和領土完整，特區社會穩定與經濟發展的需要，不愛國者直接抵觸的是這一制度的存在基礎，與制度的存在本身是直接對立的，如同第三者與夫妻難以兼容一樣。

當然，何為愛國者或甚麼是不愛國並不易於言明，如同父子或夫妻之愛的表現形式各異一樣。但是，其判斷也並非無法言明，如同虐待、殺害親人的行為肯定不屬愛的表現，分裂國家、顛覆政權、勾連間諜等損壞國家自存事實的行為同樣肯定不屬愛國的表現。從正面分析，愛國的標準可以從道德和法律兩個層面來說。愛國的道德標準是一種對國家認同的價值觀念，發自內心的崇高情感。國家認同是一個政治概念，是指一國的公民從心理上對自己歸屬於祖國這一政治共同體的認知和情感。[1] 由於國家既是 "政治—法律" 共同體，也是 "歷史—文化" 共同體，國家認同的建構，離不開政治認同、文化認同和民族認同的緊密結合。[2] 國家認同，是一國國民最基本的身份認同，也是人類生產生活中形成諸種

[1] 吳鵬：〈香港推行國民教育的路徑分析〉，《國家行政學院學報》，2017 年第 4 期，第 46 頁。

[2] 吳玉軍：〈論國家認同的基本內涵〉，《中國特色社會主義研究》，2015 年 1 月，第 48 頁。

群體認同中的最高形式歸屬。[1] 它不僅關乎到個體的安身立命，更是直擊現代民族國家建構的政治基礎與邏輯前提，在全球化時代，國家認同危機已成為一個普遍性重大難題。[2] 港澳不僅是主權上的回歸、居民也不僅是身份上的回歸，更重要的是人心的回歸。

從法律層面來說，這也涵蓋對國家的義務，即不能從事破壞國家統一、安全的活動。"港人治港""澳人治澳"一定要以愛國愛港愛澳者為主體，不僅體現在"一國兩制"的設計者所提出的思想，更有其實在法基礎，如香港基本法第104、61 條，澳門基本法第 101、102、63 條的宣誓效忠以及規定主要官員由中國公民擔任。此外，如前所述，香港、澳門基本法第 23 條具體規定了一些國家義務，實際上也是最低愛國要求，即禁止任何叛國、分裂國家、煽動叛亂、顛覆中央人民政府及竊取國際機密的行為，禁止外國的政治性組織或團體在特區進行政治活動，禁止特區的政治性組織或團體與外國的政治性組織或團體建立聯繫。

愛國與愛港愛澳是一個統一體，兩者不可分割。愛國是大前提，愛港愛澳是落腳點。要全面準確理解和貫徹"一國兩制"方針，關鍵是要把愛國和愛港愛澳有機統一起來。[3] 對於愛國者的要求，鄧小平曾詳細地說道："愛國者的標準是，尊重自己民族，誠心誠意擁護祖國恢復行使對香港的主權，

[1] 康玉梅：〈"一國兩制"下香港特別行政區的國民教育與國家認同〉，《環球法律評論》，2018 年第 2 期，第 165 頁。

[2] 康玉梅：〈"一國兩制"下香港特別行政區的國民教育與國家認同〉，《環球法律評論》，2018 年第 2 期，第 165 頁。

[3] 楊允中主編：《"一國兩制"百科大辭典》，澳門理工學院"一國兩制"研究中心，2011 年，第 3 頁。

不損害香港的繁榮和穩定。只要具備這些條件，不管他們相信資本主義，還是相信封建主義，甚至相信奴隸主義，都是愛國者。我們不要求他們都贊成中國的社會主義制度，只要求他們愛祖國，愛香港。"這是愛國者治港治澳政治標準的最初表述，也是尋找其原意的適宜出處。

為甚麼鄧公的上述論述是重要的？這緣於愛國者治港治澳政治標準的相對模糊性可能帶來的不同看法，而鄧公的論述為各種看法的討論提供了一個基礎性的前提。換言之，何為愛國者眾說紛紜，有人認為必須接受實行社會主義制度，有人認為結束社會主義制度的主張不妨礙成為愛國者，還有更多其他的說法。但是，持這些看法者至少需要接受鄧公的論述，因為不接受"一國兩制"設計者的這一論述，也就意味着放棄了上述討論得以存在的前提，正是"一國兩制"的存在才使得特別行政區語境下的愛國者標準及其討論成為可能。

實際上，鄧公的論述與我國憲法文本中的規定是一致的。憲法序言中有"擁護社會主義的愛國者""擁護祖國統一和致力於中華民族偉大復興的愛國者"等表述。序言中同樣指明了"中華民族偉大復興"的實現條件，包括"沿着中國特色社會主義道路，集中力量進行社會主義現代化建設""中國各族人民將繼續在中國共產黨領導下""堅持改革開放，不斷完善社會主義的各項制度，發展社會主義市場經濟，發展社會主義民主，健全社會主義法治，貫徹新發展理念"等等。可以看到，序言中兩種"愛國者"與鄧公所述的"贊成"與"不贊成"社會主義制度的愛國者是一致的。換言之，國家為那些不贊成社會主義制度但擁護祖國統一和致力於中華民族偉大復興的人士保留有憲法上的、最具有合法性的存在依據。

　　嚴格分析而言，這兩種愛國者在本質上是一致的，均為國家建設與發展的"建構者"，均通過各自的方式來發揮積極性作用。問題是，就社會主義制度是國家根本制度（憲法第1條）而言，"不贊成"社會主義制度的愛國者是甚麼程度的"不贊成"？是不贊成港澳特區實行社會主義制度，但尊重中國人民整體所選擇的社會主義制度？還是說不贊成國家整體實行社會主義制度，也即不贊成目前憲法所規定的憲政秩序，期待國家實行另外類型諸如資本主義、政教合一、封建主義乃至奴隸主義的制度？當然，就個人理念或意識形態而言，持守後面這些制度屬個人的思想自由範圍，即便持守無政府主義立場亦然。但是，當這些思想通過言論、出版、集會等表達方式傳遞出來之後，會對作為政治共同體的國家的現狀產生"解構"作用。國家基於自存的需要，或者共同體基於公意須得到尊重的需要，通常不會允許這些"解構"行為。只是這裡需要注意兩個點，一是國家作為共同體而由複數的人組成，對國家"愛"與"責"的程度限制是由多數人決定的。如果完全按照個人的理解，毀滅也是一種保存，叛國也是一種愛國，如此難以再有共同體可言。二是多數人的決定體現為方方面面的法律。這些法律作為既定共識，在改變之前宜予遵守，莫說關乎憲政秩序的國家根本制度，就是義務教育、家庭婚姻乃至交通規則等具體或細微制度都需要尊重。例如，僅就教育而言，今天"孟母三遷"前須了解一下相關法律；"岳母刺字"很有可能違反了兒童保護法。當然，這些行為在本意上是好的，但其評價標準離不開作為整體規範秩序的法律。如此而來，愛國者或許分享一個基本共識，即"建構型"愛國者的共識。國家、執政黨、政治機關、法律本身等等，都可以成為監督、批評或建議的對象，但是均須在尊重現有的憲政秩序、法律框架內進行。

第三，保持原有的社會制度。

按照香港、澳門基本法第 11 條規定，原有的社會制度主要是指社會經濟制度、居民的基本權利和自由制度即人權制度、行政立法司法制度即政治制度。保留原有社會制度要注意"原有的"三個字限定語。限定語"原有的"或許能說明兩點：一是"一國兩制"下保留的是港澳實行的原有的社會制度，不是抽象的資本主義制度。不少人只看到基本法第 5 條規定的"特別行政區不實行社會主義的制度和政策，保持原有的資本主義制度和生活方式，五十年不變"中的資本主義制度幾個字，卻忽視了"原有的"三個字，以為世界上的資本主義制度都是港澳要保留的制度。這是一種對普遍性與特殊性關係的誤解，"原有的"就是特指港澳實行的社會制度，不是普世抽象意義上的資本主義制度。所以，用普世意義理解港澳要實行的資本主義制度就會產生問題，照搬照抄他國的資本主義制度，顯然不符合"一國兩制"的理論。二是港澳"原有的"社會制度是"地方性的"社會制度，不是國家層面的社會制度。所以，是在"一國"之下實行另一種社會制度。因此，鄧小平指出："香港現在就不是實行英國的制度、美國的制度，這樣也過了一個半世紀了。""香港的制度也不能完全西化，不能照搬西方的一套。"[1] 特區要實行的

[1] 《鄧小平文選》，第三卷，人民出版社，1993 年，第 220 頁。

社會制度，不能以西方的社會制度為標準，也不能照搬西方的社會制度，而是要根據港澳的實際情況保留和完善自身的社會制度。

以上就是 "一國兩制" 系統中 "兩制" 的三個內容。

（二）"主權" 與 "治權"

1. 主權

梳理主權發展的歷史，我們會發現在原始社會中國家尚未形成，主權觀念也並未出現；但進入奴隸社會後，國家內部最高權力的存在就成為了客觀事實，並被看作是至高無上的。在古希臘和古羅馬這一權力曾歸屬貴族院、公民大會、富有者、元老院、人民大會等。[1] 到了羅馬帝國時期（公元前27—公元 476 年），最高權力日益變成了皇帝個人的權力。後來，隨着羅馬教廷勢力擴張以及中世紀的政教相爭，國家最高權力究竟歸屬於誰的爭議使得主權概念有了產生的必要性。[2] 羅馬帝國解體後西歐進入了封建社會，直至 16 世紀工商業的發展而產生資本主義的生產關係。此時一個強有力的能夠統一國家並能以最高權力在國內實行管理的君主就成了時代的要求，這就是主權概念在 16 世紀產生的時代背景，而其依據主要是 "君權神授"。[3] 法國首先形成了絕對君主制，

[1]　王滬寧：《國家主權》，人民出版社，1987 年，第 3 頁。
[2]　羅艷華：〈歷史演變中的主權與人權：矛盾、交叉與重合〉，《國際政治研究》，2003 年第 1 期，第 104 頁。
[3]　羅艷華：〈歷史演變中的主權與人權：矛盾、交叉與重合〉，《國際政治研究》，2003 年第 1 期，第 104 頁。

對內主張國王權力至高無上，對外則主張國家的獨立性，否定教皇及神聖羅馬皇帝的權威。讓・博丹（Jean Bodin）於1576 年出版的《國家六論》中首先闡述了主權概念，並將其定義為 "共和國所固有的絕對和永久之權力"，是 "獨立於法律之上的最高權力"。[1]

到了 17 世紀，隨着新興資產階級的發展，人們不能再忍受歐洲封建君主的最高權力的專制統治，要求擴大自己的政治權利和保護經濟利益，因此自然權利說、社會契約說和主權在民等思想興起，其目的就是要否定 "君權神授" 的觀念。[2]1625 年，格勞秀斯（Hugo Grotius）的《戰爭與和平法》試圖反對人民主權說，主張政治社會有兩個最高權力——統治者和整個社會或政體。他認為一個成熟的政體是完全由統治者代表的，因而人民主權完全體現在統治者的主權之中，但最終主權仍在人民手中，並未突破傳統的學說。[3] 而霍布斯（Thomas Hobbes）通過解構 "人民" 這個虛構的概念解決了主權二元論問題，他認為主權是至高無上的，是不可限制並不可分割的。"無限的權力就是絕對主權，而每個共和國的主權是所有臣民的絕對代表。"[4] "通過人為的努力，創造了被稱為共和國（commonwealth）或國家（state）的利維坦……其中主權（sovereign）是人造的靈魂，它為整個身軀提供了

[1] Jean Bodin, *Six Books of the Commonwealth*, M. J. Tooley trans., Oxford: Basil Blackwell, 1967, p. 25.

[2] 羅艷華：〈歷史演變中的主權與人權：矛盾、交叉與重合〉，《國際政治研究》，2003 年第 1 期，第 104 頁。

[3] Hugo Grotius, *The Rights of War and Peace*, Jean Barbeyrac ed., Indianapolis: Liberty Fund, 2006.

[4] Thomas Hobbes, *Leviathan*, London: Penguin, 1968, p. 275.

生命和動力。"[1] 在霍布斯看來，社會契約是個人和個人之間約定的，而並非主權與個人間約定的，並且主權是凌駕於社會契約之上的，是不受社會契約的約束。因為"運行這個利維坦的人被稱為主權，並被認為掌握主權的權力，而所有其他人都是他的臣民"。任何臣民都不得企圖通過任何背棄（forfeiture）而脫離主權的統治。[2]

在霍布斯之後，斯賓諾沙（Baruch de Spinoza）和普芬道夫（Samuel von Pufendorf）等荷蘭自然法學家發展了有限形式的主權理論，例如普芬道夫認為主權確實是最高乃至唯一的權力，但是相對於社會來說並非絕對的權力，因為在社會契約和個人服從國家之間存在一個基本的憲法法令，創造了政府必須尊重的權利。[3] 而 1688 年英國的"光榮革命"及 1689 年頒佈的《權利法案》表明最高權力即主權已從國王手中轉移到議會手中；1787 年的《美利堅合眾國憲法》也賦予了美國國會最高的權力；1789 年法國的《人權和公民權宣言》則宣佈主權屬國民並通過其代表——立法議會來行使權力。可以看到，從君主主權到議會主權的發展反映出是封建社會統治階級利益向資產階級利益的發展。[4] 自此以後，憲政主義幾乎都認為主權是有限並可以分享的。

其後，盧梭（Jean-Jacques Rousseau）復興了霍布斯的絕對主權論，他認為既然政府只是沒有主權的執行者，人民

---

[1] Thomas Hobbes, *Leviathan*, London: Penguin, 1968, p. 81.

[2] Thomas Hobbes, *Leviathan*, London: Penguin, 1968, pp. 228, 230.

[3] F. H. Hinsley, *Sovereignty*, Cambridge University Press, 1986, pp. 151-152.

[4] 羅艷華：〈歷史演變中的主權與人權：矛盾、交叉與重合〉，《國際政治研究》，2003 年第 1 期，第 104 頁。

在集會之時就中止政府職能，因為人民的主權是無限的，不可能遵守任何律法。所以盧梭反對代議制和分權制度，但是他沒有能解決國家和社會之間的關係。如果說霍布斯讓國家吞沒了社會，盧梭則讓社會吞沒了國家。[1] 正因為如此，他才不得不勉為其難地在《社會契約論》第二篇論述了主權的基本屬性和建立主權的基礎——"公意"概念，來支持單一的國家人格。盧梭將意志分為公共的（或普遍的）與私人的，只有公意之宣示才是有效的主權行為："意志或者是普遍的，或者不是。在第一種情況下宣佈的意志是主權行為，並構成法律。在第二種情況下，它只是私人意志或執行官的行為，至多是一項法令。"[2] 由於主權代表的是一種意志，它是不可讓渡、不可分割的："既然主權只不過是公意之行使，它從來不能被讓渡，且主權作為集體人格只能被自己而不能被任何其他人所代表。權力完全可以被轉讓，但是意志卻不能。"[3] 不僅如此，盧梭還進一步認為人民的意志是不可代表的。"主權是不可被代表的，其理由就和其不可讓渡一樣。它在本質上體現於公意之中，而意志是不允許被代表的。它或者是自己，或者是別的甚麼，不存在任何中間物。"[4] 到了 19 世紀，著名的國際法學家奧本海（Lassa Oppenheim）認為主權不僅是最高權威，而且具有全面獨立的含義，不僅在國土之內，

[1] F. H. Hinsley, *Sovereignty*, Cambridge University Press, 1986, pp. 153-155.

[2] J.-J. Rousseau, *On the Social Contract*, D. A. Cress trans., Indianapolis/Cambridge: Hackett, 1987, p. 30.

[3] J.-J. Rousseau, *On the Social Contract*, D. A. Cress trans., Indianapolis/Cambridge: Hackett, 1987, p. 29.

[4] J.-J. Rousseau, *On the Social Contract*, D. A. Cress trans., Indianapolis/Cambridge: Hackett, 1987, p. 74.

在國土之外也是如此。故有別於 18 世紀的主權概念，主權開始包括對外獨立權，這時的主權概念與現代意義上的主權概念相差無幾。[1]

"主權"作為一個中文的法律概念，最早在丁韙良 1864 年翻譯的《萬國公法》中首次見到。[2] 民國初期的學者在列舉國家要素時沒有統一使用"主權"一詞，有的使用主權一詞，如王世杰的《比較憲法》；有的使用"統治權"，如鍾賡言的《朝陽憲法講義》；也有的使用"權力"或"國權"。[3] 後來才逐漸統一使用"主權"。為更好理解主權的當前通行概念，訴諸不同的法律詞典或許是一個可操作的方式。例如，在《布萊克法律辭典》中"主權"是指"任何一個獨立國家藉以實行管治的最高的、絕對的、不可加以限制的權力；是（國家）最高的政治權力機構，最高的意志；是對憲法和政府及其管理的至高無上的控制權；是政治權力自給自足的淵源，（國家）所有特定的政治權力都由此而派生；是國家擁有的不受外國支配的管理其內部事務的權利和權力的一種國際上的獨立地位；也意味着一種至高無上的獨立的政治社會或政治形態"。[4]《牛津法律大辭典》中，"主權"是現代國家最根本的屬性，"指擁有充分的權力維護對外獨立，對內忠誠和秩序以及在其領土內規定、適用和解釋法律制度的最高權和

[1] 羅艷華：〈歷史演變中的主權與人權：矛盾、交叉與重合〉，《國際政治研究》，2003 年第 1 期，第 104 頁。

[2] ［美］惠頓：《萬國公法》，丁韙良譯，中國政法大學出版社，2003 年，第 27-28 頁。

[3] 張知本：《憲法論》，上海法學編譯社，1933 年，第 6-9 頁。

[4] *Black's Law Dictionary*, West Publishing, 1990, p. 1396.

獨立權"。[1] 中國學者編纂的《憲法學詞典》中，"主權"是國家固有的處理國內事務和國際事務而不受他國干預或限制的最高權力。在對外關係上，每個國家都是獨立的、平等的；在對內方面，國家享有最高權力，對其領土內的一切人和物享有排他性的管轄權，前者為獨立權，後者為統治權，兩者密切聯繫，構成完整的獨立概念。[2] 另，國際法權威著作《奧本海國際法》將"主權"界定為最高權威，即一個獨立於世界上任何其他權威之外的權威，因此按照最嚴格和最狹隘的意義，主權含有全面獨立的意思，無論在國土以內或在國土以外都是獨立的。主權是確定一個實體是否具有國家性質最關鍵的標準。[3]

因此，總結來看，國家主權被界定為一個國家獨立自主處理內外事務的最高權力，是國家的根本屬性，具有不可分割、不從屬外來意志和神聖不可侵犯的性質，是國家內最高的、絕對的、排他的、不可加以限制及分割的權力，在各說紛呈的學界代表了一種主流觀點。[4] "一國兩制"系統的基礎"一國"原則就包括了國家主權原則，在主權原則上，"一國兩制"沒有特殊性，國家享有完全的主權，主權不可分享。

[1] ［英］沃克：《牛津法律大辭典》，北京社會與科技發展研究所譯，光明日報出版社，1988年，第850頁。

[2] 趙喜臣主編：《憲法學詞典》，山東大學出版社，1989年，第244頁。

[3] 劉高龍：《國際公法學》，社會科學文獻出版社、澳門基金會，2014年，第132頁。

[4] 饒戈平：〈一國兩制與國家對港澳地區的管治權〉，《中國法律》，2012年第1期，第11頁。

2. 治權

對於 "治權" 的概念，在比較權威的《現代漢語詞典》和《布萊克維爾政治學百科全書》中，都沒有 "治權" 詞條。在憲法學中，人民主權派生出 "國家權力" 的概念；在國際法學中，國家主權派生出 "管轄權" 的概念；在政治學中，學界往往使用治理、統治等概念，均不使用 "治權" 的概念。[1] 在中國近現代史上，最早使用"治權"概念的是孫中山先生，他在 "權能分立" 理論中指出："政是眾人之事，集合眾人之事的大力量，便叫作政權；政權就可以說是民權，治是管理眾人之事，集合管理眾人之事的大力量，便叫作治權；治權就可以說是政府權。所以政治之中，包含有兩個力量：一個是政權，一個是治權。這兩個力量，一個是管理政府的力量，一個是政府自身的力量。"[2] 此時的 "治權" 是與 "政權" 相對的概念。

20 世紀 80 年代，中英就香港問題談判時，英國提出的 "主權換治權（administration）" 方案，使得 "治權" 的概念區別於孫中山先生提出的 "治權" 概念又重新進入人們的討論範圍。在英文語境下，根據權威的《柯林斯英漢雙解大詞典》的解釋，"administration" 一詞表達的核心意涵體現為管理（部門）、行政事務（部門），直譯為中文應為 "管理權" 或 "管轄權"。1997 年中國大陸出版的《撒切爾夫人回憶錄》簡體中文版將相關文字中的 "British administration" 譯為 "英

[1] 段磊：〈 "治權" 概念史研究〉，《惠州學院學報（社會科學版）》，2017 年第 4 期，第 21 頁。

[2] 孫中山：《孫中山選集》，人民出版社，1956 年，第 767-791 頁。

國的治權。[1] 按照上述詞典的解釋，英國提出的"主權換治權"或許譯為"主權換管轄權"更為合適。

80年代末到90年代初，兩岸在台灣問題的處理過程中曾使用"治權"一詞。例如，1992年8月1日，台當局"國家統一委員會"通過了關於"一個中國"涵義的解釋："海峽兩岸均堅持'一個中國'之原則，但雙方所賦予之涵義有所不同……我方則認為'一個中國'應指1912年成立迄今之中華民國，其主權及於整個中國，但目前之治權，則僅及於台澎金馬。台灣固為中國之一部分，但大陸亦為中國之一部分。"[2]1987年台灣學者沈君山提出的"一國兩治"理論，提出"共享主權，分擁治權，即在一個象徵性的國家主權下，實行不同制度的兩個地區，各擁有獨立的治權"。[3]馬英九沿用"治權"的上述表述提出兩岸"主權互不承認，治權互不否認"的"互不論"主張。[4]此後，兩岸學者開始重視對"治權"概念的研究和使用。

內地學者在研究和使用"治權"這一概念時，從英國提出的"主權換治權"方案中的治權"administration"出發，認為台灣當局享有的"治權"是一種"區域性""行政性""實際管制性"的權力，認為"治權"來源於主權並從屬主權。[5]

---

[1] ［英］瑪格麗特・撒切爾：《撒切爾夫人回憶錄——唐寧街歲月》，撒切爾夫人回憶錄翻譯組譯，遠方出版社，1997年，第177頁。

[2] 海峽兩岸關係協會：《"九二共識"歷史存證》，九州出版社，2006年，第49-50頁。

[3] 楊錦麟：〈"一國兩治"析論〉，《台灣研究集刊》，1988年第3期，第1頁。

[4] 馬英九：〈互不承認主權互不否認治權〉，法國國際廣播電台，2011年3月10日。

[5] 段磊：〈"治權"概念史研究〉，《惠州學院學報（社會科學版）》，2017年第37卷第4期，第24頁。

內地學者傾向將"治權"理解為一種統治、治理和管理國家和社會公共事務的權力，而具體地講就是指政府或其他公共權力機關的權力，其與英文中的治權（governmental power，也可譯為政府權力）是相通的。[1] 而台灣方面在使用"治權"這一概念時，是沿用"五權憲法"之"政權—治權"劃分，將"治權"視為一國（中央）政府的統治權力。這種"治權"往往被譯為"governing authority"或"authority to govern"，在外國學者編著的著作或辭典中沒有出現過，換言之是台灣當局"發明"的專有名詞。國民黨英文版網站將"治權"譯為"jurisdiction"，這一理解與"國家權力"概念相似，並與"主權"概念存在一定程度的交叉。[2] 考慮到"jurisdiction"具有主權關聯性與權力普遍性的雙重特質，這進一步突顯了台灣當局"治權"釋義的關切內容和政治主張，即追求以"最高治權"或"主權行使權"為實質的"治權""權力"。[3]

（三）"管治權"與"自治權"

2014年6月國務院新聞辦公室發表的《"一國兩制"在香港特別行政區的實踐》白皮書中首次提出"全面管治權"，

[1] 魏宏：〈關於國家立法權的內涵、性質和設置的探討——兼論立法權與主權和治權的關係〉，《長白學刊》，2003年第2期，第29頁。

[2] 伍俐斌：〈試析兩岸關係中的"治權"概念〉，《台灣研究》，2014年第3期，第11頁；毛啟蒙：〈兩岸關係研究語境中的"治權"釋義——再論"主權"與"治權"話語下的兩岸關係〉，《台灣研究集刊》，2015年第3期，第24頁；劉國深：〈兩岸關係和平發展新課題淺析〉，《台灣研究集刊》，2008年第4期，第4頁。

[3] 毛啟蒙：〈兩岸關係研究語境中的"治權"釋義——再論"主權"與"治權"話語下的兩岸關係〉，《台灣研究集刊》，2015年第3期，第24頁。

英文譯為 "overall jurisdiction"[1]，寫到中央與特區形成了"一國兩制"框架下主權產生全面管治權，通過授權港澳特區享有高度自治權的權力關係。我國法學理論中以前沒有"全面管治權"的提法和概念。這是一個新的法理概念，從理論上對這一概念進行探討，就顯得尤為重要。[2]

1. 中央管治權

甚麼是白皮書裡所指的"管治權"，在學理上還缺乏一個明確的定義。類似的概念有《臨時約法》和《欽定憲法大綱》裡的"統治權"、我國海洋法裡規定的"管制權"，以及中英談判時提出的"治權"概念。然而統治權本身帶有強烈的政治色彩，難以作為一個嚴謹的法律概念；管制權則有控制的意思，缺乏治理的內涵。[3]而"治權"概念上文已作分析，是來源於主權並從屬於主權的，是國家管理和治理其所屬領土範圍內事務的權力。那麼中央管治權的概念就是基於"治權"的概念，即對主權所管轄的領土範圍中的事和人實行管理，是國家基於主權而對其所屬的領土行使管轄和治理的權力。因此，根據白皮書的總結和歸納，全面管治權的主要內容可以概括為中央擁有對香港特別行政區的全面管治權，既包括中央直接行使的權力，也包括授權香港特別行政區依法

---

[1] 國務院新聞辦公室：*The Practice of the "One Country, Two Systems" Policy in the Hong Kong Special Administrative Region*。

[2] 喬曉陽：〈中央對香港具有的憲制權力及其實踐〉，2010 年 9 月 13 日。文中提出中央對香港的憲制權力的第一個方面就是"中央對香港具有全面的管治權"。

[3] 王禹：〈"一國兩制"下中央對特別行政區的全面管治權〉，《港澳研究》，2016 年第 2 期，第 5 頁。

實行高度自治。對於特別行政區的高度自治權，中央具有監督權力。中央在特別行政區直接行使的權力有：①組建特別行政區政權機關，如在當地通過選舉或協商基礎上任命行政長官，以及在行政長官提名的基礎上任命政府主要官員；②支持指導行政長官和特別行政區政府依法施政，如聽取行政長官每年一度的述職報告，就基本法規定的事務向行政長官發出指令；③負責管理與特別行政區有關的外交事務；④負責管理特別行政區防務；⑤行使憲法和基本法賦予全國人大常委會的有關職權，如接受特別行政區立法會制定的法律備案並有權發回使其立即失效，增減基本法附件三的全國性法律，對特別行政區作出新的授權，解釋基本法，對政制發展問題作出決定，批准附件一行政長官產生辦法修正案，對附件二立法會產生辦法修正案予以備案，接受終審法院院長和法官任命或免職的備案，等等。[1]

　　中央對授予特區的高度自治權具有監督權力。監督權是指在權力制約關係下，享有制約權的一個主體對另一個主體行使權力的行為是否合法作出監督。監督權不是代替被監督者作出決定，而是對被監督者作出的決定或行為進行監督，因此監督的本質是一種權力對另一種權力的制約。

　　鄧小平對"高度自治權"曾提出過兩個基本原則：第一，不贊成"完全自治"的提法："自治不能沒有限度，既有限度就不能'完全'。'完全自治'就是'兩個中國'，而不是一個中國。"第二，高度自治不等於中央完全不能干預："切不要

[1]　王禹：〈"一國兩制"下中央對特別行政區的全面管治權〉，《港澳研究》，2016 年第 2 期，第 7 頁。

以為香港的事情全由香港人來管，中央一點都不管，就萬事大吉了。這是不行的，這種想法不實際。……但是，特別行政區是不是也會發生危害國家根本利益的事情呢？難道就不會出現嗎？那個時候，北京過問不過問？難道香港就不會出現損害香港根本利益的事情？能夠設想香港就沒有干擾，沒有破壞力量嗎？我看沒有這種自我安慰的根據。如果中央把甚麼權力都放棄了，就可能會出現一些混亂，損害香港的利益。所以，保持中央的某些權力，對香港有利無害。"[1] 中央監督權並不是取代特區自治，由中央直接管理，而是監督特區是否依法管理自治事務。

2. 高度自治權

特別行政區的高度自治權是依法對自行處理的事項作出決定或採取行動的權力，決定和行動無須批准。對於高度自治權的概念已於前文 "兩制" 概念中予以說明。高度自治權並非特區固有的權力，而是中央授權特區享有的。因此高度自治不是完全自治，是有限度的，不能排除中央的監督。在理論上，高度自治權與地方自治有關。《中國大百科全書（政治學卷）》對地方自治界定為："在一定的領土單位之內，全體居民組成法人團體（地方自治團體），在憲法和法律規定的範圍內，並在國家監督下，按照自己的意志組織地方自治機關，利用本地區的財力，處理本區域內的公共事務的一種地方政治制度。"[2] 地方自治源於 11 世紀的歐洲，當時隨着地中

[1] 《鄧小平文選》，第三卷，人民出版社，1993 年，第 221 頁。

[2] 《中國大百科全書（政治學卷）》，中國大百科全書出版社，1992 年，第 56 頁。

海沿岸商品經濟的興起，歐洲的城市迅速崛起（以意大利的威尼斯、熱那亞和佛羅倫薩為代表），這些商業城市經封建領主頒發特許狀而逐步獲得城市自治權，以保障城市作為一個獨立的政治實體的自由和特權，包括市民的人身自由和人身安全、取消城市向封建主交納的賦稅以及城市擁有獨立的司法權等內容。[1] 隨着社會的發展，地方自治在不同國家的實踐中演繹出了不同的模式和理念。從 20 世紀 40 年代開始，越來越多的國家將地方自治確認為憲法的基本原則，地方自治原則與人民主權、基本人權和權力分立原則之間存在內容上的關聯，但它又是一項獨立的憲法原則。[2] 同時，地方自治在理論上逐漸產生英美法系的 "固有說" 和大陸法系的 "轉讓說"：前者以自然法理論為依據，認為地方自治權是天賦的、固有的權利，是先於國家而存在的，國家不但不能干涉，而且應當予以保護；後者則主張地方自治的權力來自於國家的授權，國家可以收回這一權力。[3]

與大陸法系的 "轉讓說" 相一致，從我國特別行政區高度自治權的權力性質分析，其與地方自治和民族區域自治都是基於中央對其所屬領土範圍內的全面管治權，結合歷史和現實情況，為了穩定和發展而授權不同行政區域所享有的權力。特別行政區高度自治權在程度上是高度自治，這是與內地普通行政區所享有的自治權相比較而言的，體現為：一是

[1]　吳天昊：〈特別行政區高度自治權：是權力而非權利〉，《法學》，2012 年第 12 期，第 62 頁。

[2]　王建學：〈論現代憲法的地方自治原則〉，《太平洋學報》，2009 年第 10 期。

[3]　熊文釗：《大國地方——中國中央與地方關係憲政研究》，北京大學出版社，2005 年，第 11-12 頁。

特區有而內地其他地方行政區域沒有的權力；二是特區與內地其他地方行政區都享有的權力，但是特區享有範圍和程度更大。具體而言，高度自治權包括五個方面：行政管理權，即行政長官及其領導下的特別行政區政府有權自行處理自治範圍內的行政事務；立法權，即特別行政區立法會有權自行制定、修改、暫停實施和廢除在特別行政區實施的法律；獨立的司法權和終審權；依照基本法規定處理對外事務的權力；全國人大及其常委會和中央人民政府授予的其他權力。

然而，高度自治在性質上仍是授權自治。香港、澳門基本法第 2 條規定，中華人民共和國全國人民代表大會授權特別行政區依照基本法的規定實行高度自治，享有行政管理權、立法權、獨立的司法權和終審權。首先，主權原則決定特別行政區高度自治權是因中央授權而產生。自治權並非源於 "固有說"，而是 "轉讓說"，是國家基於主權對其所屬領土範圍享有的全面管治權而授予的。凡是中央沒有授予的權力仍然保留在中央，從而明確了港澳特區並沒有剩餘權力。其次，特別行政區高度自治權是中央授予的，而不是由中英、中葡共同授權。有人說，香港問題、澳門問題的聯合聲明是由中英、中葡政府共同簽署的，所以，高度自治權是兩國政府共同授予的。這種說法既不符合國家主權的理論，也不符合聯合聲明的規定，"共同授權論" 的邏輯是不能成立的。正如上述，授權的前提是必須擁有權力，沒有權力就談不上授權。自治權產生於主權，是中國恢復對港澳行使主權後，中央向特區授權的。而中國恢復對港澳行使主權後，英國和葡萄牙在港澳沒有任何權力，又何來授權呢？中英、中葡聯合聲明均明確表述，"中華人民共和國政府聲明（絕對不是中英、中葡兩國政府聲明），中華人民共和國根據‘一個國家、兩種制度’的方針，對香港、澳門執行如下的基本政策”。所以，對港澳的基本政策，包括中央政府向特區授予高度自治是中國政府的政策。如果共同授權，特區豈不成了中英、中葡共管的地方？又怎麼體現中國恢復行使主權？因此，“共同授權論”是抵觸國家主權的一種謬誤，有意曲解基本法第 2 條中央授權的規定，我們必須認清它的政治企圖和為外國干預特區事務提供藉口的危害性。

再次，除了基本法第 2 條的概括性授權，香港、澳門基本法第 20 條還規定，特區還可享有全國人民代表大會、全國人民大會常委會或中央人民政府授予的其他權力。即特別行政區高度自治權除基本法授權外，還享有人大及其常委會和國務院的 “再授權”。這充分表明中央授權特區實行高度自治的誠心，這種授權並不是一次性的，只要是香港、澳門發展需要的，中央政府還可以再授權。“一國兩制” 既講原則，又要講靈活。為了緩解內地與香港特別行政區交往日益增多帶來的陸路通關壓力，適應深圳市與香港特別行政區之間交通運輸和便利通關的客觀要求，促進內地和香港特別行政區之間的人員交流和經貿往來，推動兩地經濟共同發展，在深圳灣口岸內設立港方口岸區，專用於人員、交通工具、貨物的通關查驗，是必要的。2006 年，第十屆全國人民代表大會常務委員會第 23 次會議決定：授權香港特別行政區自深圳灣口岸啟用之日起，對該口岸所設港方口岸區依照香港特別行政區法律實施管轄。香港特別行政區對深圳灣口岸港方口岸區實行禁區式管理。澳門回歸以來經歷了中央向澳門特別行政區五次再授權，內容包括關閘、珠澳跨境工業區、澳門大學橫琴校區以及將 85 平方公里海域和橫琴口岸授權澳門管理。[1] 正如在 "口述歷史" 項目中，澳門基本法起草委員孫琬鍾委員在接受採訪時談到："每條基本法條文背後都藏着許許多多的故事，藏着許許多多的歷史，藏着很多中央對澳門的思考與關懷。雖然體現在法律上都是硬邦邦的文字，但是文字後面的內容都是非常充實、非常人性化的，體現了中央對澳門的支持與關懷。" [2]

（四）"國家利益" 與 "特區利益"

1. 國家利益

維護國家主權、安全和發展的利益，是實行 "一國兩制" 的核心目的和任務。按照對 "國家安全" 概念的解釋，國家安全是國家的基本利益，是一個國家處於沒有危險的客觀狀態，也就是國家沒有外部的威脅和侵害，也沒有內部的混亂和疾患的客觀狀態。有學術教材將當代國家安全的構成要素擴展為 12 個方面，即國民安全、國域安全、資源安全、經濟安全、社會安全、主權安全、政治安全、軍事安全、文化安全、科技安全、生態安全、信息安全。[3]《中華人民共和國國

[1] 中華人民共和國國務院令第 665 號《中華人民共和國澳門特別行政區行政區域圖》已經 2015 年 12 月 16 日國務院第一百一十六次常務會議通過。《全國人民代表大會常務委員會關於授權澳門特別行政區對橫琴口岸澳方口岸區及相關延伸區實施管轄的決定》，2019 年 10 月 26 日第十三屆全國人民代表大會常務委員會第十四次會議通過。
[2] 參見 "口述歷史" 項目，對澳門基本法起草委員孫琬鍾委員的訪談紀要。
[3] 劉躍進：《為國家安全立學：國家安全學科的探索歷程及若干問題研究》，吉林大學出版社，2014 年，第 136 頁。

家安全法（2015）》第 2 條規定："國家安全是指國家政權、主權、統一和領土完整、人民福祉、經濟社會可持續發展和國家其他重大利益相對處於沒有危險和不受內外威脅的狀態，以及保障持續安全狀態的能力。"[1] 黨的十九大把堅持總體國家安全觀作為新時代堅持和發展中國特色社會主義的基本方略之一，明確要求必須堅持國家利益至上，以人民安全為宗旨，以政治安全為根本，統籌外部安全和內部安全、國土安全和國民安全、傳統安全和非傳統安全、自身安全和共同安全，完善國家安全制度體系，加強國家安全能力建設，堅決維護國家主權、安全、發展利益。因此維護國家主權、安全，是維護國家最根本的利益，才能保證國家發展利益。

　　為甚麼國家安全會是一個問題？這從歷史上可以得到解釋。以歷史的眼光來看，從原始部落、古希臘城邦、古羅馬帝國、中世紀的政教合一政權以及近代以來的民族國家，國家經歷了不同的形態。但是，無論哪一形態，安全問題自始至終是國家重點關注的議題。作為一種維護集體安全的實踐活動，原始部落的人們利用籬笆、石頭等器具對抗野獸或其他部落的入侵。此時期的活動如果說更多是一種生存的本能反應，那麼之後的哲人們開始思考如何系統地享有安全保障則是一種理論探索。以公元前 4 世紀柏拉圖的著作《理想國》為例，其中一個重點話題就是誰來負責城邦安全。在柏拉圖看來，一個城邦的存續，需要有護衛者階層，而其最重要的品質是勇敢。這一話題延續到近代，思想家們的理論成果更加成熟與精緻。在國家享有主權的理論基礎上，17 世紀的英

概念 邏輯 命題：中國特別行政區理論體系研究

---

[1] 《中華人民共和國國家安全法》，中國政府網，2015 年 7 月 1 日。

國思想家洛克（John Locke）在《政府論》中將國家權力分為立法權、執法權與對外權，這亦是後世憲法之權力分立原則的雛形。洛克將對外權定義為對外處理有關公共的安全和利益的事項，以防止受到外來的損害，其將該權力單獨列出的做法足以體現對國家安全的重視。之後的思想家們如孟德斯鳩（Montesquieu）將對外權與執法權統一於行政權，並單獨提出司法權，形成當今通行的立法權、行政權與司法權分立的權力運作模式。

為何國家安全是一個問題？或者說，國家安全怎麼就成了一個無法迴避的問題？實際上，這一問題與可進一步追問的另一個問題直接相關，即國家為甚麼會產生？前後兩個問題是一個硬幣的兩面，對後者的回答亦適用於前者。對於國家為甚麼會產生，思想家們已有基本的共識，即人們為了避免自然狀態。"自然狀態"一詞是思想家們從理論層面預設的一項概念，看似難懂，一經解釋則非常容易理解。為論證國家出現的必然性，思想家們首先還原人類最初期的生活狀態，這一狀態很有可能是"物競天擇，適者生存""弱肉強食"的"叢林法則"狀態，也即自然狀態。這樣的自然狀態是一種戰爭狀態，如霍布斯在《利維坦》中所述，"在這種狀況下，產業是無法存在的……最糟糕的是人們不斷處於暴力死亡恐懼和危險中，人的生活孤獨、貧困、卑污、殘忍而短壽"。因此，為了避免自然狀態，生活在一定範圍的人們選擇成立政治共同體，即國家，來統一規範人們的行為，以保障人們的財產和生命安全。此為國家的由來。

但是，國家的出現解決了一定範圍內人們共同生活的問題，但並未解決地球上所有人類共同生活的問題，即國家和國家之間仍然是自然狀態。如果回顧人類歷史，特別是西方殖民史，非洲、亞洲、美洲等地區的人們無疑對自然狀態有最為深切的經歷與感受。即便在西方內部，各民族國家之間的戰爭史，特別是第一次與第二次世界大戰，亦是國家間自然狀態的典型演繹。第二次世界大戰結束後，最大的國際性組織聯合國成立。作為由主權國家組成的政府間國際組織，聯合國在促進各國在國際安全、經濟發展、社會進步、世界和平等方面的合作作出了不可磨滅的貢獻。但是，聯合國發揮的作用尚不能完全替代各成員國維護自身安全的措施。換言之，在一個和平的國家內部，家庭與家庭之間、人與人之間尚且需要一道門、一把鎖保障安全，何況國家之間？

因此，國家安全是每一國家無法迴避的問題。為避免糧食危機需保障糧食安全，為避免金融崩盤需保障金融安全，為避免他國顛覆需保障軍事安全，等等。世界各國都有保障不同方面的國家安全的立法，沒有任何例外。實際上，《聯合國憲章》等所有國際性文件都完全承認與肯定國家安全的保障需要。例如，《聯合國憲章》規定各國的"領土完整"或"政治獨立"不容侵害；《公民權利及政治權利國際公約》規定公民的基本權利並非不受任何限制，限制事由包括"為維護國家安全或公共安全、公共秩序，保護公共衛生或道德，或他人的權利和自由所必需的限制"，等等。可以看到，國家安全與公民權利無任何相悖之處。進一步而言，公民權利需要國家安全來保障。"覆巢之下，安有完卵？"生活在被軍事或經濟侵略下的國家地區的公民何談基本權利？

關於國家安全，在具體的立法層面，立法權皆集中於國家中央政府。如陳弘毅教授所言，在有地方自治安排的國家，無論是聯邦制國家（如美、加、澳），還是單一制國家（如英國——蘇格蘭在英國境內享有高度自治權），關於國家安全問題的立法權都掌握在中央政府或聯邦政府手中，通常不會授予地方政府。有一個特例，即中華人民共和國香港基本法與澳門基本法分別在第 23 條規定，特別行政區應自行立法禁止某些危害國家安全的行為，如叛國、顛覆、分裂國家、煽動叛亂、竊取國家機密等。這一特殊安排一方面是"一國兩制"政策的體現，在一定程度上亦是國家對特區"高度信任"的體現，以為維護國家安全這一當然的情理和法理定能被特區尊重與遵守。澳門特區於 2009 年完成立法工作，而香港特區在回歸 23 年時仍出於種種原因尚無立法跡象，立法的有無亦在很大程度上解釋了此岸穩定安全、彼岸狼烟四起的不同局面。

2020 年 6 月 30 日第十三屆全國人民代表大會常務委員會第二十次會議通過《中華人民共和國香港特別行政區維護國家安全法》，並決定將之加入列於香港基本法之附件三的全國性法律。

香港特區維護國家安全法在內容上涵蓋實體法與程序法。在機構設置上，維護國家安全委員會是主要負責機構，由行政長官擔任主席，成員包括政務司長、財政司長、律政司長等特區主要官員，並且設有國家安全事務顧問，由中央人民政府指派，就香港特區維護國家安全委員會履行職責相關事務提供意見。國家安全事務顧問列席香港特區維護國家安全委員會會議。同時，香港特區維護國家安全法對維護國家安全公署的職責亦有明確的規定，包括監督、指導、協調、支持香港特別行政區履行維護國家安全的職責，收集分析國家安全情報信息,依法辦理危害國家安全犯罪案件等。公署應當與香港特區維護國家安全委員會建立協調機制,監督、指導香港特區維護國家安全工作,與香港特區維護國家安全的有關機關建立協作機制,加強信息共享和行動配合。並且,公署對特殊的危害國家安全犯罪案件行使管轄權,如案件涉及外國或者境外勢力介入,或香港特別行政區管轄確有困難等情況。這些規定體現香港特區維護國家安全工作中特區機關與中央機關有分工且合作的法律機制。

澳門特區在維護國家安全的工作上亦有所推進。2009年,落實澳門基本法第23條規定,澳門特區立法會制定《維護國家安全法》。2016年,根據全國人大常委會對香港基本法第104條的解釋,澳門特區主動修改立法會選舉法,增加"防獨"條款,明確規定參選人必須擁護澳門基本法、效忠澳門特區。2018年,成立由行政長官任主席的澳門特區維護國家安全委員會。2023年因應維護國家安全新形勢的需要,按照總體國家安全觀要求,順利完成《維護國家安全法》修訂,完善了維護國家安全法律制度和執行機制,進一步夯實維護國家安全的制度根基。例如,增訂"教唆或支持叛亂"罪,引入"情報通訊截取"措施、"臨時限制離境"措施等。這些充分展現出澳門特別行政區政權機關和社會各界堅決維護國家安全的責任意識和擔當精神,值得充分肯定。

2. 特區利益

有利於維護特區社會穩定、經濟發展,是實行"一國兩制"的另一個目的和任務。首先,對社會穩定的理解主要有兩個方面:

一是社會治安穩定，這是澳門居民安居樂業的必要條件。早在澳門過渡時期出現社會治安動盪時，1998 年 7 月全國人民代表大會澳門特別行政區籌備委員會就以"全體會議公報"的形式，敦促澳葡政府在過渡期內對社會治安切實負起安全責任。[1]之後，在聽取澳門特區居民的建議後，1998 年 9 月中央人民政府在澳門特別行政區籌委會第三次全體會議上宣佈了將在澳門回歸以後派駐負責澳門防務的軍隊並立即制定澳門駐軍法這一決定。駐軍成為保障澳門社會治安穩定的堅強後盾。澳門特區成立以來，在特區政府的有效管理下，在中央政府的支持配合下，澳門很快恢復了社會治安，安定了人心，為澳門經濟的迅速發展提供了保障。

二是政局穩定。政治體制的運行要避免不同權力機關的對抗和衝突，否則，政府不能有效施政，不能為居民提供公共服務。假如不能避免政府與居民的對立和衝突，不斷出現社會抗爭，引發社會的動亂，後果必然是社會發展停止，甚至倒退。所以，社會穩定是經濟發展、民生改善的必要條件。損害社會穩定就是損害經濟和民生。在香港的現實中，我們已經看到，部分立法會議員不遺餘力地"逢中必反"，如反對履行基本法 23 條立法維護國家安全的憲制責任；支持違法"佔中"嚴重破壞特區社會秩序；戲弄莊嚴的依法宣誓；宣揚"港獨"主張；為反對國歌法在特區的實施，用半年的時間糾纏委員會主席的產生，以阻礙法案的審議。再如，有些議員為反對特區政府，對特區政府提出的法案一概拉布，

---

[1] 〈人民特稿：由亂到治——澳門社會治安掃描〉，人民網，2004 年 11 月 19 日。

為反對而反對已經到了登峰造極的地步。反中亂港勢力還叫囂，要奪取立法會過半數席位，進行政治"攬炒"，意圖癱瘓政府和立法會運作。他們的所作所為，造成了特區社會和政治秩序的嚴重動亂，特區居民深受其害。

其次，經濟發展。經濟發展是第一要務，是保證特區居民生活水平不降低、安居樂業的關鍵，也是"一國兩制"能夠成功實踐的重要指標。回歸前，澳門雖然形成了四大支柱產業，即博彩旅遊業、出口加工業、銀行保險業、房產建築業，但由於經濟資源短缺，產業結構單一，從 1993 年開始澳門經濟增長速度逐年放緩，甚至 1996—1999 年連續四年出現了負增長。[1] 自 2002 年 4 月 1 日開始，中央同意澳門特區打破單一營運商壟斷的局面 [2]，實行博彩業開放政策，並配合出台自由行政策。此後，澳門博彩業收益年增長率不但立即轉負為正，而且呈逐年加速的快速增長態勢：2000 年為 12.9%；2001 年為 15.2%；2002 年為 18.1%；2003 年為 33.5%；2004 年為 43%；2005 年為 83%。[3] 2006 年澳門博彩業收入就超過了美國拉斯維加斯，成為世界第一。IMF 公佈的 2018 年經濟數據中，澳門人均 GDP 為 122,489 美元（約合 837,138 澳門元），已經位居世界第二。[4] 經濟發展有利於改善澳門居民生活及保障民生，不論是月收入中位數、社會保障基金、公積金、現金分享的提高還是就業、社會房屋、經

[1] 齊鵬飛：〈淺析澳門回歸 15 年 "一國兩制" 特色的經濟發展之路〉，《當代中國史研究》，2014 年第 6 期。
[2] 陳守信：〈賭權開放——經濟效應及前景展望〉，《港澳經濟年鑒 2002》，第三編，港澳經濟年鑒社，2002 年。
[3] 〈澳門經濟適度多元化何時破題？〉，人民網，2008 年 8 月 22 日。
[4] 環球博訊網，2018 年 8 月 9 日。

濟房屋等，都使得澳門居民幸福感指數提升，提高了國家認同感。目前澳門作為粵港澳大灣區中心城市，將不斷發展多元產業結構，充分發揮"一中心、一平台、一基地"的作用，加強區域發展，融入國家發展建設。

香港回歸二十年來，經濟發展同樣取得良好的成就：2016 年生產總值達 2.5 萬億港元（3,200 億美元），較 1997 年累計名義 GDP 增長 81%。人均本地生產總值為 33.9 萬港元，同期增幅為六成。財政儲備截至 2017 年 3 月 31 日共約 10,000 億港元，較 1997 年 3 月底的 3,707 億港元增長超過一倍。截至 2017 年 2 月底，香港金融管理局管理的官方外匯儲備資產，由 1997 年 12 月底的 928 億美元增至 3,905 億美元。2016 年香港是全球第七大商品貿易經濟體系。同年，香港的貨物貿易總額為 75,966 億港元（9,787 億美元），進口為 40,084 億港元（5,164 億美元），整體出口為 35,882 億港元（4,623 億美元）。香港金融效率、金融自由及集資金額的國際排名首屈一指。香港有 1,900 多家上市公司，資本市值總額約 26 萬億港元（33,300 億美元），每日平均總成交金額達 600 多億港元。香港經濟不俗的表現得到國際機構的高度評價。瑞士洛桑管理學院（IMD）發佈的《2017 年世界競爭力年報》中，香港連續第二年被評為全球最具競爭力的經濟體。[1]

---

[1] 〈"數"說香港回歸 20 年：經濟蓬勃發展　社會繁榮穩定〉，中國經濟網，2017 年 6 月 30 日。

二、基本邏輯與命題

首先明確"一國"是"兩制"的基礎,"兩制"須服務於"一國";其次要求堅持"一國"之本,才能發揮"兩制"之利;最終實現"一國兩制"的宗旨。

(一)"一國"是"兩制"的基礎

"一國兩制"理論的提出是有一個邏輯前提的,就是為了實現"一國"的統一才採取了"兩制"的辦法。國家統一是民族的願望,一百年不統一,一千年也要統一,因此"一國"是中國所要解決的實際問題,也是華夏兒女的翹盼。正是為解決"一國"的實際問題,才站在解放思想、實事求是的角度上,考慮到香港澳門的實際情況,考慮到中國的實際情況和英葡的實際情況,提出了使各方面都能接受的"一國兩制"方案。[1]

"一國"是"兩制"的出發點也是歸宿,"一國"是原則也是目的,而"兩制"是實現"一國"的手段和方式。沒有目的,方法沒有價值。根據"一國"的需要,決定是否採取"兩制",如果"兩制"不能滿足"一國"實現國家統一的需要,或者破壞"一國"的統一,"一國"就不會採取"兩制"。因此,二者的關係不能顛倒。

當然,正因為採取"兩制"能夠完成"一國"統一,

---

[1] 《鄧小平文選》,第三卷,人民出版社,1993 年,第 101 頁。

國家才提出了"一國兩制"的偉大創舉。為甚麼有了"兩制"就能完成"一國"統一?因為"一國兩制"能夠滿足中國和英國、葡萄牙以及香港澳門居民各方的利益,各方能夠接受,除此以外沒有其他辦法。具體來講,從香港澳門的現實和歷史情況來看,提出和平統一的任務時,擺在前面的有三個選項:是內地實行的社會主義吃掉香港澳門實行的資本主義?還是香港澳門實行的資本主義吃掉內地實行的社會主義?還是在"一國"內社會主義制度和資本主義制度和平共處?顯然,在三個選項中,"一國兩制"是最好的方案,誰也不要吃掉誰,不同制度共存共生。因此,有了"兩制"才能夠以和平方式完成"一國"統一的目標。

(二) 堅持"一國"之本

"一國"是根,根深才能葉茂;"一國"是本,本固才能枝榮。[1] 本是不能動的,本一動大廈就倒了。因此需要分清"根"與"枝葉"的關係。堅持"一國"之本是成功實踐"一國兩制"的前提和根基。

1. 落實中央管治權

2014 年《"一國兩制"在香港特別行政區的實踐》白皮書中明確指出,在憲法和特別行政區基本法規定的特別行政區制度下,"中央擁有對香港特別行政區的全面管治權,既包

---

[1] 習近平:〈慶祝香港回歸祖國二十週年大會暨香港特別行政區第五屆政府就職典禮重要講話〉,新華網,2017 年 7 月 1 日。

括中央直接行使的權力，也包括授權香港特別行政區依法實行高度自治。對於香港特別行政區的高度自治權，中央具有監督權力。"有人認為，中央全面管治權的提出擠壓了高度自治權，這種擔憂是不必要的。因為主權與治權分不開，中國政府對港澳恢復行使主權，是恢復行使包括對港澳的全面管治權在內的完整主權，不限於對外交、國防等事務的管理權。而高度自治權來源於中央的授權，即高度自治權來源於中央全面管治權，因此中央全面管治權包含中央對港澳直接行使的權力，也包括授權港澳行使的高度自治權，以及對授權港澳行使高度自治權的監督權。

中央對特區高度自治權享有監督權的法理邏輯在於：

第一，特別行政區基本法是中央和特區行使特區管治權的法律基礎。中央依據基本法向特區授予高度自治權，特區必須依據基本法行使高度自治權。特區是否依據基本法行使高度自治權，或者高度自治權的行使是否符合基本法的規定，不能由特區自身判斷和決定，最終應由制定基本法、負責基本法解釋的全國人民代表大會及其常務委員會判斷和決定。

第二，授權與被授權關係決定了監督與被監督的關係。特區的高度自治權是中央授予的，授權者有權監督被授權者是否按照授權者的要求和目的有效行使了高度自治權。

根據基本法的規定，中央向特區授予高度自治權是為了維護國家的統一、安全和發展利益，為了維護特區的社會穩定和經濟發展、繁榮。如果特區高度自治權的行使符合上述宗旨，並能達到宗旨的目的，中央就要支持和維護特區的高度自治權；如果違背上述的宗旨，並且有損於國家利益和特區利益，中央就要加以糾正。所以，中央作為授權者需要保留監督權，這樣才能維護特區基本法的權威，維護中央對特區管治的權威，落實基本法的規定。正如鄧小平指出："如果香港發生了危害國家根本利益的事，或者出現損害香港自己的根本利益的事情，那時，北京能不過問嗎？如果中央把甚麼權力都放棄了，就可能出現一些混亂，損害香港的利益。所以，保持中央的某些權力，對香港有利無害。1997年後，香港有人罵中國，罵中國共產黨，我們還是允許他罵，但是如果變成行動，把香港變成一個在'民主'的幌子下反對大陸的基地，那就不行。"[1]

2. 保障國家安全

(1) 制定維護國家安全法

"一國兩制"是一個系統，國家安全是"一國兩制"系統中的重要一環，不可或缺。所以，"一國兩制"系統的邏輯要求必須維護國家的安全。維護國家安全，與"一國兩制"的宗旨，與國家命運，與"一國兩制"的前途，與特區的繁榮穩定，與居民的生活密不可分。為了國家，為了特區，為了自己就要承擔維護國家安全的相應責任。所以，必須站在"一國兩制"的全局認識國家安全的重要性，用"一國兩制"的系統思維認識維護國家安全的憲制責任。第一，國家安全是全國性事務，自然決定了維護國家安全是中央和特區的共同責任。中央代表國家，就有責任維護國家的領土完整和主

---

[1] 蕭蔚雲：《一國兩制與澳門特別行政區基本法》，北京大學出版社，1993年，第9頁。

權的統一。特區作為國家的一部分，一個地方政府也有責任維護國家的安全。如何履行維護國家安全的責任？當然有很多工作需要做，立法只是其中的一項措施。既然國家安全是全國性事務，國家有責任維護國家安全，中央必然有權從國家層面制定維護國家安全的法律。第二，考慮到"一國兩制"的需要，中央通過基本法授權特區也可制定維護國家安全的法律，從而履行特區的相應責任。

近年來，反中亂港勢力公然打出"港獨"的旗號分裂國家，對抗中央的管治，污辱國旗國徽，圍攻中央政府在特區的派駐機構，嚴重破壞社會秩序，實施恐怖主義行為，外國政治勢力滲透特區，意圖在特區建立反對中國的基地，實實在在地危害了國家的安全。為了依法打擊危害國家安全的行為，制定國家安全法律，及時堵塞國家安全的漏洞是完全必要的。維護國家安全做到有法可依，違法必究，執法必嚴，完全符合法治的要求。2020 年 5 月 28 日第十三屆全國人大三次會議表決通過了《全國人民代表大會關於建立健全香港特別行政區維護國家安全的法律制度和執行機制的決定》。6月 30 日全國人大常委會通過了《中華人民共和國香港特別行政區維護國家安全法》，並表決通過了關於增加香港特別行政區基本法附件三所列全國性法律的決定。國家主席習近平簽署第 49 號主席令，公佈《中華人民共和國香港特別行政區維護國家安全法》。

澳門特區根據基本法第 23 條規定，自行制定維護國家安全法。2009 年 3 月 2 日，第 2/2009 號法律《維護國家安全法》在澳門特區正式生效，共有 15 條條文，規定了叛國、分裂國家、顛覆中央人民政府、煽動叛亂、竊取國家機密、外國的政治性組織或團體在澳門作出危害國家安全的行為，以及澳門的政治性組織或團體與外國的政治性組織或團體建立聯繫作出危害國家安全的行為等七種犯罪行為及其罰則，同時亦就法人的刑事責任、附加刑、減輕等方面作出規定，確保維護國家安全。澳門第 22/2018 號行政法規《澳門特別行政區維護國家安全委員會》已於 2018 年 10 月 4 日正式生效，並成立了"維護國家安全委員會"。該委員會把握總體國家安全觀以人民安全為宗旨的核心理念，對維護國家安全進行統籌管理，切實加強澳門特區維護國家安全的體制、機制以及法制建設。

但是，對制定國家安全法有不少議論。有人說，制定國家安全法會損害"一國兩制"，會破壞特區的投資環境影響經濟發展，會危及居民的權利自由。事實真是如此嗎？我們就以澳門的實踐加以回答。2009 年澳門特區制定了維護國家安全法，2018 年設立了維護國家安全委員會，2023 年完成修改維護國家安全法，建立了維護國家安全的法律制度和執行機制。十多年來，不僅沒有損害"一國兩制"，損害特區自由港和經濟發展，損害特區居民的權利和自由，相反，"一國兩制"得到實施，特區經濟得到發展，居民的權利自由得到保障。因為有了維護國家安全法，"一國"的原則更加堅實，在澳門如果發生分裂國家的言行，特區有法可依，居民有法可守，絕對不讓違法言行氾濫。正是"一國"的基礎穩固，中央與特區建立良好的信任關係，中央政府支持特區依法施政，保障了特區的社會穩定和經濟發展。因為有了維護國家安全法，禁止外國政治勢力在特區從事危害國家安全的行為，禁止特區的政治團體與外國的政治團體建立聯繫從事危害國家安全的行為，才保障了澳門的社會穩定。社會穩定才能更好地吸引外來投資，外來投資者也很清楚甚麼可為，甚麼不能為，只要遵守澳門的法律，他們的合法權益一定受到保護。澳門的外來投資不是減少了，而是不斷增加了，澳門經濟取得舉世矚目的成就就是最好的證明。

(2) 加強維護國家安全的宣傳教育

《習近平關於總體國家安全觀論述摘編》中論述國家安全是涉及國家的核心利益，在總體國家安全當中也處在一個特別重要的位置，應積極開展全民國家安全教育。[1]2018年4月15日，在"全民國家安全教育日"之際，由澳門特區政府與中央政府駐澳門聯絡辦公室聯合主辦的"國家安全教育展"開幕。這是首次在澳門，也是首次在境外舉辦的"國家安全教育展"。[2]澳門"全民國家安全教育展"，此後每年同期舉行，直到如今。

3. 建立愛國愛港愛澳的隊伍

習近平主席在聽取香港特別行政區行政長官林鄭月娥2020年度述職時指出，香港由亂及治的重大轉折，再次昭示了一個深刻道理：要確保"一國兩制"實踐行穩致遠，必須始終堅持"愛國者治港"。愛國者治理，即確保對特區的管治權牢牢地掌握在誠心誠意地維護和實施"一國兩制"的愛國愛港愛澳者手中，這是維護"一國"，維護國家安全，維護

[1]〈陳理談《習近平關於總體國家安全觀論述摘編》〉，人民網，2018年8月14日。
[2]〈維護國家安全，澳門特區只有"一國"之責，沒有"兩制"之分〉，環球網，2018年8月29日。

特區社會繁榮穩定的保障。"港人治港""澳人治澳"要堅持兩個必須：第一，必須以中國公民為主體的永久性居民組成行政、立法和司法機關，行使自治權，管理特區事務。如果在本國的領土上都不是由本國公民來管理，沒法體現國家主權原則及中國人民當家作主的要求。第二，必須以愛國愛港愛澳者為主體的特區永久性居民治港治澳。只有擁護國家統一，擁護國家對香港、澳門恢復行使主權，維護國家安全，有民族自豪感，相信中國人能夠管理好港澳的人來治理港澳，才能保障"一國兩制"的順利實施。

　　愛國愛港愛澳是特別行政區居民的核心價值觀之一，也是"一國兩制"的要求。愛國是源於"一國"原則，指熱愛祖國——中華人民共和國，建立並不斷提升民族認同和國家認同。鄧小平在答美國記者邁克·華萊士提問時明確表明：國家統一首先是個民族問題，民族感情的問題，凡是中華民族子孫，都希望中國統一，分裂狀況是違背民族意志的。[1]愛國主義是實現中華民族偉大復興的強大精神動力。[2]2015年12月30日，習近平總書記在中央政治局第29次集體學習時指出，愛國主義是中華民族精神的核心，是為實現中華民族偉大復興的中國夢提供共同精神支柱和強大精神動力。[3]何為愛國？鄧小平明確指出：愛國首先要"尊重自己的民族，誠心誠意擁護祖國恢復行使對香港的主權，不損害香港的繁榮

---

[1]　鄧小平：《鄧小平論"一國兩制"》，三聯書店（香港）有限公司，2004年，第44頁。

[2]　王浩雷：〈愛國主義：實現民族復興的強大精神動力〉，《求是》，2009年第1期。

[3]　《中共教育部黨組關於教育系統深入開展愛國主義教育的實施意見》，中國教育部網頁，2016年1月26日。

和穩定。只要具備這些條件，不管他們相信資本主義，還是相信封建主義，甚至相信奴隸主義，都是愛國者。我們不要求他們都贊成中國的社會主義制度，只要求他們愛祖國，愛香港"。[1]

根據鄧小平的論述，愛國者的標準可如此理解：

第一，尊重自己的民族是愛國者的底色和基礎。其一，認同中國人的身份。中華民族是我們的共同身份。不認同中國人的身份，忘祖數典，自絕於中華民族，沒有民族感情和大義，沒有民族精神，何來愛國？人是精神的載體，甚麼樣的人承載甚麼樣的精神，不是中國人，不可能有中華民族的精神，從根本上談不上愛中華民族和愛中國。1989 年，鄧小平在會見尼克松時說："人們支持人權，但不要忘記還有一個國權。談到人格，但不要忘記還有一個國格。特別是像我們這樣第三世界的發展中國家，沒有民族自尊心，不珍惜自己民族的獨立，國家是立不起來的。"[2] 事實告訴我們，極端的反中亂港分子大都否定自己中國人的身份，把中華民族視作他者。其二，承擔民族的責任。尊重自己的民族，就要尊重民族的歷史，港澳問題是外國強迫中國割讓的結果，是民族屈辱的歷史。中華民族不僅要洗刷歷史的恥辱，完成國家的統一，更要為民族的崛起和復興努力奮鬥。不承認中國人的身份，不尊重自己的民族，何來報效國家。其三，要清除殖民主義的思想。鄧小平說："不相信中國人有能力管好香港，這是老殖民主義遺留下來的思想狀態。凡是中華兒女不

[1] 《鄧小平文選》，第三卷，人民出版社，1993 年，第 61 頁。
[2] 〈鄧小平論人權〉，中國人權網，2014 年 8 月 27 日。

管穿甚麼服裝,不管是甚麼立場,起碼都有中華民族的自豪感。"[1]

第二,誠心誠意擁護國家恢復行使主權是愛國者的本分和責任。鄧小平說:"國家的主權、國家的安全要始終放在第一位。"[2] 其一,認同中華人民共和國。認同國家是維護國家統一的基礎,誠心誠意維護國家主權、安全、發展利益應為本分。沒有國家認同,就會走向從事危害國家主權、安全、發展利益的活動。其二,維護中央的管治。擁護國家恢復行使主權,必然真心實意支持國家對特區的管治,管治權是主權的有機組成部分。國家恢復行使主權不是象徵性的,不僅僅是升國旗、掛國徽這麼簡單,更實質性地體現在行使對特區的管治,將特區納入國家的治理體系。所以,配合中央政府的管理是愛國者的責任。其三,尊重國家的憲制。中央行使主權是依據憲法和基本法進行,中央行使主權的機關和職權是由憲法規定,擁護國家行使主權就要維護國家的憲制。損害國家的根本制度,損害中國共產黨領導的社會主義制度就是對國家憲制的破壞。其四,愛國者有責任反對和抵制勾結外部勢力搞顛覆國家政權的活動。勾結外部勢力搞顏色革命,目的是阻擾和動搖國家的管治。極端的反中亂港分子從事分裂國家活動,搞"港獨"的行為就是要擺脫國家的管治。手舉外國的國旗,期望外國的統治,妄想顛覆中央政權,成為外國勢力的馬前卒,這是從根本上否定國家行使主權。

第三,維護香港的繁榮穩定是愛國者的任務之一。特區

---

[1] 《鄧小平文選》,第三卷,人民出版社,1993年,第60頁。

[2] 《鄧小平文選》,第三卷,人民出版社,1993年,第348頁。

的命運與國家的命運聯繫在一起，是一個命運共同體。維護特區的繁榮穩定有利於特區居民的福祉，也有利於國家的發展。反中亂港者的"攬炒"派破壞特區的繁榮穩定，最終目的是阻礙國家的發展。

鄧小平的這三條標準是"一國兩制"下對愛國者的最基本要求，完全合理。愛國主義的價值觀體現為對國家這一政治共同體的民族身份認同和公民身份認同，並且將兩者有機結合。

堅持"一國"之本，堅持愛國愛港愛澳最重要的就是要提升特區居民的國家認同感，不斷加強愛國愛港愛澳隊伍建設。愛國愛港愛澳是"一國兩制"的生命力，是港澳能夠正確處理好"一國"與"兩制"關係的主要條件。全面準確理解和堅定不移實施"一國兩制"和港澳基本法都離不開人的因素。人如何去理解"一國兩制"和執行基本法，直接關係到"一國兩制"和港澳基本法的成效。愛國愛港愛澳隊伍的建設正是特區社會得以凝聚、團結發展的向心力所在。[1]

澳門特區在實踐中十分重視愛國愛澳隊伍的建設：

(1) 形成以愛國愛港愛澳為主體的公務員隊伍

公務員隊伍是"港人治港""澳人治澳"的主力軍，是香港、澳門特區能夠嚴格按照"一國兩制"和基本法依法施政的關鍵。在澳門，為了讓公務員樹立愛國愛澳的觀念，特區政府開辦"澳門基本法高級研討班"，明確澳門基本法是公務員統一考試的內容，將對基本法的認識和掌握作為公務員晉

[1] 〈"一國兩制"成功的澳門經驗——澳門回歸十五週年之政治篇〉，中國政府網，2014 年 12 月 14 日。

升的考核條件。政府的公務員用人政策起到了導向作用，不僅為澳門居民依照“一國兩制”和澳門基本法發揮示範和帶頭作用，更增添了澳門居民對於“一國兩制”的信心。

(2) 鞏固愛國愛港愛澳的社會基礎

“一國兩制”和基本法的實施、特區政府的依法施政都離不開愛國愛港愛澳社團的支持。例如，在澳門，無論是依據澳門“23條立法”制定維護國家安全法，或是依據基本法第95條，建立“非政權性市政機構”等重大事項上，雖有反對意見，但是最終在愛國愛澳社團積極宣傳、支持下，都能確保相關法律的制定和實施。同時，通過教育培養，大量愛國愛澳青年參政議政，為立法、行政、司法部門輸送了愛國愛澳人才，確保了“澳人治澳”是以愛國愛澳者為主體。“愛國愛澳”的社團是澳門特區發展的中流砥柱，是澳門政府順利施政的橋樑，更是澳門居民對“一國兩制”發展的信心根基。

(3) 做好薪火相傳的青少年工作

青少年是香港、澳門“一國兩制”未來發展的希望，也是愛國愛港愛澳隊伍不斷發展和壯大的源泉。在澳門，為了保障愛國愛澳薪火相傳，特區政府在1999年發佈了《德育及公民教育指引》，並頒佈了澳門第9/2006號法律《非高等教育制度綱要法》，編輯出版了《國旗、國徽、國歌、區旗、區徽》和《品德與公民》教材，致力於培養及促進受教育者愛國愛澳，尤其培養青少年對國家和澳門的責任感。可以說，澳門青少年愛國愛澳是澳門居民愛國愛澳優良傳統的延續，更是澳門堅定貫徹“一國兩制”和澳門基本法的保證。

4. 發揮"一國"堅實後盾的作用

堅持"一國"之本,國家發展,就更有能力支持特區的發展,而特區也可以從"一國"發展中分享成果,"一國"是"兩制"發展的堅實後盾。2020年11月香港行政長官表示,中央對香港的支持體現在六個方面。一是關於推動粵港澳大灣區發展,中央支持在2020年年底前全面落實早前經粵港澳大灣區建設領導小組原則上通過的24項政策措施,繼早前稅務優惠、購買房屋便利、青年創業支援、科技經費"過河"、律師和建築專業服務開放等已落實的措施,近期將出台的有:容許在大灣區內地城市的指定港資醫療機構使用已在香港註冊的藥物和常用的醫療儀器、放寬內地人類遺傳資源過境香港作研究用途、在港珠澳大橋實施"港車北上"的便利和加快落實"跨境理財通"。二是關於鞏固和提升香港國際金融中心地位,中央支持深化兩地金融互聯互通,逐步擴大"互聯互通"合資格股票範圍,同意加快香港上市未有盈利的生物科技公司和內地科創板股票在符合特定條件下納入標的。三是關於鞏固和提升香港國際航空樞紐地位,中央支持香港國際機場按市場化原則投資入股珠海機場,參與其運營發展,進一步深化合作,建設有國際競爭力的世界級機場群。四是關於建設國際科技創新中心,中央支持香港與深圳共同建設深港科技創新合作區的深圳園區和位於落馬洲河套的香港園區,實踐"一國兩制"下,位處"一河兩岸"的"一區兩園"。五是關於完善港深陸路口岸建設,中央支持香港深化與深圳合作,優化落馬洲─皇崗口岸,在位處深圳的新皇崗口岸採用"一地兩檢",以釋放香港口岸區超過20公頃土地作其他用途,並於稍後進一步探討羅湖口岸的優化。在參考了港珠澳大橋"港車北上"的經驗後，研究在港深陸路口岸也實施"港車北上"政策。六是關於港企開拓內地市場，中央支持廣東省聯同香港貿易發展局及有關商會，為港企提供政策諮詢、培訓和企業對接服務，以便港商拓展內銷渠道和對接電商平台。[1]

中央對澳門同樣大力支持，自 2003 年 10 月簽署《內地與澳門關於建立更緊密經貿關係的安排》（CEPA）到 2013 年 8 月簽署《〈安排〉補充協議十》後，陸續於 2014 年 12 月 18 日簽署《〈安排〉關於內地在廣東與澳門基本實現服務貿易自由化的協議》、2015 年 11 月 28 日簽署《〈內地與澳門關於建立更緊密經貿關係的安排〉服務貿易協議》、2017 年 12 月 18 日簽署《〈內地與澳門關於建立更緊密經貿關係的安排〉投資協議》及《〈內地與澳門關於建立更緊密經貿關係的安排〉經濟技術合作協議》，促進內地與澳門貿易投資便利化，提升雙方經貿、經濟技術交流與合作水平。據統計，從 2004 年 1 月至 2018 年 4 月零關稅貨物累計出口金額為 892,996,928 澳門元，"澳門服務提供者證明書"數量為 628 件。[2]CEPA 的實施不僅全面推動了澳門經濟的發展，而且對澳門經濟實現多元化發展、提升其國際競爭力具有強大的推動作用，更是為澳門經濟實現可持續發展注入了新的活力。[3] 澳門特區成立以來，各個領域取得了階段性成果。對比 1999 年和 2017 年各

---

[1] 〈香港特區行政長官林鄭月娥 25 日發表 2020 年施政報告〉，中國政府網，2020 年 11 月 25 日。

[2] 〈更緊密經貿關係安排〉，澳門特別行政區政府經濟及科技發展局網站。

[3] 郭永中：〈從"一國兩制"看 CEPA 在澳門的成功實踐〉，《中國特色社會主義研究》，2008 年第 4 期，第 43 頁。

項數值來看：澳門特區 GDP 從 518.72 億澳門元增至 4,042 億澳門元，增幅達 7.8 倍；人均 GDP 從 12.1 萬澳門元增至 62.3 萬澳門元，增幅為 5.1 倍；財政收入從 169.4 億澳門元增至 1,180.7 億澳門元，增長了七倍；失業率從 6.3% 大幅下降至 2.0%。[1]

（三）發揮 "兩制" 之利

"一國兩制" 系統中的 "一國" 與 "兩制" 的關係還體現為 "一國" 之本，"兩制" 之利。特區應充分發揮自身的優勢服務於 "一國" 的發展。

1. "兩制" 服務於 "一國"

"一國兩制" 是國家治理港澳地區的最佳制度和最佳方案，特區是國家的一個組成部分，與國家共命運。港澳的發展離不開國家的發展，國家的發展需要港澳的支持。雖然 "兩制" 之間有主次，有差別，但是 "兩制" 之間有一個共同體，有一個共同的目標和任務，就是國家的統一、發展和強盛。在 "一國" 的共同體中，"兩制" 不是互相隔絕、互不交往，也不是改變對方、吃掉對方，而是互相合作、共同發展。"兩制" 是 "一國" 之下的 "兩制"，為了共同的目標即 "一國" 而互相合作、共同發展，從而服務於 "一國"。

正確認識 "兩制" 在 "一國" 中的地位和作用，就需要將 "一國兩制" 放到國家發展的戰略中才能夠有準確的把握。

---

[1] 〈澳門經濟概況〉，澳門特別行政區政府經濟及科技發展局網站，2017 年。

"一國兩制"是在改革開放的大背景下提出來的。20世紀80年代我國的發展目標是四個現代化,為了實現這個目標,鄧小平提出了三大任務:第一就是要改革開放,中國如果不改革開放,不可能實現現代化。我們過去四十年實行改革開放,我們現在還要進一步改革開放,才能夠完成現代化的目標。第二,如果中國要現代化,就一定要解決國家統一的問題,國家如果不統一不可能最終完成現代化。"一國兩制"是在國家現代化的進程中提出,所以"一國兩制"本身就是要服務於國家的現代化。從這個意義上講,實現現代化是目標,"一國兩制"是手段,"一國兩制"是為了達到國家現代化目標的一個手段。假設實行"一國兩制"最終不利於國家實現現代化,那麼"一國兩制"肯定就要結束;而如果"一國兩制"能夠幫助國家實現現代化,那麼就要繼續實行"一國兩制",保持五十年不變,五十年後也可以不變。第三,要實現現代化,就要世界和平。如果世界天天有戰爭,我們就無法通過改革開放來發展經濟。當我們理解了"一國兩制"提出的背景以及國家發展戰略,我們就會更好地處理"兩制"間的關係,互相合作,從而更好地融入國家發展。所以,在"一國兩制"下,為了中華民族的復興,建設現代化的強國,特區應該利用"一國兩制"允許特區保留的社會制度和享有的高度自治權,充分發揮"兩制"的優勢和所長,補充"一國"之所需。

2. 發揮"兩制"所長

香港多年來發揮制度、人才和國際網絡等優勢,配合國家不斷發展的需要,以不同形式扮演國家與世界之間的橋樑，一方面貢獻國家發展，另一方面推動自身的發展和經濟增長。香港可以繼續發揮國際金融、航運、貿易中心的作用；發揮香港作為全球離岸人民幣業務樞紐、國際資產管理中心及風險管理中心的作用；發揮香港建設亞太區國際法律及解決爭議服務中心作用；發揮香港服務業向高端、高增值方向發展的作用。一個樞紐，三個中心，新的定位，也為香港發展再添新的動力。

澳門特區充分發揮"兩制"優勢，主要有以下幾個方面：

(1) 積極建設 "一中心"

國家發展與改革委員會於 2008 年底在《珠江三角洲地區改革發展規劃綱要》中首次宣佈澳門 "世界旅遊休閒中心"（以下簡稱 "一中心"）的定位。2011 年 "十二五" 規劃中央支持相關政策，2016 年 "十三五" 規劃又進一步明確了該定位。為落實這一定位，澳門特區五年規劃（2016—2020 年）指出，澳門建成 "一中心"，是澳門未來長期發展的願景。[1] 澳門多年來作為連接中國與歐洲的通商口岸，旅遊業逐漸成為了澳門的重要產業。旅遊業結合其自身獨特中西方文化優勢，鼎力推進 "一中心" 建設，是澳門可持續發展所需、廣大居民所願。[2] 2015 年 6 月 2 日，國家旅遊局與澳門特別行政區政府正式簽署了《內地與澳門關於建立促進澳門世界旅遊休閒中心建設聯合工作委員會的協議》。2017 年 9 月，通過全面的狀況評估、與持份者的訪談、舉辦國際論壇及廣泛

---

[1] 澳門特別行政區政府：《澳門特別行政區五年發展規劃（2016-2020 年）》，2016 年 9 月，第 8-9 頁。

[2] 澳門特別行政區政府旅遊局：《澳門旅遊業發展總體規劃》，2017 年 9 月，第 8 頁。

的公眾諮詢等，形成了《澳門旅遊業發展總體規劃》，澳門"一中心"建設有序推進。基於國家"一帶一路"倡議，澳門已加入"中國海上絲綢之路旅遊推廣聯盟"，並被納入"21世紀海上絲綢之路風情遊"旅遊線，充分發揮澳門在"海上絲綢之路"建設中的節點作用。[1]

(2) 積極搭建"一平台"

澳門成為"中國與葡語國家商貿合作服務平台"（以下簡稱"一平台"），始於2003年10月在澳門召開的中國—葡語國家經貿合作論壇。國家"十二五""十三五"規劃均提出支持澳門建設"一平台"。2016年李克強總理為深化澳門平台作用，又提出在澳門成立中國—葡語國家金融服務平台、企業家聯合會、文化交流中心、雙語人才培養基地、青年創新創業中心五項新舉措。[2]

澳門特區政府為搭建"一平台"，積極發揮"中葡中小企業商貿服務中心""葡語國家食品集散中心""中葡經貿合作會展中心"功能，培養葡語專業人才，並於2015年開通"中國—葡語國家經貿合作及人才信息網"，集中提供中國與葡語國家相關商貿信息，包括葡語國家食品數據庫、中葡雙語人才數據庫、專業服務供貨商數據、會展和經貿信息等。[3] 同時，澳門特區政府充分發展澳門特色金融業，積極參與"一帶一路"建設，協助葡語國家或機構參與人民幣金融業務，

[1] 〈澳門邁向世界旅遊休閒中心〉，《人民日報（海外版）》，2017年10月27日。

[2] 〈李克強出席中葡論壇第五屆部長級會議開幕式並發表主旨演講〉，新華網，2016年10月11日。

[3] 〈澳門"一個平台"的建設和發展〉，香港貿易發展局網站，經貿研究，2018年2月28日。

推動人民幣國際化，爭取於 2020 年實現澳門與葡語國家貿易總額較 2015 年的 6 億元增加 10%。[1] 自平台搭建以來，澳門與葡語國家的進出口商品總值由 1.58 億澳門元上升至 6.48 億澳門元，增加多於三倍。[2] 數據顯明，澳門充分發揮自身獨特優勢，搭建 "一平台"，不僅投入到國家發展戰略中，更帶動了澳門經濟的發展。

(3) 融入國家的發展

香港、澳門融入國家發展大局，是 "一國兩制" 的應有之義，是改革開放的時代要求，也是香港、澳門探索發展新路向、開拓發展新空間、增添發展新動力的客觀要求。[3] 港澳特區要融入國家發展，就需要互相合作、共同發展。澳門政府在拓展發展空間方面，攜手泛珠省區貫徹落實《國務院關於深化泛珠三角區域合作的指導意見》，將泛珠三角區域作為內地與澳門深度合作核心區，並依照《粵澳合作框架協議》，積極參與自由貿易試驗區橫琴片區、南沙片區、前海片區等重要合作平台的建設發展。[4] 2017 年 "粵港澳大灣區" 首次寫入國務院政府工作報告及《深化粵港澳合作推進大灣區建設框架協議》的簽署，標誌着粵港澳大灣區建設正式駛入軌道。實施粵港澳大灣區建設，是我們立足全局作出的長遠規

[1] 〈李克強出席中葡論壇第五屆部長級會議開幕式並發表主旨演講〉，新華網，2016 年 10 月 11 日。

[2] 〈澳門 "一個平台" 的建設和發展〉，香港貿易發展局網站，經貿研究，2018 年 2 月 28 日。

[3] 習近平：〈會見香港澳門各界慶祝國家改革開放四十週年訪問團時的講話〉，人民網，2018 年 11 月 12 日。

[4] 澳門特別行政區政府：《澳門特別行政區五年發展規劃（2016-2020 年）》，2016 年 9 月，第 72-73 頁。

劃，也是保持香港、澳門長期繁榮穩定的重大決策。[1] 隨着
"粵港澳大灣區" 中心城市的確立，澳門不斷提高澳門特區的
治理能力和水平，繼續主動對接並融入國家治理體系，積極
發展 "一中心" "一平台" 優勢，發揮輻射帶動周邊經濟持
續發展的引擎作用。此外，澳門政府重視與長江經濟帶的合
作，有序籌建 "蘇澳合作園區"。[2] 此後五年，閩澳合作、京
澳合作、澳台合作、港澳合作和泛珠三角區域合作都得到了
強化，在現有的基礎上擴充合作內涵和質量。[3] 中共中央、國
務院印發了《橫琴粵澳深度合作區建設總體方案》，堅持解放
思想、改革創新，堅持互利合作、開放包容，創新完善政策
舉措，豐富拓展合作內涵，以更加有力的開放舉措統籌推進
粵澳深度合作，大力發展促進澳門經濟適度多元的新產業，
加快建設便利澳門居民生活就業的新家園，着力構建與澳門
一體化高水平開放的新體系，不斷健全粵澳共商共建共管共
享的新體制，支持澳門更好融入國家發展大局，為澳門 "一
國兩制" 實踐行穩致遠注入新動能。

[1] 習近平：〈會見香港澳門各界慶祝國家改革開放四十週年訪問團時的講話〉，
　　 新華網，2018 年 11 月 12 日。

[2] 澳門特別行政區政府：《澳門特別行政區五年發展規劃（2016-2020 年）》，
　　 2016 年 9 月，第 73 頁。

[3] 澳門特別行政區政府：《澳門特別行政區五年發展規劃（2016-2020 年）》，
　　 2016 年 9 月，第 73 頁。

第三章

作為法律基礎的憲法與基本法關係命題

憲法和基本法的關係是特別行政區理論體系的法律基礎，也是國家治理特區的法律依據。堅持依法治理特區，就必須準確掌握憲法和基本法及其關係，維護憲法和基本法共同構成的特別行政區憲制秩序。

一、基本概念

（一）憲法與基本法

1. 憲法

　　漢語世界裡的"憲法"一詞早已出現。如春秋時期的《管子·七法》："有一體之治，故能出號令，明憲法矣"。再如《國語·晉語九》有"賞善罰奸，國之憲法也"的表述等。可以看到，其並非西方意義上的"規範等級"中的"最高規範"以及高級法意義上的根本法含義。因此"憲法"對於中國來講是一個舶來品，實際上是近代日本用來翻譯西方概念的一個語彙，而這個翻譯後又傳入中國為中國人所沿用。[1]

　　英文中的"憲法"（constitution）作為一個法律術語早在1640年已出現，當時英國使用的是"根本憲法"（fundamental constitution）這樣的表述，其含義是英格蘭通過根本憲法在國王和臣民之間保持衡平。將法律意義賦予憲法則更多要歸

---

[1] 王人博：〈憲法概念的起源及其流變〉，《江蘇社會科學》，2006年第5期，第99頁。

功於北美殖民地的實踐。獨立戰爭以前，作為複數形式的"憲法"（constitutions）一詞被殖民地的許多地區用以指稱法規和規則。而且，具有高級法意義的"根本法"也出現在殖民地。約翰·洛克曾草擬過"卡羅萊納根本憲法"（Fundamental Constitutions of Carolina），共有120條。在該憲法的結尾部分，他說："這些根本憲法，120條以及裡面的每一個部分，必將成為卡羅萊納神聖和亙古不變的原則和規則。"之後，威廉·潘恩（William Penn）為賓夕法尼亞草擬了24條根本憲法。1787年《美利堅合眾國憲法》的誕生以及1803年馬歇爾（John Marshall）的判例，使得憲法這個術語成為一個莊嚴的概念，成為立憲體制的根本性、正當性的要素和規則。[1]

中外學者從不同角度界定憲法。就實質意義的憲法而言，我國學者王世杰、錢端升將憲法的實質界定為"在於規定國家根本的組織"。[2] 日本學者美濃部達吉則認為："實質意義的憲法，含有關於國家的組織及作用的基礎法之意味。詳言之，凡關於國家領土的範圍，國民資格的要件，國家統治組織的大綱，尤其是處於國家最高地位的機關如何構成，享有甚麼權利，怎樣行使它的權能，各種機關彼此間有如何的關係的法則，及關於國家與國民之關係的基礎法則，都是屬此種意義的憲法。"[3]

就形式意義的憲法而言，中國學者王世杰、錢端升認為，

---

[1] 王人博：〈憲法概念的起源及其流變〉，《江蘇社會科學》，2006年第5期，第95-96頁。

[2] 王世杰、錢端升：《比較憲法》，中國政法大學出版社，1997年，第3頁。

[3] ［日］美濃部達吉：《憲法學原理》，歐宗祐等譯，商務印書館，1925年，第271頁。

憲法的形式特性體現為"憲法的效力高於普通法律";"憲法的修改異於普通法律"。[1] 美濃部達吉則認為,憲法"與普通的法律有別,且含有特別強烈的效力","以文書書明其國家的基礎法","可以稱為形式意義的憲法,又可簡稱為成文憲法"。[2] 中國和其他社會主義國家的學者從階級意義上來界定憲法,主張"憲法是統治階級意志的集中表現"或者"憲法是統治階級意志和利益的集中體現","憲法是政治法"[3],"憲法是國家的根本大法,是民主制度的法律化,是階級力量對比的表現"。[4]

綜上,可以對中國憲法有所界定:

第一,憲法是國家法律體系的基礎,是國家的根本法,首先具體體現為憲法調整最重要的社會關係。憲法調整國家基本政治關係,規定實行人民代表大會制度;調整國家的基本經濟關係,規定實行以生產資料公有制為主體的經濟制度;調整國家與公民的基本關係,規定公民基本權利;調整國家機關組織和活動的基本關係,規定各國家機關在國家機構體系中的地位、職權及它們之間的相互關係。其次,具體體現為憲法調整的社會關係同一般法律調整社會關係相比,它是基礎性的,其他關係是在其基礎上產生的。而且,同一種社會關係,可以有不同層次的法律規範來調整,而憲法是最高水平的調整,憲法一般規定的原則,由其他法律按照憲法的原則具體化。

概念　邏輯　命題：中國特別行政區理論體系研究

---

[1]　王世杰、錢端升:《比較憲法》,中國政法大學出版社,1997年,第3頁。

[2]　[日]美濃部達吉:《憲法學原理》,歐宗祐等譯,商務印書館,1925年,第272頁。

[3]　蔣碧昆主編:《憲法學》,中國政法大學出版社,1997年,第7頁。

[4]　吳家麟主編:《憲法學》,法律出版社,1980年,第46頁。

第二，憲法是國家法律體系的核心，憲法給普通立法提出原則、方向、任務。[1] 例如，我國憲法序言中明確規定："我國將長期處於社會主義初級階段。國家的根本任務是，沿着中國特色社會主義道路，集中力量進行社會主義現代化建設。"

2. 基本法

　　"基本法"字面上由兩部分組成。第一部分是"法"，區別於政治宣言，因為"法"和一般的政治性文件或道德規範最大的差別就是法具有強制性；第二部分就是前面有兩個字"基本"來形容這個"法"，說明該法在國家的法律體系中是反映國家重要制度的法律，即基本法律。從學理的角度進行分析，基本法這個概念究竟由哪些基本的元素構成呢？因為一個概念一定由最基本的因素構成，如果缺少某一個基本因素，就會對這個法律概念解釋不準確。通說將基本法的概念定義為：特別行政區基本法是由全國人民代表大會根據中國憲法和法定程序制定的，體現"一國兩制"基本國策，規範中央與特別行政區關係、特別行政區各項制度，包括特別行政區行政、立法、司法制度及其相互關係，特別行政區與居民關係，並由國家強制力保障實施的一部基本法律。這個概念分解後實際上由四個最基本的要素構成。

　　第一個要素是基本法的制定主體，是最高權力機關全國人民代表大會。根據《中華人民共和國憲法》第 62 條第 3 項"制定和修改刑事、民事、國家機構的和其他的基本法律"

---

[1]　駱偉建：《澳門特別行政區基本法新論》，社會科學文獻出版社、澳門基金會，2012 年，第 45 頁。

的規定和《中華人民共和國立法法》第 10 條第 2 款相同的規定，只有全國人民代表大會才有權制定國家的基本法律。特別行政區基本法是由全國人民代表大會制定的，所以從立法的主體性上決定了特別行政區基本法是國家的一部基本法律。這也明確了基本法的性質是全國性的基本法律。

第二個要素是基本法的立法依據。香港、澳門基本法序言第三段明確說明，基本法是全國人民代表大會根據中國憲法制定的。基本法是根據憲法制定的就決定了基本法的地位是在憲法之下。

第三個要素是基本法的特徵，即其所調整的社會關係，包括"一國"和"兩制"的關係；中央和特區的關係；特區的行政、立法和司法之間的關係以及特區居民和特區政府之間的關係。因此"一國兩制"能不能成功以及基本法能否貫徹實施，關鍵就要看這四個關係是否處理得好。這也是基本法區別於其他法律的關鍵。

第四個要素是基本法由國家強制力保證實施，突出與道德規範之間的不同。因此特區需要嚴格遵守基本法辦事，依法施政、依法獨立審判。

通過以上學理角度的分析，明確了基本法的構成要素、基本法的性質、基本法的特徵以及基本法的位階，從而明確了基本法的概念。

（二）立法依據與立法政策

1. 立法依據

立法權是國家權力的重要組成部分，是制定、修改、廢除法律或者對特定的習慣予以認可的權力。行使立法權的機關通常被稱為立法機關。立法權來源可以分兩位階進行考察：其一，在最高位階上，立法權來源於理性，更確切的說是理性中的公共理性。這種理性是一種能夠正確地做出判斷的能力，它是每個人生而具有的，是人的本性，自我的本質。[1] 公共理性"是民主社會公民理性的共同部分，是公民能夠用其公共意識和公共理由通過辯論和協商達成關於公共政策的基本公式的能力"。[2] 其二，在基本位階上，立法權直接來源於人民權力的授予，作為公共理性的體現方式，人民對國家立法權的授予是通過制度或者程序來實現的。[3]

　　立法依據解決的是合法性問題，包括立法權的法源、立法內容的合法性獲得等。立法依據的含義之一，就是判斷法律是否有效，即作為立法內容合法性的判斷標準。如何確定立法內容的合法性，應由規範性文件在一國法律體系中的位階來決定，因為法律規範之所以有效力，是因為它是按照另一個法律規範決定的方式被創造的。因此，後一個規範便成了前一個規範的效力依據。[4] 作為更高的規範，我們稱之為"基礎規範"（basic norm），它是規範體系內效力的最終理由。[5] 規範之所以是有效力的法律規範就是由於，並且也只是由於，

[1]　[美] 梯利：《西方哲學史》，葛力譯，商務印書館，2000 年，第 307-310 頁。

[2]　吳英姿：〈司法的公共理性：超越政治理性與技藝理性〉，《中國法學》，2013 年第 3 期。

[3]　宋遠升：《立法者論》，法律出版社，2016 年，第 134-135 頁。

[4]　[奧] 凱爾森：《法與國家的一般理論》，沈宗靈譯，商務印書館，2017 年，第 193 頁。

[5]　[奧] 凱爾森：《法與國家的一般理論》，沈宗靈譯，商務印書館，2017 年，第 175-176 頁。

它根據特定的規則而被創造出來，法律秩序的基礎規範就是這樣一個被假設的最終規則。根據該規則這一秩序的規範才被創造和被廢除，才取得並喪失其效力。[1] 在一國法律體系中所有的法律規範都屬同一法律秩序，而為甚麼憲法是有效力的？是因為它們的效力都可以被直接地或間接地追溯到第一個憲法，這第一個憲法是一個有拘束力的規範。這一點是被預定的，而這種預定的公式表示就是這一法律秩序的基礎規範。[2] 由於預定了基礎規範，因此憲法是國內法中的最高一級。

在我國的法律體系中，憲法具有最高法律效力。憲法第 5 條規定："一切法律、行政法規和地方性法規都不得同憲法相抵觸。" 效力僅次於憲法的是由全國人大制定的基本法律和全國人大常委會制定的其他法律；效力次之的是由國務院制定的行政法規；效力再次之的是由地方人大及其常委會制定的地方性法規和由國務院各部委制定的行政規章。在一國法律體系下，效力低的法律規範不能與效力高的法律相抵觸，因為效力低的法律規範的創造是由效力高的法律規範所決定。在這一意義上講，"高級" 法律規範就是 "低級" 法律規範的 "淵源"。這樣，憲法就是在憲法基礎上所創造的基本法律和法律的 "淵源"；法律就是在其基礎上所創造的行政法規的 "淵源"；行政法規就是在其基礎上所創造的地方性法規的 "淵源"，以此類推。[3] 上述法律淵源作為立法依據，解決

---

[1] ［奧］凱爾森：《法與國家的一般理論》，沈宗靈譯，商務印書館，2017 年，第 178 頁。

[2] ［奧］凱爾森：《法與國家的一般理論》，沈宗靈譯，商務印書館，2017 年，第 181 頁。

[3] ［奧］凱爾森：《法與國家的一般理論》，沈宗靈譯，商務印書館，2017 年，第 203 頁。

立法者所制定出的法律是否合法、是否有效的問題。

2. 立法政策

與立法依據不同，立法政策解決的是合理性問題，包括立法時考慮的因素及價值等。立法政策可以為立法機關提供比較合理的立法規劃和立法佈局，特別是可以有效地建立立法體系，是立法者在立法活動中，對特定行為所作的"決策"，以表明立法者對該行為的態度。在我國的《立法學》研究中，研究者多使用"立法決策"的概念。但有學者認為"立法政策"與"立法決策"仍存在一定差異。前者着重從價值取向上進行評判，屬靜態的範疇；後者着重從過程的角度進行概括，屬動態的範疇。[1] 立法政策可以更詳細地劃分為五種："強制""鼓勵""允許""限制""禁止"，由高到低體現出立法者對行為的要求程度。[2] 從民主政治、法治國家的觀點而言，政策往往必須經由法律的制定、施行，才得以推行。法律常表現出特定政策目標與政策內容，而政府重大政策則每每表現在法律規定之中，政策乃指導法律內容之原則。[3] 所謂政策指導法律內容並不意味着政策可以超越或破壞法律，政策欲以法律形式呈現或實現，則必須符合法律基本原理原則。有些立法目的根本不合法、違憲，或無法轉化為法律條文，皆不得或不宜以法律的形式付諸實施。[4]

---

[1] 湯唯、雷振斌：〈論立法政策取向與利益衡量〉，《法學論壇》，2006 年第 3 期，第 24 頁。

[2] 湯唯、雷振斌：〈論立法政策取向與利益衡量〉，《法學論壇》，2006 年第 3 期，第 24 頁。

[3] 陳銘祥：《法政策學》，元照出版公司，2011 年，第 3 頁。

[4] 陳銘祥：《法政策學》，元照出版公司，2011 年，第 3 頁。

（三）法律效力與法律實施

1. 法律效力

法律效力概念一直被法律學界所探討：分析實證主義法學派堅持法律的邏輯效力觀，認為法律效力不過是國家的強制力與約束力，故舉凡由有立法權的機關制定的規則便當然成為有效力的法律；自然法學派捍衛其基本傳統，持法律的倫理效力觀，認為從終極意義上看，法律的效力就是法律的道德約束力，因而有效力的法律必定符合正義原則和道德要求；社會法學派認為，法律的效力本質上乃是法律的實際效果，即法律對社會成員在事實上的實際約束力，這是一種法律的事實效力觀；現實主義法學派則乾脆將法律的效力歸結為人們的心理因素，持法律的心理效力觀，認為人們對法律的態度是法律效力的標準，有效的法律也就是被社會成員認同、肯定並作為行動指南的法律。[1]

凱爾森（Hans Kelsen）對法律效力的探討則分為兩個層次，即法律規範的效力和法律體系的效力。效力是指規範（norm）的特殊存在，說一個規範有效力就是說我們假定它存在，或者說，我們假定它對那些行為由它所調整的人具有"約束力"。[2] 規範之所以是有效力的法律規範就是由於，並且也只是由於，它已根據特定的規則而被創造出來。法律秩序的基礎規範就是這樣一個被假設的最終規則，根據該規則這

---

[1]　姚建宗：〈法律效力論綱〉，《法商研究》，1996 年第 4 期。

[2]　［奧］凱爾森：《法與國家的一般理論》，沈宗靈譯，商務印書館，2017 年，第 65 頁。

一秩序的規範才被創造和被廢除，才取得並喪失其效力。[1] 同時，一個個別的法律規範是否有效力的問題要藉助於第一個憲法來回答，如果那個憲法是有效力的，那麼曾在憲法方式下被創造出來的全部規範也都是有效力的。[2] 同時凱爾森在法學史上明確提出法律效力不同於法律實效的主張。他論到法律效力的意思是法律規範是有約束力的，人們應當像法律規範所規定的那樣行為，應當服從和適用法律規範。法律實效意思是人們實際上就像根據法律規範規定應當的那樣行為，規範實際上被適用和服從。效力是法律的一種特性。法律有實效的說法僅意指人們的實際行為符合法律規範。[3] 因此，效力和實效是完全不同的現象，法律規範在缺乏實效時，仍然是具有效力的。然而另一方面，在凱爾森看來，法律效力與實效雖是兩個截然不同的概念，但仍然有很重要的聯繫。規範只有在屬一個規範體系、屬一個就其整體來說是有實效的秩序的條件下，才被認為是有效力的，因而實效是效力的一個條件，但它只是一個條件而不是效力的理由。規範並不是由於它是有實效的所以才有效力，如果一個規範所屬的秩序，就其整個來說，是有實效的話，這個規範就是有效力的。[4] 因此法律秩序的效力要依靠它的實效，就整個法律秩

---

[1] ［奧］凱爾森：《法與國家的一般理論》，沈宗靈譯，商務印書館，2017年，第178頁。

[2] ［奧］凱爾森：《法與國家的一般理論》，沈宗靈譯，商務印書館，2017年，第190頁。

[3] ［奧］凱爾森：《法與國家的一般理論》，沈宗靈譯，商務印書館，2017年，第78頁。

[4] ［奧］凱爾森：《法與國家的一般理論》，沈宗靈譯，商務印書館，2017年，第80-81頁。

序而言，法律規範只有在它們屬一個大體上是有實效的秩序時，才被認為是有效力的。每個單獨的規範，當它所屬的整個法律秩序喪失其整個實效時，它也就喪失了自己的效力，即全部法律秩序的實效是該秩序每個單一規範效力的必要條件，只有在整個秩序是有實效的條件下才有效力。[1]

2. 法律實施

沈宗靈教授認為法律實施，或稱法律的實行、實現，是指法律在實際生活的貫徹。它主要體現在兩個方面：一個是凡行為受法律調整的個人和組織遵守法律；另一個是主管執法、司法機關執行和適用法律。[2] 如果用"四分法"來進一步解釋"法律實施"，法律實施是包涵了法律適用（司法）、行政執法（執法）、法律遵守（守法）、法律監督四方面內容，與立法、釋法處於同一位階的概念。[3]

法律的生命力在於實施。法律實施與法律創制是對應的，後者是從社會關係上升為法，把具體的社會要求轉變為抽象的、一般的法律規範的過程，是一個物質變精神的過程；而法律實施則相反，它是法律規範中的統治階級意志轉化為現實關係，是從抽象到具體、精神變物質的過程，並且是一個更重要的過程。[4] 法律實施是實現立法者目的的前提、

[1] 聶小明：〈凱爾森法律效力理論探析〉，《池州師專學報》，2006 年第 2 期，第 22 頁。

[2] 北京大學法律系法學理論教研室：《法律社會學》，山西人民出版社，1988 年，第 247-248 頁。

[3] 沈宗靈：《法理學》，北京大學出版社，2003 年，第 321 頁。

[4] 夏錦文：〈法律實施及其相關概念辨析〉，《法學論壇》，2003 年第 6 期，第 27 頁。

是實現法律作用的途徑、是實現法的價值的必由之路，更是實現法治的重要條件。正如亞里士多德認為，法治實現有兩個條件：一是有好的立法，二是好的立法得到嚴格不苟的實施。[1] 因此，法律實施是一個過程，是將法律規範的抽象行為模式轉化為人們的具體行為的過程；是使法律從書本上的法律變成行動中的法律，從應然狀態進到實然狀態的過程；是由法律規範的抽象的可能性轉變為具體的現實性的過程。[2]美國當代法學家博登海默（Edgar Bodenheimer）也指出："如果包含在法律規定部分中的'應當是這樣'的內容仍停留在紙上，而不影響人的行為，那麼法律只是一種神話，而非現實。另一方面，如果私人與政府官員的所作所為不受符合社會需要的行為規則、原則或準則的指導，那麼是專制而不是法律，會成為社會中的統治力量。因此，遵守規範制度而且是嚴格遵守規範制度，乃是法治社會的一個必備條件。"[3]遵守也是法律實施的重要方式。此外，法律適用也是法律實施的重要方式之一。廣義的法律適用是指國家司法機關和行政機關以及國家機關授權的組織按照法律規定，將法律規範運用到具體的人或組織來解決具體問題以行使國家權力的專門活動。[4] 通過受法律調整的個人和組織遵守法律以及主管執法、司法機關執行和適用法律，從而使法律得以實施。

[1] ［古希臘］亞里士多德：《政治學》，吳壽彭譯，商務印書館，1965 年，第199 頁。

[2] 夏錦文：〈法律實施及其相關概念辨析〉，《法學論壇》，2003 年第 6 期，第27 頁。

[3] ［美］E·博登海默：《法理學——法哲學及其方法》，鄧正來等譯，華夏出版社，1987 年，第 232 頁。

[4] 汪金勝：〈法律適用概念再商榷〉，《黑龍江省政法管理幹部學院學報》，2000年第 1 期，第 101 頁。

二、基本邏輯與命題

（一）憲法是基本法的立法依據

憲法是基本法的立法依據，基本法是憲法規範的具體化。所謂立法依據的概念前面已有論述，主要是解決立法合法性的問題，具體而言包含立法權的法源、立法內容的合法性獲得。憲法是基本法的立法依據，這個命題是十分肯定，又非常明確的。因為特區基本法是"一國兩制"的法律化，而憲法是"一國"主權在法律上的集中體現。

憲法是國家的根本大法：從內容上講，憲法是集中反映了國家的意志和根本利益，規定國家和社會基本制度的根本大法；從效力上講，憲法在法律體系中佔主導地位具有最高效力，是制定普通法律的依據；從修改程序上講，憲法與普通法相比，有專門的制定機關和制定、修改的特定程序。[1] 從憲法學原理來講，憲法是國家的根本大法，是國家一切法律的立法依據。基本法是全國人大所制定的全國性基本法律，全國人大又依據《中華人民共和國憲法》第 62 條關於全國人民代表大會行使職權中的第 3 款"制定和修改刑事、民事、國家機構的和其他的基本法律"的規定享有立法權，因此憲法當然作為基本法的立法依據。

然而，由於港澳特區實行"一國兩制"，那麼上述的憲法

---

[1] 陳克：〈論憲法與香港基本法的關係〉，《法律學習與研究》，1989 年第 4 期，第 35 頁。

學原理是否有例外呢？這可能是一個新的問題。我們可以從以下規範性文件的明文規定論證例外是不能夠成立的。

1. 憲法的規定

憲法序言規定："本憲法以法律的形式確認了中國各族人民奮鬥的成果，規定了國家的根本制度和根本任務，是國家的根本法，具有最高的法律效力。全國各族人民、一切國家機關和武裝力量、各政黨和各社會團體、各企業事業組織，都必須以憲法為根本的活動準則，並且負有維護憲法尊嚴、保證憲法實施的職責。"這段表述清楚地指出了憲法的根本法的地位和最高法律效力的屬性。憲法是國家的根本大法，特別行政區是國家的一個部分、一個地方行政區，也就決定了憲法也是特區的根本大法。憲法第5條規定："中華人民共和國實行依法治國，建設社會主義法治國家。國家維護社會主義法制的統一和尊嚴。一切法律、行政法規和地方性法規都不得同憲法相抵觸。一切國家機關和武裝力量、各政黨和各社會團體、各企業事業組織都必須遵守憲法和法律。一切違反憲法和法律的行為，必須予以追究。任何組織或者個人都不得有超越憲法和法律的特權。"這條表述明確了憲法是國家法律體系的基礎，一切法律和其他規範性文件不得抵觸憲法，凡抵觸者一律無效，還要被追究法律責任。維護憲法尊嚴，保證憲法實施是國家、特區和個人的責任。

2. 聯合聲明的規定

以中英、中葡聯合聲明為例，在附件一中華人民共和國政府對香港、澳門的基本政策的具體說明中早已闡明，中華人民共和國全國人民代表大會將根據《中華人民共和國憲法》制定並頒佈中華人民共和國香港、澳門特別行政區基本法，規定香港、澳門特別行政區成立後不實行社會主義的制度和政策，保持現行的社會、經濟制度和生活方式，五十年不變。明確了香港、澳門基本法的制定主體是全國人民代表大會，並明確會依據《中華人民共和國憲法》制定並頒佈香港、澳門基本法。因此在"一國兩制"下，憲法作為基本法的立法依據是毫無疑問的。

3. 基本法的規定

香港、澳門基本法序言第三段規定中明確，根據《中華人民共和國憲法》，全國人民代表大會特制定中華人民共和國香港、澳門特別行政區基本法，規定香港、澳門特別行政區實行的制度，以保障國家對香港、澳門的基本方針政策的實施。此處並沒有說只是依據憲法第幾條制定，而是整部憲法都是基本法的立法依據。因此這裡需要糾正一種錯誤觀念，即認為基本法的立法依據只是憲法第 31 條。其一，不能把制定基本法的立法依據與設立特別行政區的法律依據混為一談。特別行政區設立的法律依據和特別行政區基本法制定的法律根據是有所不同的。憲法第 31 條針對中國行政區劃制度作出特殊規定，根據需要可設立特別行政區。中英、中葡聯合聲明也規定：根據《中華人民共和國憲法》第 31 條的規定，中華人民共和國對香港、澳門恢復行使主權時，設立中華人民共和國香港、澳門特別行政區。特別行政區是根據憲法第 31 條規定由國家設立。其二，不能將制定基本法的依據之一變成唯一依據。憲法第 31 條是基本法制定的依據，但絕對不是唯一依據，制定基本法除了憲法第 31 條外，還要根據憲法的其他規範作出相應的規定，如全國人民代表大會作為國家的最高權力機關向特區授權，只能從憲法第 62 條找到依據；如基本法規定中央人民政府領導特別行政區，特別行政區直轄於中央人民政府，只能從憲法第 89 條找到依據等。因此從特區基本法條文自身中也可論證，憲法是基本法的立法依據。

4. 全國人民代表大會的決議

1990 年 4 月和 1993 年 3 月，全國人民代表大會分別通過了全國人民代表大會關於中華人民共和國香港和澳門特別行政區基本法的決定。決定中指出：香港、澳門特別行政區基本法是根據《中華人民共和國憲法》按照香港、澳門的具體情況制定的，是符合憲法的。香港、澳門特別行政區設立後實行的制度、政策和法律，以香港、澳門特別行政區基本法為依據。[1] 因為在基本法起草的過程中就曾有人提出，憲法第 31 條沒有明確特別行政區可以實行與社會主義制度性質截然不同的資本主義制度，擔心基本法會與憲法相抵觸。然而彭真在憲法修改草案的報告中對憲法第 31 條的立憲原意作出了明確的說明，明確了憲法第 31 條就是考慮到我國實現國家統一的這一特殊需要而作出的規定。因此以憲法第 31 條作為特區中各項制度的依據是完全恰當的，是不會引起基本法的

---

[1] 〈全國人民代表大會關於《中華人民共和國香港特別行政區基本法》的決定〉；
〈全國人民代表大會關於《中華人民共和國澳門特別行政區基本法》的決定〉。

規定會發生違憲而無效的問題的。[1] 韓大元教授也認為，對於法律的合憲性，一般來說只要在該法律中宣告"根據憲法，制定本法"就足夠了，而全國人大卻用一種異乎尋常的方式對港澳基本法的合憲性作出了格外的聲明，這種特殊情形是值得關注和分析的。[2] 作出這一聲明是為了說明雖然香港基本法規定香港特別行政區保持原來的資本主義制度，但並不與社會主義性質的《中華人民共和國憲法》相違背。同時這一決定也說明，對於香港基本法的任何理解都必須以憲法為背景，香港基本法是合憲的，對香港基本法的解釋也必須是合憲的，香港基本法的運行必須是在憲法框架下的。[3] 立法權的合法性與立法內容的合法性既有聯繫，也有區別。特別行政區基本法的內容是否合憲，要以憲法為依據，而不是以憲法某一條為依據。如果認為除憲法第 31 條外，憲法的其他規定對基本法不發生作用，那是不正確的，且後果是將把"憲法高於基本法"變成一個空洞的概念，認為基本法不受憲法的約束，最終結果是特別行政區可以不受憲法的約束，"一國"的憲制基礎就沒有了。[4]

以上論證充分肯定了憲法在統一國家中獨一無二的最高法律地位，它與基本法的關係是母法與子法的關係，即基本

[1] 張榮順：〈略論我國憲法與香港特別行政區基本法的關係〉，《中外法學》，1990 年第 6 期，第 2 頁。

[2] 韓大元：〈中華人民共和國憲法與香港特別行政區基本法共同構成香港憲制的基礎〉，中國人大網，2007 年 6 月 7 日。

[3] 韓大元：〈中華人民共和國憲法與香港特別行政區基本法共同構成香港憲制的基礎〉，中國人大網，2007 年 6 月 7 日。

[4] 駱偉建：《澳門特別行政區基本法新論》，社會科學文獻出版社、澳門基金會，2012 年，第 48 頁。

法是以憲法為根據制定的法律。[1] 整部憲法均是港澳基本法的立法依據，港澳基本法所規定的內容也是符合憲法規定的。

（二）憲法對特別行政區的效力

憲法作為國家的根本大法，特區是國家的一個組成部分，憲法對國家的效力，自然包括對特區的效力。

1. 從憲法效力方面分析

憲法作為國家根本大法，是主權的體現，其最高效力是絕對的，其法律效力及於一國所有領土範圍並適用於特別行政區。如果在一個地區有效，而在另一個地區無效，這無異於否認憲法的最高適用效力，限制了國家主權統一行使的範圍。[2] 憲法的最高法律地位具有普遍適用性，憲法對特別行政區是有效的。憲法不僅是港澳基本法的立法依據，也是特別行政區設立的依據。憲法第 31 條第一句規定："國家在必要時得設立特別行政區。"明確了可以建立一級行政區劃特別行政區，與省、自治區、直轄市的地位大體相同，但與深圳、珠海等經濟特區不同。因此憲法第 31 條是設立特別行政區的法律依據。此外憲法也是港澳特別行政區制度的依據，憲法第 31 條第二句規定："在特別行政區內實行的制度按照具體情況由全國人民代表大會以法律規定。"說明特別行政

---

[1] 張榮順：〈略論我國憲法與香港特別行政區基本法的關係〉，《中外法學》，1990 年第 6 期，第 1 頁。

[2] 陳克：〈論憲法與香港基本法的關係〉，《法律學習與研究》，1989 年第 4 期，第 37 頁。

區內實行的制度可另以法律規定，港澳特別行政區可以實行不同於其他省、自治區和直轄市所實行的制度，也即憲法授權特別行政區實行的制度以基本法為主，具體體現在基本法第 11 條的規定——根據憲法第 31 條，香港、澳門特別行政區的制度和政策，包括社會、經濟制度，有關保障居民的基本權利和自由的制度，行政管理、立法和司法方面的制度，以及有關政策，均以基本法的規定為依據。不僅 "一國" 的規範以憲法為依據，"兩制" 的規範也是以憲法為依據。雖然，根據憲法第 31 條的規定，依照港澳的具體情況，在港澳特別行政區將不實行社會主義制度和政策，因此憲法有關條文規定的內容不在特區執行，但並不意味這些規定在特區不需要被遵守。

2. 從憲法實施方面分析

在 "一國兩制" 下，社會主義的憲法在實行資本主義制度的港澳特區實施，主要有兩種方式。其一是執行憲法的規定，如國家統一原則、國家主權原則、中央行使管治權原則、國家安全原則、國家象徵規範等等。事實上基本法也是根據這些憲法的有關條文作出相應規定的。如基本法第 1 條規定，特別行政區是中華人民共和國不可分離的部分；第 12 條規定，特別行政區是中華人民共和國的一個享有高度自治權的地方行政區域，直轄於中央人民政府；第 13、14、15、17、18、19 等條規定了中央行使對特區的主權和治權；第 23 條規定，特區應自行立法禁止任何叛國、分裂國家、煽動叛亂、顛覆中央人民政府及竊取國家機密的行為；第 10 條規定，特區必須懸掛國旗、國徽。其二是尊重和遵守憲法規定，如憲法規定內地實行社會主義制度，雖然社會主義制度不在港澳特別行政區實行，但是特區不能反對和改變內地實行社會主義制度，而是要尊重、遵守憲法。雖然，兩種方式在形式上不同，但是本質上都是憲法效力的體現。

3. 從憲法效力和實施的程序分析

憲法是否必須列入到基本法附件三中才能在特別行政區產生效力和實施？回答這個問題，必須注意憲法與法律之間的不同。第一，制定機關標準。從形式法律意義上，全國性法律由國家立法機關，即全國人大及其常委會來制定；從實質法律意義上，制定機關還包括國務院（中央人民政府）。由於我國的制憲機關與國家最高權力機關為同一機關，所以在廣義上，全國性法律包括憲法、法律、行政法規。但根據憲法與法律的位階，又可以將憲法列為特殊的全國性法律，與一般全國性法律有區別。第二，規範效力範圍標準。適用於全國範圍的當然為全國性法律；適用於地方的、由地方政權機關制定的規範則不屬全國性法律。[1] 然而憲法第 5 條中明確規定："一切法律、行政法規和地方性法規都不得同憲法相抵觸。" 將憲法與法律專門分列不是失誤，而是有特定的意思的。在法律體系中，憲法是法律體系的基礎和核心，是國家根本大法，為國家立法提供了基礎，是各個部門法的立法基礎。[2] 據此，憲法是位於一般性全國性法律之上的，作為下位

[1] 蔣朝陽：〈關於全國性法律在特別行政區實施的幾個問題研究〉，澳門基本法推廣協會網站，2015 年。

[2] 陳克：〈論憲法與香港基本法的關係〉，《法律學習與研究》，1989 年第 4 期，第 36 頁。

法的基本法屬憲法之下的全國性法律，不能排除作為上位法憲法在特區的效力。基本法中的全國性法律，是不包括憲法在內的。[1] 所以，憲法對特區的效力不能由基本法附件三來決定。但是，同為全國性的基本法律，基本法是特殊的全國性法律，需要處理與其他全國性法律的關係。所以，基本法規定，其他全國性法律如要在特區適用，需要列入基本法附件三才能對特區產生效力並實施。

（三）聯合聲明是基本法的立法政策

《中英聯合聲明》和《中葡聯合聲明》與憲法和基本法是甚麼關係一直是學界討論的問題。有一種觀點認為聯合聲明是基本法的立法依據，這種觀點是不能成立的。聯合聲明並非基本法的立法依據，只是基本法的立法政策。

1. 聯合聲明是國際法文件

聯合聲明是由中英兩國政府和中葡兩國政府共同簽署的一份國際性文件，從廣義上來講屬國際條約。根據 1969 年《維也納條約法公約》第 2 條第 1 款規定：條約是 "國家間所締結而以國際法為準之國際書面協定，不論其載於一項單獨文書或兩項以上相互有關之文書內，亦無論其特定名稱如何"。協議作為條約的一個主要形式，在國際法上構成有效的國際協定，中文表述為聯合聲明，根據《中國大百科（法

---

[1]　顧敏康：〈《憲法》與《基本法》共同構成香港特別行政區的憲制基礎〉，《港澳研究》，2018 年第 1 期，第 5 頁。

學卷）》的解釋，聯合聲明本身就是條約。[1] 同時中英聯合聲明和中葡聯合聲明的國際性質是公認的，是完全符合條約的要件：其一，締約雙方均為國際法的主體，中、英、葡均為獨立的主權國家；其二，其符合國際法的基本原則和規範；其三，其規定了締約國在特定問題上的權利與義務；其四，其經過了簽約所必須的由談判、簽署到批准的程序，並根據《聯合國憲章》第 102 條關於會員國所締結之一切條約及國際協定應在聯合國秘書處登記的規定已在聯合國秘書處登記。[2] 國際條約的生效是指"一個條約在法律上成立，因而發生拘束各該當事國的法律後果，該條約的規定即成為各當事國的法律，各當事國必須予以履行"。[3] 因此落實聯合聲明是中國應該履行的義務，屬國際法體系問題。但是制定基本法屬主權內的事務，即由全國人民代表大會依據憲法制定，屬國內法體系問題。因此履行國際義務和制定本國法律是兩回事，二者不能混為一談。

2. 基本法要落實中國政府的政策

國際條約要成為國內立法的依據，前提必須是已經依據該國憲法規定成為國內法的一部分並產生了法律效力。綜合世界各國處理國際條約的實踐來看，要使國際條約產生國內法上的效力，主要通過兩種方式：一種是納入方式，即國際

---

[1] 港實：〈從國際法看中英關於香港問題的聯合聲明〉，《法學研究》，1990 年第 1 期，第 92 頁。

[2] 港實：〈從國際法看中英關於香港問題的聯合聲明〉，《法學研究》，1990 年第 1 期，第 92 頁。

[3] 李浩培：《條約法概論》，法律出版社，2003 年，第 172 頁。

條約不必經過國內立法機關的立法轉換，只要經過本國政府的批准，即可獲得國內法上的效力，並且適用於國內。採用這種方式的主要有美國、日本以及德國、法國、瑞士、荷蘭等歐洲大陸國家。如《法國憲法》規定："依法批准或者認可的條約或者協議，自公佈後即具有高於各種法律的權威，但就每一個協議或者條約而言以對方（締約國）予以適用為限。"《日本憲法》第 98 條規定："日本國締結的條約及已確立的國際法規，必須誠實遵守之。" 另一種是轉化方式，即當一個國家批准某一國際條約後，還需通過國內立法機關以立法形式將其轉變為國內法，從而在國內適用。採用這一方式的國家主要有英國、英聯邦國家、愛爾蘭及北歐國家等，其典型代表是英國。而中國憲法沒有規定聯合聲明在國內法的地位，故聯合聲明並非基本法的立法依據。

同時，中英、中葡聯合聲明規定：基本政策和聯合聲明附件一所作的具體說明，將由中華人民共和國全國人民代表大會以中華人民共和國香港、澳門特別行政區基本法規定之，並在五十年內不變。附件一第一點說明，憲法第 31 條規定："國家在必要時得設立特別行政區。在特別行政區內實行的制度按照具體情況由全國人民代表大會以法律規定。" 據此，中華人民共和國將在對香港、澳門恢復行使主權時，設立中華人民共和國香港、澳門特別行政區。中華人民共和國全國人民代表大會將根據憲法制定並頒佈中華人民共和國香港、澳門特別行政區基本法，規定香港、澳門特別行政區成立後不實行社會主義的制度和政策，保持現行的社會、經濟制度和生活方式，五十年不變。可見，港澳基本法的起草和實施是履行聯合聲明的具體措施。在香港、澳門基本法序言中明確規定：國家對香港、澳門的基本方針政策，已由中國政府在中英、中葡聯合聲明中予以闡明。即指出了基本法與聯合聲明的關係——基本法要體現聯合聲明中的中國政府的政策。而縱觀基本法可以看到，中國政府在聯合聲明中闡明的對港澳特別行政區的政策和制度的基本原則都得到了充分體現。[1] 因此，聯合聲明雖不是基本法的立法依據，但仍然是基本法的立法政策，是在制定基本法時需要考慮的因素和價值。

3. 憲法是基本法的立法依據

香港、澳門基本法序言規定，根據《中華人民共和國憲法》，全國人民代表大會特制定中華人民共和國香港、澳門特別行政區基本法，規定香港、澳門特別行政區實行的制度，以保障國家對香港、澳門的基本法方針政策的實施。這說明港澳基本法以憲法為其立法依據。為甚麼基本法以憲法為立法依據？其一，聯合聲明是一份國際法律文件，是轉換為國內法的對象，而基本法是其轉換後的結果，而轉換的依據是《中華人民共和國憲法》，因為轉換對象不可能成為轉換結果的依據。其二，立法依據在本質上是解決規範性文件是否有效合法、下位法銜接上位法的問題。在國家的法律體系中，憲法是根本法，是上位法，基本法是下位法，自然基本法要以憲法為立法依據。其三，聯合聲明是基本法的立法依據是不能成立的。假設聯合聲明是基本法的立法依據，由於聯合

---

[1]　港實：〈從國際法看中英關於香港問題的聯合聲明〉，《法學研究》，1990 年第 1 期，第 92 頁。

聲明是雙方制定的，那麼基本法是否有效則由雙方認定，顯然抵觸了國家主權原則。立法權是屬"一國"主權範圍事項，立法機關制定法律是否有效，只有一個標準，就是是否符合憲法。另外，如果聯合聲明成為基本法的立法依據，還會帶來消極的政治後果：當基本法實施過程中需要進行解釋，那麼是否需要雙方共同進行解釋？如果基本法將來需要修改，是否也需要雙方共同進行修改？這種假設的結果是，香港、澳門就變成了中英、中葡共管地區，從根本上否定了中國對香港、澳門恢復行使主權。

（四）憲法和基本法共同構成特區的憲制基礎

　　憲法與基本法共同構成特別行政區的憲制基礎，明確了治理特區不僅依據基本法，同時也要依據憲法。特別行政區需要按照基本法來治理，從特區成立以來沒有任何疑問。但是，憲法也是治理特區的法律依據嗎？這個問題在相當長的一段時間內被大家忽視了，甚至有很多人不認為憲法是特區的憲制基礎。那麼，如果憲法不是特區的憲制基礎，在"一國兩制"下、在特區制度下，這個論斷能夠成立嗎？2014年全國人大法律委員會主任委員喬曉陽在澳門的講座中指出，在基本法實施過程中，"理論和實踐中存在兩種傾向：一種是把基本法視為'憲法'，脫離國家憲法來講基本法；另一種是把基本法視為一般的全國法律，忽略其特殊地位。這兩種結果都會導致片面理解基本法規定"。因此，需要正確認識憲法與基本法共同構成特別行政區的憲制基礎。

　　基本法作為特區的憲制基礎是沒有爭議的，那麼憲法是不是特區的憲制基礎呢？如果憲法不是特區的憲制基礎，憲法和特區之間必然就沒有甚麼關係了，那麼，憲法是國家根本大法，特區是國家的一部分就成了問題。但是，不論是事實上，還是法律上，憲法和特區有着密不可分的關係。憲法是設立特別行政區和規範特區制度的法律依據。全國人民代表大會根據憲法第 31 條的規定，設立了特別行政區，並通過制定基本法規定了特別行政區的制度。沒有憲法就沒有特別行政區，沒有特別行政區基本法，也沒有特別行政區的制度。特別行政區的制度和運行是離不開憲法。第二，憲法對特別行政區是有效的。國家治理特別行政區首先是依據憲法，其次是基本法。憲法必須在特別行政區實施，不論是執行憲法的規定，還是遵守憲法的規定。憲法構成了特別行政區制度的一個有機組成部分。因此，特區實行 "一國兩制" 並依據 "一國兩制" 方針政策治理特區，不僅要依據基本法治理，也要依據憲法治理。綜上，憲法與基本法共同構成特區的憲制基礎，是有充分的理論依據，也有充分的法律依據，也符合 "一國兩制" 的政治現實。憲法在國家中的最高地位是無條件的，是絕對的，凌駕於基本法之上。因此不能不適當地提高基本法的地位，而貶低憲法在處理 "一國兩制" 和高度自治中的作用。[1]

---

[1] 駱偉建：《澳門特別行政區基本法新論》，社會科學文獻出版社、澳門基金會，2012 年，第 58 頁。

（五）憲法在特別行政區的效力體現為適用與遵守兩種方式

　　自基本法制定之時至今的數十年中，有關憲法在港澳地區的適用一直是歷久彌新的話題。[1] 早在《中英聯合聲明》簽署之前，中國憲法在香港地區的適用問題就引起過爭論。[2] 在香港基本法起草時，就此問題起草委員會和諮詢委員會內部也是頗有爭論，至今沒有在學理上達成一致意見，足見該問題的難度、深度和價值。[3]

　　該問題的源頭之一在於，當時為消除港人對中國憲法的顧慮，一些人建議 "應清楚列明中國憲法中適用於香港的部分，並說明其法律效力"[4]。對此，有人提出 "只適用憲法第31 條說"，即認為鑒於憲法的社會主義性質，除了憲法第 31

---

[1] 伍華軍：〈論 "一國兩制" 下特別行政區的憲法實施〉，《武漢大學學報（哲學社會科學版）》，2013 年第 2 期，第 55 頁。

[2] W. S. Clarke, *Hong Kong under the Chinese Constitution*, 14 Hong Kong L.J. 71 (1984); Albert. H. Y. Chen, *Further Aspects of the Autonomy of Hong Kong under the PRC Constitution*, 14 Hong Kong L.J. 341 (1984).

[3] 鄒平學：〈憲法在香港特別行政區的效力和適用研究述評〉，《深圳大學學報（人文社會科學版）》，2013 年第 5 期，第 59 頁。關於該問題的原始文獻可見：香港基本法諮詢委員會中央與特別行政區的關係專責小組編：《基本法與憲法的關係（最後報告）》，1987 年；香港基本法諮詢委員會編：《中華人民共和國香港特別行政區基本法（草案）徵求意見稿諮詢報告 (2) 專題報告：基本法與中國憲法的關係》，1988 年，第 5-11 頁；香港基本法諮詢委員會編：《中華人民共和國香港特別行政區基本法（草案）徵求意見稿諮詢報告 (5) 條文總報告》，1988 年，第 40-42 頁；香港基本法諮詢委員會編：《中華人民共和國香港特別行政區基本法（草案）諮詢報告 (3) 條文總報告》，1989 年，第 27-28 頁。

[4] 《中華人民共和國香港特別行政區基本法（草案）徵求意見稿諮詢報告》，第五冊，香港基本法諮詢委員會，1988 年，第 42 頁。

條為港澳特別行政區成立和基本法制定提供依據外，其他條款不適用。[1] 同時，有人提出"憲法部分條款適用說"，即認為憲法作為一個整體在港澳適用，但是憲法中關於社會主義制度和政策的具體條文規定不適用。[2] 還有人提出"憲法完全適用說"，即認為憲法完全適用於港澳，一個層面是積極地予以落實，另一個層面是消極地不予反對，因此，憲法中涉及社會主義制度和政策的規定不在港澳落實，並不意味着憲法不適用，只是這種適用是以"認為、尊重和不得破壞"的形態予以體現。[3]

非常遺憾地是，在這場討論中，憲法效力實現的最基本方式——憲法遵守，在很長時間內未被人提及。後期即使有學者提及，但也是作為憲法適用的另一個層面或另一種方式進行討論。換句話說，憲法遵守是被涵蓋在憲法適用中予

[1] 該學說為不少香港學者所持，如 Yash Ghai, *Hong Kong's New Constitutional Order: the Resumption of Chinese Sovereignty and the Basic Law*, Hong Kong University Press, 1999, pp. 218-219; H. L. Fu, "Supremacy of a Different Kind: The Constitution, the NPC, and the Hong Kong SAR", in Chan, Fu, Ghai eds., *Hong Kong's Constitutional Debate: Conflict over Interpretation*, Hong Kong University Press, 2000, pp. 98-102.

[2] 該學說為祖國大陸老一輩憲法學者提出，分別參見蕭蔚雲：〈論中華人民共和國憲法與香港特別行政區基本法的關係〉，《北京大學學報（哲學社會科學版）》，1990年第3期；蕭蔚雲等著：《憲法學概論》，北京大學出版社，2002年，第51頁；王叔文主編：《香港特別行政區基本法導論》，中國民主法制出版社、中共中央黨校出版社，2006年，第89頁；王振民：〈"一國兩制"與國家統一新觀念〉，《台聲》，2007年第9、10期；饒戈平：〈一國兩制方針與憲法在港澳地區的適用問題〉，載楊允中、饒戈平主編：《成功的十年："一國兩制"在澳門的實踐》論文集，澳門基本法推廣協會，2009年，第7-15頁；焦洪昌主編：《港澳基本法》，北京大學出版社，2007年，第26-27頁。

[3] 殷嘯虎：〈論憲法在特別行政區的適用〉，《法學》，2010年第1期；鄒平學：〈1982年《憲法》第31條辨析——兼論現行《憲法》在特別行政區的適用〉，《當代港澳研究》，2013年第1期。

以討論的。對於該討論方式，有學者提出質疑，因為一般來說，法律遵守與法律適用是兩個並列的概念，統一在法律實施之下。如果將憲法適用予以廣義解釋，將憲法遵守納入憲法適用中，就存在法理爭議。[1]

同時，在這場討論中，出現了對憲法效力、憲法實施、憲法適用等用詞理解或認識不一致甚至相互混淆的情況。以上述第二種學說為例，其中提到的憲法"整體適用"且"部分不適用"，前後邏輯矛盾很明顯，"部分不適用"與"整體適用"是無法共存的。實際上，從該學說的提出背景與真實含義來說，此處憲法"整體適用"是指憲法具有效力。另如第三種學說所言，涉及社會主義制度和政策的憲法規定不在港澳"落實"，但並不意味着憲法不"適用"，前後用詞令人費解：首先"落實"是不是法學用詞值得討論，其次不能"落實"的規定卻能"適用"的邏輯實屬牽強。

因此，本書確有必要首先對相關法理術語以及憲法術語概念進行釐清，尤其是對憲法適用與遵守的概念進行辨析，以恢復其原有的相互獨立同時相互輔助的關係。儘管概念本身有"格式化"和"僵硬化"的危險，但是它是理論分析和預測的基本工具。同時，"將表示某概念的詞的通常用法當作它的出發點"[2]，概念本身就不會引起大的歧義，從而為進一步的分析探討做好鋪墊。其次，本書將對目前學術討論中存在的用語不一致進行梳理，特別是對關於憲法適用與憲法遵

[1] 王振民、孫成：〈香港法院適用中國憲法問題研究〉，《政治與法律》，2014年第4期，第4頁，註6。
[2] ［奧］凱爾森：《法與國家的一般理論》，沈宗靈譯，中國大百科全書出版社，1996年，第4頁。

守的學者討論進行辨析。最後，本書將闡述分析憲法適用與遵守平衡的合理性及其重要性。

1. 憲法適用與遵守的術語辨析

(1) 憲法適用與遵守的法理界定

從法理學的角度看，憲法的適用與遵守首先涉及到法的運行論。一部憲法只有在實踐中運行，才能體現並且實現其價值。[1] 憲法實施則反映着憲法制定頒佈後的實際運行狀態，是憲法調整特定社會關係（憲法關係）的基本形式。[2]

在法理學的大語境下，儘管學界對於法律實施的相關問題有不同意見，但至少就一點存在共識，即法律實施包括法律遵守和法律適用兩種方式。[3] 同理，憲法實施包括憲法適用和憲法遵守。[4] 通過憲法的適用與遵守，使得憲法規範在現實生活中貫徹落實，即將憲法文字上的、抽象的權利義務關係轉化為現實生活中生動的、具體的權利義務關係，並進而將憲法規範所體現的人民意志轉化為具體社會關係中的人的行為。[5]

界定憲法適用與遵守的含義，首先有必要對法的適用與

[1] 殷嘯虎：〈論憲法在特別行政區的適用〉，《法學》，2010 年第 1 期，第 50 頁。

[2] 殷嘯虎：〈論憲法在特別行政區的適用〉，《法學》，2010 年第 1 期，第 50 頁。

[3] 童之偉：〈憲法適用應依循憲法本身規定的路徑〉，《中國法學》，2008 年第 6 期，第 22 頁；孫國華、朱景文主編：《法理學》，中國人民大學出版社，1999 年，第 313 頁。

[4] 殷嘯虎主編：《憲法學教程》，上海人民出版社，2005 年，第 107 頁；童之偉：〈憲法適用應依循憲法本身規定的路徑〉，《中國法學》，2008 年第 6 期，第 23 頁；朱福惠：《憲法學原理》，中信出版社，2005 年，第 285 頁；謝維雁：〈憲法效力問題研究〉，《四川法學研究》，2001 年第 3 期。

[5] 朱福惠：《憲法學原理》，中信出版社，2005 年，第 285 頁。

遵守進行解釋。"法的適用"中，"適"的基本詞義包括往、去到、適合、適當、應當、正、恰好等。[1] 廣義上，法的適用是一切國家機關和國家授權單位按照法律的規定運用國家權力，將法律規範運用於具體的人或組織，用來解決具體問題的專門活動。[2] 按照適用法的主體不同，可分為國家權力機關適用法的活動、國家行政機關適用法的活動、國家司法機關適用法的活動等。[3] 狹義上則是指國家司法機關依據法定職權和法定程序，具體應用法律處理案件的專門活動，通常簡稱為"司法"。[4] 除了使用"法的適用"概念之外，部分學者亦使用"法的執行"來表達這層概念。無論從廣義上還是狹義上理解，法律適用都是法律授權的國家專門機關的職責，獲得法律授權的國家專門機關之外的任何個人和組織都無權適用法律，即具有主體上的壟斷性。[5]

對於憲法適用的涵蓋範圍，學界同樣有不同的理解。第一種觀點取廣義，"是指在社會實際生活中的運用，主要體現在：①凡公民和國家機關都須遵守憲法；②憲法在司法活動中被適用"。[6] 依據該觀點，作為憲法適用的一部分，憲法遵守被涵蓋在憲法適用之內，如此則將憲法適用等同於憲法實施，不免引起混淆與誤讀。第二種觀點取狹義，認為"僅指

---

[1]　《辭海》，上海辭書出版社，1980 年，第 1050 頁。

[2]　孫國華、朱景文主編：《法理學》，中國人民大學出版社，1999 年，第 313 頁。

[3]　孫國華、朱景文主編：《法理學》，中國人民大學出版社，1999 年，第 313 頁。

[4]　張文顯主編：《法理學》，法律出版社，2004 年，第 295 頁。

[5]　童之偉：〈憲法適用應依循憲法本身規定的路徑〉，《中國法學》，2008 年第 6 期，第 23 頁。

[6]　李步雲主編：《憲法比較研究》，法律出版社，1998 年，第 337 頁。

司法機關對憲法的適用"，即司法機關的適用。[1] 或者認為主要是通過立法（包括制定其他規範性文件的行為）的途徑來實現的，即立法機關的適用。[2] 第三種觀點涵蓋的範圍更為狹窄，認為是"特定國家機關依照法定程序具體運用憲法處理違憲案件的專門活動"，即僅限於違憲審查。[3] 在討論憲法在港澳地區如何適用的大語境下，筆者認為應當從"憲法適用"一詞的通常文義理解出發，盡可能以一種折衷而全面的觀點來對憲法適用進行界定，即適格的憲法關係主體在憲定職權範圍內，依照憲法或法律規定的程序直接應用憲法的原則、規則或概念處理各種具體事務或具體糾紛的活動。[4] 其中，有學者將之具體分為國家代議機關、行政機關對憲法實現的干預，以及國家司法機關在司法活動中對憲法實施的干預，即立法機關的適用、行政機關的適用和司法機關的適用。[5]

首先，此處有必要就憲法適用含義中"直接"一詞進行說明。"憲法都是直接適用。"[6] "憲法間接適用"的說法是不妥的，因為法律適用都可看作憲法的間接適用，下位法的適用都可看作上位法的間接適用。那麼，所有的法規範，包括所有層級的法規範都可看作憲法的間接適用，使用"憲法的間接適用"這個如此泛化的概念還有甚麼理論和實踐意義

---

[1]　李步雲主編：《憲法比較研究》，法律出版社，1998 年，第 338 頁。

[2]　殷嘯虎：〈論憲法在特別行政區的適用〉，《法學》，2010 年第 1 期，第 50 頁。

[3]　李龍：《憲法基礎理論》，武漢大學出版社，1999 年，第 249 頁。

[4]　謝維雁：〈論合憲性解釋不是憲法的司法適用方式〉，《中國法學》，2009 年第 6 期，第 170 頁。

[5]　周葉中主編：《憲法》，高等教育出版社、北京大學出版社，2001 年，第 349 頁。謝維雁教授也持此觀點，謝維雁：〈憲法效力問題研究〉，《四川法學研究》，2001 年第 3 期，註 32。

[6]　李龍：《憲法基礎理論》，武漢大學出版社，1999 年，第 260 頁。

呢？[1] 因此本文基於“憲法適用”一詞是直接適用而予以討論。

　　其次，憲法適用具體可分為憲法的立法適用、司法適用和行政適用。其中，憲法的立法適用，是指國家立法機關或者其授權的法定機關，依據憲法的規定，按照法定權限和程序制定法律法規的活動。[2] 憲法的司法適用是指特定國家機關依據爭議一方當事人的申請，根據憲法，嚴格按照司法程序審理具體案件，解決糾紛的活動。[3] 憲法的行政適用意指國家行政機關根據憲法授權制定規範性文件的活動以及進行行政管理的其他具體活動，其中表現為國家行政機關以憲法為最高準則制定行政法規或規章、規定行政措施、發佈決定和命令的活動。[4] 三者之間，憲法在司法中的適用是憲法適用的最重要的形式。[5]

　　與憲法適用不同，憲法遵守是指一切國家機關、社會組織和公民個人依照憲法的規定從事各項行為。[6] 遵守法律則是一切法律關係主體（如國家機關、政黨、企事業組織、社會團體和公民等個人）的義務。[7] 例如，我國憲法第 5 條規定：“一切國家機關和武裝力量、各政黨和各社會團體、各企業事

[1]　謝維雁：〈論合憲性解釋不是憲法的司法適用方式〉，《中國法學》，2009 年第 6 期，第 171 頁。

[2]　陳慈陽：《憲法學》，元照出版公司，2004 年，第 705 頁。

[3]　劉國：〈憲政三重奏——憲法適用的三種模式辨析〉，《甘肅理論學刊》，2005 年第 6 期，第 108 頁。

[4]　有學者認為憲法存在間接適用的情形，參見劉國：〈憲政三重奏——憲法適用的三種模式辨析〉，《甘肅理論學刊》，2005 年第 6 期，第 107 頁。

[5]　莫紀宏：《實踐中的憲法學原理》，中國人民大學出版社，2007 年，第 591 頁。

[6]　朱福惠：《憲法學原理》，中信出版社，2005 年，第 285 頁。

[7]　童之偉：〈憲法適用應依循憲法本身規定的路徑〉，《中國法學》，2008 年第 6 期，第 23 頁。

業組織都必須遵守憲法和法律。"第 53 條規定："中華人民共和國公民必須遵守憲法和法律。"《中國共產黨章程》總綱部分最後一段明確規定"黨必須在憲法和法律的範圍內活動"的政治原則。與憲法適用包括立法適用、司法適用與行政適用且以積極方式表現出來不同，憲法遵守主要是以消極的方式表現出來。[1] 換句話說，憲法關係主體遵守憲法時，不運用憲法的具體規定直接出來解決具體問題或據以裁判爭議，而憲法有關規定對有關憲法關係主體和有關事項的有效性、權威性，往往是不證自明的。[2] 因為如果一個國家和社會制定的法律不能在社會中得到遵守，那將失去立法的目的，也失去了法律的權威性和尊嚴。[3] 因此，憲法遵守的含義在於尊重憲法根本大法的權威性和尊嚴，而尊重的方式則包括承認與不破壞。從這個層面上來說，遵守憲法是實施憲法的基礎，是其基本的和首要的方式，適用憲法也只有以遵守憲法為前提和基礎才是合憲和正當的。[4]

(2) 憲法適用、遵守與效力的關係辨析

1) 憲法適用與遵守的關係辨析

如前所述，憲法實施包括憲法遵守和憲法適用。兩者分別在主體特定性、表現方式等方面存在區別，不能混為一談。所有憲法關係主體都有遵守憲法的義務，因而遵守憲法的主體具有普遍性；適用憲法的主體有嚴格的資格要求，不

---

[1] 殷嘯虎主編：《憲法學教程》，上海人民出版社，2005 年，第 108 頁。

[2] 童之偉：〈憲法適用應依循憲法本身規定的路徑〉，《中國法學》，2008 年第 6 期，第 23 頁。

[3] 張文顯主編：《法理學》，法律出版社，2004 年，第 287 頁。

[4] 童之偉：〈憲法適用應依循憲法本身規定的路徑〉，《中國法學》，2008 年第 6 期，第 23 頁。

僅通常必須是國家機關，而且必須是經憲法授權的國家機關，因而適用憲法具有主體上的壟斷性。憲法關係主體遵守憲法的行為較多被動性、服從性，較少主動性和可選擇性，而適用憲法的行為有較多主動性和可選擇性。憲法關係主體遵守憲法時，不運用憲法的具體規定直接解決具體問題或據以裁判爭議，但適用憲法一般都會運用憲法具體規定處理具體問題或裁斷具體爭議。[1] 遵守憲法時，憲法有關規定對有關憲法關係主體和有關事項的有效性、權威性，往往是不證自明的，而適用憲法時情形通常並非如此。[2]

可以看到，在憲法實施過程中，遵守憲法是基礎，即確保憲法相應其應得的權威性和尊嚴，否則其發揮實際作用就無從談起。舉例來說，假設全國人大常委會不遵守憲法第 67 條所規定的職權而行使第 62 條所賦予全國人民代表大會的職權，如修改憲法，則根本不屬憲法的立法適用。從這個意義上說，適用憲法只有以遵守憲法為前提和基礎，才是合憲和正當的，也即適用憲法為憲法實施活動在遵守憲法基礎上的進一步發展。[3]

弄清憲法適用與遵守的關係十分重要，因為只有樹立憲法適用與憲法遵守的區分意識，把握兩者的主要區別和聯

---

[1] 童之偉：〈憲法適用應依循憲法本身規定的路徑〉，《中國法學》，2008 年第 6 期，第 23 頁。

[2] 童之偉：〈憲法適用應依循憲法本身規定的路徑〉，《中國法學》，2008 年第 6 期，第 23 頁。

[3] 童之偉：〈憲法適用應依循憲法本身規定的路徑〉，《中國法學》，2008 年第 6 期，第 23 頁。

繫，才能辨識我國憲法適用的正確路徑。[1] 前面所述的 "整體適用說"，以及接下來所進行的相關觀點梳理，都不乏將憲法適用與遵守相混淆的例子。

2) 憲法適用、遵守與效力的關係

此處探討憲法效力實屬必要，原因在於學者討論憲法如何在港澳地區實施時，常並用憲法 "效力" 與 "適用"。如不乏學者認為 "憲法對於特區整體有效力，但某些條款不適用於特區"。對此有學者表示不認同，同時提出 "法律效力和法律適用是否可以等同起來" 的疑問。[2]

法律 "效力"，是指一條規則具有法律的 "資格" "身份"[3] 或 "屬性"，從而被視為一條合格的 "法律"。[4] 依照凱爾森的說法："規範之所以是有效力的法律規範就是由於，並且也只是由於，它是根據特定的規則而被創造出來。"[5] 哈特（H. L. A. Hart）持相同觀點："說某一規則是有（法律）效力的，就是承認它為該法律制度的一個規則。"[6]

因此，法律效力實際上是一個用來辨識某條規則是不是

[1] 童之偉：〈憲法適用應依循憲法本身規定的路徑〉，《中國法學》，2008 年第 6 期，第 23 頁。

[2] 對此問題已有學者進行過總結，在此不再一一列舉。參見鄒平學：〈憲法在香港特別行政區的效力和適用研究述評〉，《深圳大學學報（人文社會科學版）》，2013 年第 5 期。

[3] 張文顯教授同樣使用 "身份" 的措辭，"如果一個法律規範是現行法律體系的一分子，就有了法律的 '身份' …… 否則就不具備法律效力"。張文顯：《法哲學通論》，遼寧人民出版社，2009 年，第 184 頁。

[4] 程剛：〈法律的效力與實效概念辨析〉，《社會科學輯刊》，2012 年第 4 期，第 105 頁。

[5] ［奧］凱爾森：《純粹法理論》，張書友譯，中國法制出版社，2008 年，第 42 頁。

[6] ［美］E · 博登海默：《法理學：法律哲學與法律方法》，鄧正來譯，中國政法大學出版社，2004 年，第 133 頁。

法律的概念，並且還是一個僅從形式層面辨識法律的範疇，即，判斷一條規則是不是法律，就看它是否經歷了立法程序。對此霍恩（Norbert Horn）明確提到："凱爾森關於法律效力的解釋是純粹形式上的；法律規範的內容對其效力毫無影響。"[1] 據此，有中國學者認為法律之所以具有效力，是因為在形式上國家運用國家權力賦予法律以效力。以《民法通則》為例，其具有效力是因為：第一，該法第 156 條規定"本法自 1987 年 1 月 1 日起施行"；第二，中華人民共和國主席代表國家發佈主席令，賦予該法法律效力。[2]

同樣，憲法效力僅僅標誌着憲法依據合法程序得以在立憲機關獲得通過並予以公佈，表明一種規範狀態的客觀存在，意味着憲法規範被適用、被遵守的可能性。[3] 對於憲法的效力範圍問題，即對甚麼人、在甚麼地方和甚麼時間產生效力的問題，同其他許多國家一樣，我國採屬人主義為主，與屬地主義、保護主義相結合的結合主義效力範圍原則。[4] 具體而言，凡是具有中國國籍的人，都是中國公民，中國法律則在中國領域內一律實施於中國公民，此為屬人主義的體現。在法的空間效力方面，依據法的制定主體，區分為全國性、地區性、國際性等空間效力範圍。[5] 其中，與其他法律的

[1] ［德］N·霍恩：《法律科學與法哲學導論》，羅莉譯，法律出版社，2004 年，第 78 頁。當然，依據自然法學理論，一個規則是不是合格有效的法律，取決於其內容是否違背自然法原則，否則惡法非法。對於本文憲法效力的探討，區分前後兩者依據的意義不大，因為依據自然法學理論，我國憲法也是合格有效的。

[2] 張根大：〈論法律效力〉，《法學研究》，1998 年第 2 期，第 5 頁。

[3] 謝維雁：〈憲法效力問題研究〉，《四川法學研究》，2001 年第 3 期。

[4] 張文顯主編：《法理學》，法律出版社，2004 年，第 78 頁。

[5] 張文顯主編：《法理學》，法律出版社，2004 年，第 78 頁。

效力相比，憲法效力有其特殊性，體現為憲法作為國家根本法對整個國家生活和社會生活進行調整所具有的最高法律效力。[1] 憲法作為我國整個國家的根本大法，對我國所有公民、我國全部領土均具有效力，這是其法律地位與性質決定的。同樣地，港澳基本法作為全國人民代表大會制定的基本法律，是全國性的法律，應在全國範圍內有效，無論對於港澳居民抑或內地居民，均有效力。[2]

　　憲法僅具有效力還不夠，尚需要在實際生活中切實發揮作用，即憲法切實實現其效力。憲法效力實現的方式為憲法實施，如前所述，憲法實施包括憲法的遵守與適用。只有實現憲法的效力，憲法規範在現實生活中才得以貫徹落實，即將憲法文字上的、抽象的權利義務關係轉化為現實生活中生動的、具體的權利義務關係，並進而將憲法規範所體現的人民意志轉化為具體社會關係中的人的行為。[3] 對於憲法適用、遵守與效力的關係，可以認為憲法效力是憲法得以實施的基礎，憲法實施確保憲法效力得以切實實現，也即憲法適用與遵守使得憲法效力得以實現。因此，有必要區分憲法效力與憲法適用、遵守。將兩者等同起來談論，將產生邏輯不嚴密的問題。[4]

---

[1]　謝維雁：〈憲法效力問題研究〉，《四川法學研究》，2001 年第 3 期。

[2]　葉昌富：〈構建在"一國兩制"下的憲法與港澳基本法的關係〉，《行政與法》，2001 年第 2 期，第 28 頁。

[3]　朱福惠：《憲法學原理》，中信出版社，2005 年，第 285 頁。

[4]　鄒平學：〈憲法在香港特別行政區的效力和適用研究述評〉，《深圳大學學報（人文社會科學版）》，2013 年第 5 期，第 64 頁。

2. 憲法在港澳地區適用與遵守的學者意見分析

(1) 憲法適用、遵守與效力的混淆使用

1) 產生混淆使用的緣由

在討論憲法如何在港澳地區適用時，"憲法適用""憲法遵守""憲法效力"往往會產生使用上的混淆。在討論混淆之前，有必要介紹一下產生混淆的背景與緣由。

實際上，對於憲法在港澳的適用，一直有基於主權回歸而憲法理應在港澳地區有效力同時予以適用的政治訴求，後期更為了糾正將基本法視為"憲法"、將"高度自治"視為"完全自治"的錯誤觀點而着重強調憲法在港澳地區具有毫無置疑的效力，沒有任何一條不能在特別行政區發揮效力，有學者稱之為基於主權回歸而理應適用的政治訴求。[1] 例如，對此有學者認為，主權問題應當首先是一個憲法問題，只有憲法得到普遍實施，才能更加有效地宣示中華人民共和國對香港、澳門特別行政區的主權。[2]

問題是，當談及憲法部分條款在港澳的適用時，特別是關於包含四項基本原則在內的社會主義制度或政策的適用時，卻不得不面對"一國兩制"政策下部分條款的確沒有在港澳地區適用的現實。因此，基於主權回歸而理應適用的政治訴求與不能完全適用的現實實踐之間產生矛盾。[3] 換言之，

[1] 王振民、孫成：〈香港法院適用中國憲法問題研究〉，《政治與法律》，2014年第4期，第4頁。

[2] 伍華軍：〈論"一國兩制"下特別行政區的憲法實施〉，《武漢大學學報（哲學社會科學版）》，2013年第2期，第55頁。

[3] 王振民、孫成：〈香港法院適用中國憲法問題研究〉，《政治與法律》，2014年第4期，第4頁。

"政治正確"與"現實實踐"之間存在差距和張力。[1]

2) 產生混淆的觀點梳理

首先,諸多權威的憲法學者認為憲法整體上適用於港澳地區,只是有關社會主義、人民民主專政等條文不適用。[2]如前所述,依據該觀點,憲法"整體適用"與"部分不適用"共存。在"適用"一詞含義確定且前後一致的情況下,不免會產生疑問:"部分不適用"的情況下怎麼會"整體適用"呢?實際上,此處的"整體適用"強調的是憲法是國家主權在法律上的最高體現,國家主權在其領土內統一行使,決定了憲法在全國範圍內均有效力。也即,此處的"整體適用"實則表達的是"效力"的概念。

其次,有學者認為憲法條文的效力可分割,即部分條文有效力,部分條文沒有效力。具體而言,部分學者認為涉及內地社會主義制度方面的憲法條款不適用於港澳,不具有對港澳地區的效力,例如憲法中關於四項基本原則的規定,關於社會主義政治、經濟、法律、社會制度方面的規定,除特別行政區以外的地方國家機關和行政機關的規定,關於國家

[1] 胡錦光:〈憲法在特別行政區的適用問題研究〉(未刊稿),全國人大常委會香港特別行政區基本法委員會課題"憲法在特別行政區的適用性"項目成果,第10頁。

[2] 分別參見蕭蔚雲:〈論中華人民共和國憲法與香港特別行政區基本法的關係〉,《北京大學學報(哲學社會科學版)》,1990年第3期;蕭蔚雲等著:《憲法學概論》,北京大學出版社,2002年,第51頁;王叔文主編:《香港特別行政區基本法導論》,中國民主法制出版社、中共中央黨校出版社,2006年,第89頁;王振民:〈"一國兩制"與國家統一新觀念〉,《台聲》,2007年第9、10期;饒戈平:〈一國兩制方針與憲法在港澳地區的適用問題〉,載楊允中、饒戈平主編:《成功的十年:"一國兩制"在澳門的實踐》論文集,澳門基本法推廣協會,2009年,第7-15頁;焦洪昌主編:《港澳基本法》,北京大學出版社,2007年,第26-27頁。

審判機關和檢察機關的規定等等。[1] 還有，港澳基本法本身規定的很多制度，如特區政治制度等對人的效力是針對特區居民的。[2] 甚至，有學者認為《香港特別行政區基本法》僅在香港地區生效，並認為 "全國一些國家機關、社會團體、企事業單位和公民遵守基本法就好比美國一切公民都在中國遵守中國法律一樣，只不過是香港基本法的'域外效力'而已"。[3]

如前所述，憲法效力的含義是指憲法具有法律的 "資格" "身份" 或 "屬性"，體現為依據合法程序在立憲機關通過並予以公佈，表明一種規範狀態的客觀存在。同時，在憲法的效力範圍方面，我國採屬人主義為主，與屬地主義、保護主義相結合的結合主義效力範圍原則。[4] 如此而來，判斷憲法是否在港澳地區具有效力，實則判斷港澳居民是否為中國公民，港澳地區是否為中國地區，答案顯而易見。其次，對於港澳地區、內地少數民族自治權抑或普通省級單位而言，憲法的效力問題是 "有" 或 "無" 的問題，不是 "有多少" 的問題，原因就在於 "效力" 一詞本身代表着一種 "身份" 與 "資格"，而憲法通過相關立憲程序已經取得成為中國憲法的資格與身份。

試舉一則並非完全契合該問題的例子：一父親有若干子女，包括未成年的兒女與成年的兒女，則對於兒子或者女

[1] 饒戈平：〈一國兩制方針與憲法在港澳地區的適用問題〉，載楊允中、饒戈平主編：《成功的十年："一國兩制"在澳門的實踐》論文集，澳門基本法推廣協會，2009年，第7-15頁。

[2] 鄒平學：〈1982《憲法》第31條辨析——兼論現行《憲法》在特別行政區的適用〉，《當代港澳研究》，2013年第1期，第88頁。

[3] 胡建淼主編：《法律適用學》，浙江大學出版社，2010年，第181頁。

[4] 張文顯主編：《法理學》，法律出版社，2004年，第78頁。

兒，成年或者未成年，父親的"資格"或"身份"是一致的。甚至子女均成年或者成立家庭後，父親不再干預他們的生活，卻仍是他們的父親，這一點是需要自始至終承認的。不能說對管教較多的未成年兒子其"父親"資格多一些，對管教較少的未成年女兒其"父親"資格少一些，最後對不再管教的成年子女沒有了"父親"資格。其作為"父親"的資格是不變的，也是不能區分的，因為確定"父親"資格的依據——血緣關係——是一致的。

因此，憲法對港澳地區的效力，如同對於中國境內其他任何區域，都是具有效力的。憲法效力的實現方式可能因地區不同而不同，也即不同的地區可能有不同的憲法實施方式，但對於是否有效力這個問題，答案是統一的。因此，有關學者所認為部分憲法條文在港澳地區不具有效力、港澳基本法許多規定僅對港澳居民有效力的看法是不妥的，忽視了"效力"一詞的真正含義。至於有學者認為內地公民遵守港澳基本法如同外國人在中國遵守中國法律一樣，該觀點是錯誤的。因為兩種情況下效力依據是不同的，前者體現屬人主義，即港澳基本法也是內地居民的港澳基本法，因為其是由全國人民代表大會通過的；後者則體現屬地主義，因為外國人所處的位置是我國領土。

也正因為如此，基本法諮詢委員會在《基本法與憲法的關係（最後報告）》中提出："憲法在香港特別行政區有效，有效的意思是指中國憲法在香港具有法律效力，亦不可以不承認憲法中的任何一條，或認為中國憲法的其中一些條文在香港無效。"[1] 同時，有香港學者認為，一些條款不直接適用於香港，但是香港作為中國的一個特別行政區，必須承認這些條款作為中國憲法一部分的有效性，並且它們同樣是香港的憲法。[2] 應當說，這位學者區分了憲法效力與憲法適用。

實際上，早期就有學者認識到兩者的不同之處，只是未進行明確表達與具體闡述，例如有學者提出不適用的憲法規範只是在等待適用時機，它們在特區並不是無效的。[3] 後期逐漸有學者認識到這一點，提出憲法"效力"和"適用"不宜混為一談，不區分憲法效力和憲法適用兩個概念，邏輯上不嚴密。[4] 更有學者具體認識到憲法在港澳地區實施與適用的區別，認為憲法一些條款雖然在特別行政區沒有得到適用，但是作為一個規範體系仍然得到了實施，這裡的"實施"一詞實則代表着遵守。[5]

總之，港澳地區是直轄於中央人民政府的具有高度自治權的地方行政區域，因而憲法在特區有效力同時應該實施於特區是毫無異議的。[6] 同時，基於主權者意志不可分割的本質和國家根本法的特性，憲法對特區的效力具有普遍性、整體

[1] 香港基本法諮詢委員會中央與特別行政區的關係專責小組編：《基本法與憲法的關係（最後報告）》，1987年。

[2] 梁美芬：〈中國憲法在香港適用問題〉，《文匯報》，2005年2月2日。

[3] 焦洪昌、葉強：〈論憲法在特別行政區的效力〉，未刊稿。

[4] 鄒平學：〈1982年《憲法》第31條辨析——兼論現行《憲法》在特別行政區的適用〉，《當代港澳研究》，2013年第1期，第80頁；鄒平學：〈憲法在香港特別行政區的效力和適用研究述評〉，《深圳大學學報（人文社會科學版）》，2013年第5期，第64頁。

[5] 伍華軍：〈論"一國兩制"下特別行政區的憲法實施〉，《武漢大學學報（哲學社會科學版）》，2013年第2期，第57頁。

[6] 鄒平學：〈1982年《憲法》第31條辨析——兼論現行《憲法》在特別行政區的適用〉，《當代港澳研究》，2013年第1期，第86頁。

性和不可分割性。[1] 對此，基本法起草和諮詢委員之前所恪守的政治底線正是憲法的效力當然及於包括特別行政區在內的全國領土，這是在憲法適用問題上所堅持的基本的 "政治正確"。[2]

(2) 憲法適用與遵守的失衡

1) 對憲法適用討論的過分側重

一直以來，不同學者對憲法在港澳地區的實施有不同的討論，並且形成了不同的觀點或學說，如前文所述，包括 "只適用憲法第 31 條說" "憲法部分條款適用說" "憲法完全適用說"。但是，這些不同觀點有一個大致相同的地方，即側重對憲法適用的討論，忽視對憲法遵守的分析。更準確地說，學界將憲法適用等同於憲法實施，憲法遵守沒有獨立的法學討論地位。

依據 "只適用憲法第 31 條說"，因憲法的社會主義性質，只有第 31 條才能適用，其他條文不適用。[3] 該觀點考慮到了特別行政區的特殊性，但忽視了作為我國區域行政單位一般性，沒有考慮到憲法中諸如有關全國人大職權的規定也有可能在港澳地區適用。實際上，在香港馬維騉案中，爭議之一為，全國人大是否有權成立籌委會並授權籌委會對包括成立臨時立法會在內的諸多事宜作出決定。對此，陳兆愷法官適用了憲法第 62 條第 13 項，即全國人大決定特別行政區

---

[1] 鄒平學：〈1982 年《憲法》第 31 條辨析——兼論現行《憲法》在特別行政區的適用〉，《當代港澳研究》，2013 年第 1 期，第 80 頁。

[2] 胡錦光：《憲法在特別行政區的適用問題研究》，全國人大常委會香港特別行政區基本法委員會課題 "憲法在特別行政區的適用性" 項目成果。

[3] 蕭蔚雲：《論香港基本法》，北京大學出版社，2003 年，第 49 頁。

的設立及其制度，並據此認為全國人大當然有權作出上述決定。[1]

　　部分適用說，代表憲法條文在港澳地區部分適用與部分不適用的觀點。例如，有學者認為："憲法在香港整體上是適用的，例如有關維護國家主權、統一和領土完整的規定應當適用，但是有關社會主義、人民民主專政等條文不適用。"[2] 早期學者所持的整體適用或抽象適用觀點，無疑是具有政治智慧的回答，主要是基於憲法作為基本法制定依據而體現的憲法效力。[3] 但是，如前所述，依據該觀點，憲法"整體適用"與"部分不適用"共存，在"適用"一詞含義確定且前後一致的情況下，不免會產生疑問——"部分不適用"的情況下怎麼會"整體適用"呢？實際上，此處的"整體適用"強調的是憲法是國家主權在法律上的最高體現，國家主權在其領土內統一行使，決定了憲法在全國範圍內均有效力。也即，此處的"整體適用"實則表達的是"效力"的概念。其次，持部分適用說的學者認為有關社會主義制度的條文在港澳地區不適用。那麼，何為有關社會主義制度的條文？2012 年最高人民檢察院檢察長曹建明撰文寫到，人民代表大會制度和中國共產黨領導的多黨合作政治協商制度是中國特色社會

[1] HKSAR v. Ma Wai Kwan David and Others, CAQL 1/1997, para 72.

[2] 蕭蔚雲等著：《憲法學概論》，北京大學出版社，2002 年，第 51 頁；王叔文：《香港特別行政區基本法導論》，中國民主法制出版社、中共中央黨校出版社，2006 年，第 89 頁；饒戈平：〈一國兩制方針與憲法在港澳地區的適用問題〉，載楊允中、饒戈平主編：《成功的十年："一國兩制"在澳門的實踐》論文集，澳門基本法推廣協會，2009 年，第 7-15 頁；焦洪昌主編：《港澳基本法》，北京大學出版社，2007 年，第 26-27 頁。

[3] 胡錦光：〈憲法在特別行政區的適用問題研究〉（未刊稿），全國人大常委會香港特別行政區基本法委員會課題"憲法在特別行政區的適用性"項目成果。

主義制度的基石，是社會主義民主政治的重要內容。[1] 那麼，是否關於人民代表大會制度的憲法條文不適用於港澳地區？在香港吳嘉玲案中，在憲制結構部分，香港法院適用了中國憲法第 31、57、58 條，用以論證基本法為香港的憲法。[2] 其中，第 57 條與第 58 條正是規定了我國全國人民代表大會作為最高國家權力機關的地位及其職權。儘管這是錯誤適用憲法條文的典型案例，但是不妨礙得出香港法院的確在本案中司法適用了有關社會主義制度的條文。[3]

全部適用說，意在解決部分適用說中 "整體適用" 與 "部分不適用" 的兼容難題。對此有學者認為將憲法割裂開來看憲法在港澳的適用問題是錯誤的，原因在於沒有認識到憲法是如何對社會關係調整的。[4] 因此，起初有學者提到憲法在港澳地區的適用包含積極與消極層面，前者是 "應當" 按照憲法的規定，後者是 "不得" 違反憲法的規定，其中港澳地區可以通過立法不實行社會主義制度、不遵守四項基本原則，但不能通過立法來反對四項基本原則、顛覆社會主義制度。[5] 與將憲法適用區分為積極與消極層面不同，有學者採用 "顯性適用" 與 "隱性適用" 的說法，即有關社會主義制度的憲法規範適用於特區的方式不是顯性的 "運用和實施憲法落

---

[1] 曹建明：〈堅定不移堅持和發展中國特色社會主義制度，更加自覺主動接受人大監督和政協民主監督〉，《人民檢察》，2012 年第 16 期，第 1 頁。

[2] Ng Ka Ling and Another v. The Director of Immigration, FACV 14/1998, para 8-10.

[3] 王振民教授同樣認為香港法院在本案中適用了我國憲法第 57 條與第 58 條的規定。同時，關於對香港法院判決錯誤的分析，參見王振民、孫成：〈香港法院適用中國憲法問題研究〉，《政治與法律》，2014 年第 4 期，第 7 頁。

[4] 鄒平學：〈1982 年《憲法》第 31 條辨析——兼論現行《憲法》在特別行政區的適用〉，《當代港澳研究》，2013 年第 1 期，第 86 頁。

[5] 殷嘯虎：〈論憲法在特別行政區的適用〉，《法學》，2010 年第 1 期，第 52 頁。

實處理各種事情”的憲法執行模式，而是隱性的“認可、尊重和不得破壞”的憲法遵守模式。特區政權機關、社會組織和所有居民對中國憲政秩序的尊重是憲法在特區遵守適用的主要形式。[1] 還有學者採用“被動適用”的表述方式，即認為憲法中關於社會主義制度和政策的規範對特區的適用是通過一種非常態的被動的狀態表現出來的，也即特區並不實行社會主義制度而實行資本主義制度，但即使是在實行資本主義制度的港澳，也不允許反對破壞中國內地實行的社會主義制度和政策的行為，港澳的各種組織和居民尤其是中國籍居民必須尊重這些制度和政策在內的客觀存在。[2]

應當說，全部適用說在解決部分適用說中“整體適用”與“部分不適用”的兼容矛盾方面有所突破，即將部分適用說中的“部分不適用”的部分轉化成了“消極、被動狀態下的適用”部分，從而理論上避免憲法某些條款在港澳地區有效力而不適用的“尷尬”局面。但是，全部適用說仍然存在問題。

詳言之，整體適用說通過將部分適用說中的“部分不適用”的部分轉化成“消極、被動狀態下的適用”部分，從而通過擴大適用的涵蓋範圍來彌補“政治正確”與“現實實踐”之間存在的差距。[3] 但是，應“將表示某概念的詞的通常用法

[1] 鄒平學：〈1982 年《憲法》第 31 條辨析——兼論現行《憲法》在特別行政區的適用〉，《當代港澳研究》，2013 年第 1 期，第 94 頁。
[2] 鄒平學：〈1982 年《憲法》第 31 條辨析——兼論現行《憲法》在特別行政區的適用〉，《當代港澳研究》，2013 年第 1 期，第 94 頁。
[3] 胡錦光：〈憲法在特別行政區的適用問題研究〉（未刊稿），全國人大常委會香港特別行政區基本法委員會課題“憲法在特別行政區的適用性”項目成果，第 10 頁。

當作它的出發點"[1]，文義解釋原則同樣要求對一個詞語的理解先要從其字面意思出發。法的適用是指國家專門機關依照法定職權和程序將其用於具體的人或組織以解決具體問題的專門活動。適用主體有其特定性，而且適用規則、適用對象均有其特定性，將法的遵守那一部分囊括其中，也是對"適用"的範圍予以生硬擴大，確有牽強之嫌。舉一個例子，某物理題的解答僅需要適用某物理公式或定律，不能說它被動地、消極地適用了其他物理公式或定理。

其實，上述所謂"尷尬"的局面是正常的、合理的。換句話說，憲法所有條文在港澳地區均有效力，但部分條文的確可能不適用，這句話也是合乎"法律適用"一詞的本義的。那麼，部分憲法條文在港澳地區不適用，又如何實現法律效力呢？回答是通過憲法實施的另一種方式——憲法遵守——來實現效力。

2) 對憲法遵守討論的忽視

如前所述，在這場討論中，憲法效力實現的最基本方式——憲法遵守——在很長時間內未被人提及。後期開始有學者提及，但也是將其作為憲法適用的另一個層面或另一種方式進行討論。

起初有學者提到憲法在港澳地區的"消極適用"是"不得"違反憲法的規定，其中港澳地區可以通過立法不實行社會主義制度、不遵守四項基本原則，但不能通過立法來反對四項基本原則、顛覆社會主義制度。[2] 可以看到，該觀點有一

---

[1]　［奧］凱爾森：《法與國家的一般理論》，沈宗靈譯，中國大百科全書出版社，1996 年，第 4 頁。

[2]　殷嘯虎：〈論憲法在特別行政區的適用〉，《法學》，2010 年第 1 期，第 52 頁。

定的邏輯瑕疵，即可以"不遵守"但不可以"反對"社會主義制度。因為，按字面意思來講，當"不遵守"一項規則時，對這項規則而言是起到"反對"或者"否定"效果的，兩者是有直接關係的，因此該觀點部分存在字面含義上的邏輯問題。但是，至少初步顯現出港澳地區不應主動"攻擊"、顛覆我國社會主義制度的觀點與理念，憲法遵守的價值與功能初步得以展現。

後來"憲法遵守模式"的提法開始出現，即"有關社會主義制度的憲法規範適用於特區的方式是隱性的'認可、尊重和不得破壞'的憲法遵守模式，特區政權機關、社會組織和所有居民對中國憲政秩序的尊重是憲法在特區遵守適用的主要形式"[1]。應當說，"憲法遵守模式"的提法已經很貼近憲法遵守的通常含義以及角色定位了。但要注意到，"憲法遵守"仍然被作為"憲法適用"的一部分來予以闡述。因此，"憲法遵守"尚未完全取得同"憲法適用"相同獨立性的地位，這正是"政治正確"與"現實實踐"之間存在矛盾的最重要原因所在。

應當說，作為憲法效力實現的最基本方式，憲法遵守長期得不到同等關注並發揮其相應的價值和作用，其原因不在於學者的忽視或疏忽，而在於其本身功能的發揮的確難以發現和察覺。一般來講，法律發揮功能在於其產生效果，特別是能讓人看到的效果。具體而言，立法機關依據憲法或《立法法》等法律制訂法律，能切實發現憲法或《立法法》等法

---

[1] 鄒平學：〈1982 年《憲法》第 31 條辨析——兼論現行《憲法》在特別行政區的適用〉，《當代港澳研究》，2013 年第 1 期，第 94 頁。

律的立法適用的功能。行政機關依據行政法規或規章對人們的工作、生活等產生影響，該行政適用的功能能切實發現。司法機關依法辦理案件，更是能產生“摸得着”“看得見”的效果。相較於法律適用，法律遵守產生的效果則較難察覺。例如，路人甲看到陌生人乙有輛車，甲沒有私自推走他人的車，原因或許是知道可能為此會承擔刑事或民事責任，或許根本沒有想到推走。在法律層面上，甲本身遵守了法律，乙對車的所有權沒有被侵害。乙可能沒有察覺甲遵守了法律，而路人丙甚至甲本人都沒有察覺法律得到了遵守。這正是法律遵守——法律效力實現的最基本方式——發揮功能的特點，也即承認、尊重、不去破壞。

同一般的法律遵守一樣，憲法遵守的被動性、服從性、消極性特點使得其自身的獨立價值與地位很難得到肯定，不得不涵蓋在憲法適用裡面發揮其作用。但是，如前所述，憲法遵守與憲法適用是互相區別並相互聯繫的，憲法遵守有其自身獨立的定位與價值。只有樹立憲法適用與憲法遵守的區分意識，把握兩者的主要區別和聯繫，才能辨識我國憲法適用的正確路徑。[1]

3. 憲法在港澳地區適用與遵守的平衡

(1) 憲法適用與遵守的平衡的合理性

對憲法的遵守和適用本身是理性經驗的結果。[2] 原因在於，憲法在一定程度上體現了社會發展的客觀規律，即一個

---

[1]　童之偉：〈憲法適用應依循憲法本身規定的路徑〉，《中國法學》，2008 年第 6 期，第 23 頁。

[2]　張根大：《法律效力論》，法律出版社，1999 年，第 43-48 頁。

現代化國家必定需要一部根本大法來約束國家公權力的行使與保障公民權利的享有。同時，人們在長期生活中認識到不遵守、不適用憲法是錯誤的，其錯誤不僅在於為一種應受"制裁"的行為，而且是一種對社會秩序有損害的行為。[1] 因此，有必要遵守與適用憲法。

如前所述，憲法遵守與憲法適用之間是相互區別與相互聯繫的關係，如同車之兩轄，誰也替代不了誰，筆者將之簡稱為"平衡關係"。如同其他普通法律，憲法適用與遵守的平衡關係有其合理性，即兩者合作搭配與相互保障，共同構成憲法的實施過程以最終實現憲法的效力。

合作搭配體現在兩者分別發揮各自的功能與作用且其相互補充。憲法遵守調整的是國家公民或組織在憲法下應當如何行為。憲法適用調整的則是憲法通過特定國家機關對國家公民或組織產生特定的影響。具體而言，憲法第 5 條規定，一切國家機關和武裝力量、各政黨和各社會團體、各企業事業組織都必須遵守憲法和法律，任何組織或個人都不得有超越憲法和法律的特權。換句話說，國家公民或組織本身的行為要符合憲法和法律的規定。例如，憲法第 4 條規定我國各民族一律平等，則大漢族主義或地方民族主義的主張在憲法意義上都是不符合憲法的，也即沒有做到遵守憲法。

可以看到，憲法遵守保證了國家公民或組織的行為均以憲法為根本的活動準則。憲法適用則保證了憲法通過特定國家機關針對國家公民或組織產生特定的影響。換句話說，憲法遵守使得所有國家公民或組織有一個共同的"底線"，憲法

---

[1]　謝維雁：〈憲法效力問題研究〉，《四川法學研究》，2001 年第 3 期。

適用則使具體國家公民或組織處於不同的位置。舉例來說，我國憲法第 1 條規定社會主義制度是我國的根本制度。同時，第 31 條規定國家在必要時設立特別行政區，在特別行政區實行的制度按照具體情況由全國人大以法律規定。那麼，憲法遵守體現在尊重與承認憲法第 1 條與第 31 條的規定，不能說僅承認與尊重社會主義制度為我國根本制度而否定特別行政區實行的其他制度，也不能說既然特別行政區實行其他制度而否定我國的根本制度為社會主義制度。憲法的每一條都是應當遵守的，無論對於內地或者港澳居民，在憲法遵守的層面上，都是一致的，因為這是國家公民共同的"底線"。憲法適用則相應地使具體國家公民或組織處於不同的位置。舉例來說，憲法第 4 條規定，各少數民族聚居的地方實行區域自治，設立自治機關，行使自治權。諸如寧夏回族自治區等自治地方，依據憲法制定符合其當地民族特點的自治條例或單行條例，並且在行政執法或司法中具體適用。如此而來，自治地方公民或組織在語言文字等方面的相關行為規範與其他地區的行為規範可能就不同，也就體現出憲法適用所產生的不同影響。

相互保障則體現在憲法適用保障憲法得到國民的遵守，憲法遵守保障憲法得到正確的適用。也即，當國民或組織的行為違反憲法規定時，憲法的行政或司法適用會對此予以調整；當特定國家機關對憲法進行立法、行政或司法適用時，它們同樣需要遵守憲法所規定的相應職權或程序以正確適用憲法。此處有必要提到憲法的司法適用，因為憲法在司法中的適用是憲法適用的最重要的形式。[1] 這對具體保障憲法遵守以及探討港澳地區具體適用憲法的方式非常重要。

首先，憲法的司法適用不完全等同於違憲審查或憲法訴訟，在價值意義上應是指普通法院在司法活動中直接適用憲法條款來裁決爭端。[2] 關於普通法院能否適用憲法的問題，目前在理論上存有爭議，但不乏學者持肯定觀點，認為無論從憲法條文本身還是從依法治國的發展趨勢，都應該支持普通法院在一定的條件下適用憲法。[3] 筆者同樣持肯定觀點，原因之一在於排除憲法在外的法律體系與系統不能解決實踐中可能出現的全部法律問題。

一方面，"在成文法國家，憲法存在的一個重要理由就是彌補一般法律的漏洞。避免出現法律真空。所謂法網恢恢，疏而不漏，在一定意義上正是指在一般法律的後面，還有一個最高法把關，可以避免法律漏洞的發生。"[4] 換句話說，針對某些具體法律案件或某個法律點，不能完全排除適用憲法以作為裁判的依據。如在香港一則涉及承認和執行我國台灣

---

[1] 莫紀宏：《實踐中的憲法學原理》，中國人民大學出版社，2007 年，第 591 頁。

[2] 焦洪昌：〈論我國憲法司法適用的空間〉，《政法論壇》，2003 年第 2 期，第 18 頁。

[3] 焦洪昌：〈論我國憲法司法適用的空間〉，《政法論壇》，2003 年第 2 期；胡錦光：〈中國憲法的司法適用性探討〉，《中國人民大學學報》，1997 年第 5 期；王振民：〈我國憲法可否進入訴訟〉，《法商研究》，1999 年第 5 期；王磊：《憲法的司法化》，中國政法大學出版社，2000 年；程杰：〈論我國憲法的司法適用〉，《河南省政法管理幹部學院學報》，2003 年第 3 期；楊平：〈論憲法的司法適用〉，《甘肅政法學院學報》，2002 年第 4 期；朱應平：〈憲法法治原則的司法適用技術〉，《東方法學》，2008 年第 6 期；王學棟：〈我國憲法司法適用性的理論誤區〉，《現代法學》，2000 年第 6 期；等等。

[4] 王振民：〈我國憲法可否進入訴訟〉，《法商研究》，1999 年第 5 期，第 35 頁。

地區 "法院" 作出的破產裁決的案件中，香港高等法院上訴庭就適用了我國憲法序言第九段，即台灣是中華人民共和國的神聖領土的一部分，完成統一祖國的大業是包括台灣同胞在內的全中國人民的神聖職責，並對破產裁決予以承認。[1]終審法院法官 Lord Cooke 指出，香港法院對台灣地區 "民事破產裁定" 的承認沒有損害中國對台灣地區的主權或與公共政策相抵觸，相反作為中國組成部分的香港承認涉及台灣地區居民的破產裁決，有助於強化 "完成祖國統一大業" 這一論點。[2]該案適用憲法所得出的上述結論，在另外兩份判決書中也為香港法院所遵循。[3]再如，在香港華天輪案中，圍繞中央政府是否可以依據官方豁免原則免受香港法院的管轄，一方律師認為根據憲法第 31 條，香港是中國的一個地方行政區，其法院亦是中國的法院，所以根據官方豁免原則，香港法院無權審理以中央政府為被告的案件（除非經其同意）。[4]對此論點香港法院予以接受。[5]其次，根據憲法第 89 條的規定指出，交通部需要接受中央人民政府的領導，是其組成部

---

[1]　Ku Chia Chun and Others v. Ting Lei Miao and Others, CACV 178/1997, para 46-47, 65.

[2]　Chen Li Hung and Another v. Ting Lei Miao and Others, FACV 2/1999, para 53.

[3]　Cef New Asia Co. Ltd v. Wong Kwong Yiu, John, HCA 374/1998, para 17; Cef New Asia Co. Ltd v. Wong Kwong Yiu, John, CACV 77/1999, para 9, 13.

[4]　Intraline Resources Sdn Bhd v. The Owners of the Ship of Vessel "Hua Tian Long", HCAJ 59/2008, para 69. 對該案分析的中文文獻，參見董立坤、張淑鈿：〈論中國政府機構在香港特別行政區的豁免權——以華天輪案為例〉，《政治與法律》，2011 年第 5 期。

[5]　Intraline Resources Sdn Bhd v. The Owners of the Ship of Vessel "Hua Tian Long", HCAJ 59/2008, para 82-83.

門。[1] 由此最終得出廣東打撈局作為中央政府的隸屬機構享有官方豁免權的結論。[2] 再如，如前所述，在香港馬維騉案中，陳兆愷法官適用了憲法第 62 條第 13 項，即全國人大決定特別行政區的設立及其制度，並據此認為全國人大當然有權作出成立籌委會的決定。[3] 還有，在中石化集團案中，被告（中石化集團）的專家證人引用憲法第 11、13 和 126 條說明私有財產是受憲法保護的權利，並且中國法院依法獨立行使審判權亦為一項憲法性義務，香港高等法院雖然對此沒有評論，只是指出從原告現有證據看不足以支撐其提出的祖國大陸法院司法不公的論斷，但是至少不排除香港法院在未來司法案件中適用這些條文的可能性。[4] 因此，足以得出結論，即對於某些具體法律案件或某個法律點，憲法的具體條文完全有司法適用的可能性。

另一方面，部分案件涉及違背憲法或者侵害憲法的尊嚴，只有適用憲法以作為裁判的依據才為妥當。例如，在香

---

[1] Intraline Resources Sdn Bhd v. The Owners of the Ship of Vessel "Hua Tian Long", HCAJ 59/2008, para 115.

[2] 王振民、孫成：〈香港法院適用中國憲法問題研究〉，《政治與法律》，2014 年第 4 期，第 6 頁。

[3] HKSAR v. Ma Wai Kwan David and Others, CAQL 1/1997, para 72. 香港法院在全國人大及其常委會的性質、香港法院是否有權審查全國人大及其常委會的行為以及 "人大釋法" 等特定問題上多次適用了憲法：莊豐源案二審 CACV 61/2000, para 18, 67；莊豐源案終審 FACV26/2000, para 6.2；談雅然案 FACV 20/2000, para 9；剛果金案 FACV 5/2010, para 395-405；外傭居留權案初審 HCAL 124/2010, para 7；外傭居留權終審 FACV 19/2012, para 102；吳小彤案初審 HCAL 2/2000, para 86；吳小彤案二審 CACV 4 15/2000, para 177；Fung Lai Ying & Others v. Secretary for Justice, HCA 1623/2002, para 17, 25。

[4] Xin Jiang Xingmei Oil-Pipeline Co. Ltd v. China Petroleum & Chemical Corporation, HCCL6/2004, para 42-46.

港吳恭劭、利建潤侮辱國旗、區旗案中，香港法院適用憲法第 136 條以說明中國國旗為五星紅旗的事實。[1] 同時，香港終審法院強調，在 1997 年 7 月 1 日之後，中華人民共和國對香港恢復行使主權，並根據“一國兩制”的方針設立香港特別行政區；香港已經處於全新的憲制秩序，國旗所象徵的國家統一、區旗所象徵的“一國兩制”，對於香港特別行政區的政府、公務機關之妥善運轉有着特別的意義。[2] 最終證明，香港《國旗條例》和《區旗條例》禁止侮辱國旗區旗，作為對表達自由的方式施加的限制，因其對於公共秩序有着具體的合法利益，符合《公民權利和政治權利國際公約》的要求。[3] 除了這一有關國旗的案件之外，不排除發生違背或侵害憲法中其他規定的案件的可能性，當出現此類情況時，對相關憲法條文的說明或解讀必不可少，如此則同樣會適用憲法。

(2) 憲法在港澳地區適用與遵守的平衡的重要性

如前所述，憲法是全國人民共同意志的體現，憲法遵守則使得我國所有公民或組織有一個共同的“底線”。無論我國內地居民還是港澳居民，作為我國公民均有遵守憲法規定的義務，這一點是一致的。同時，這一點很重要，因為通過憲法遵守，才能理順內地居民與港澳居民均為中國公民的統一性，才能體現“一國兩制”方針中的“一國”。

憲法遵守體現在尊重與承認憲法的每一條，即承認憲法

[1] HKSAR v. Ng Kung Siu and Lee Kin Yun, FCC4/1999, para 9.

[2] 林海：〈對於表達自由的合理限制——評香港特別行政區訴吳恭劭、利建潤案〉，《法治研究》，2009 年第 9 期，第 68 頁。

[3] 林海：〈對於表達自由的合理限制——評香港特別行政區訴吳恭劭、利建潤案〉，《法治研究》，2009 年第 9 期，第 68 頁。

的每一條是全中國人民共同意志的體現。憲法所規定的社會主義國家性質、國家結構與組織制度、共產黨執政的政黨制度等等，都需尊重與承認，因為這是我國的憲法所規定的："本憲法以法律的形式確認了中國各族人民奮鬥的成果，規定了國家的根本制度和根本任務，是國家的根本法，具有最高的法律效力。全國各族人民、一切國家機關和武裝力量、各政黨和各社會團體、各企業事業組織，都必須以憲法為根本的活動準則，並且負有維護憲法尊嚴、保證憲法實施的職責。"港澳地區作為中國的地方行政區域，直轄於中央人民政府，港澳居民作為我國國家公民，同樣須遵守憲法，承擔維護憲法尊嚴、保證憲法實施的職責，在這一點上與我國其他地區的居民是相同的。另一方面，我國港澳基本法均在第 2 條明確規定，中華人民共和國全國人民代表大會授權香港、澳門特別行政區依照本法的規定實行高度自治，享有行政管理權、立法權、獨立的司法權和終審權。換句話說，若不承認或不尊重我國社會主義制度的基石——人民代表大會制度，則港澳地區的高度自治權來路不明；如果攻擊或破壞我國社會主義制度，港澳地區的高度自治權則無從建基。這是很明顯的派生關係，即皮之不存，毛將焉附。同時，港澳基本法不斷地被各方面（包括中央政府）遵守和準確適用，則港澳地區不遵守我國憲法在內的法律體系不合邏輯。[1]

與憲法遵守不同，憲法適用是特定國家機關依據法定職權和程序，將憲法規範運用於具體的法律事實的專門活動，

[1] 《香港特別行政區基本法》的權威來自於不斷地被各方面（包括中央政府和香港特區）遵守和準確適用。參見秦前紅、黃明濤：〈對香港終審法院就"剛果金案"提請人大釋法的看法〉，《法學》，2011 年第 8 期，第 64 頁。

包括立法機關、行政機關和司法機關的適用。[1] 對此，有學者
認為憲法在港澳地區適用方式主要是"政治適用"，即將憲法
中的"一國"條款作為香港政制發展的前提和基礎，為香港
政治預設了基本的框架。[2] 該論述事實上主要是從政治層面上
進行解答，但是從法律層面上的解答也必不可少。

如前所述，憲法遵守使得所有國家公民或組織有一個共
同的"底線"，憲法適用則使具體國家公民或組織處於不同的
位置。憲法第 31 條規定國家在必要時設立特別行政區，在特
別行政區內實行的制度按照具體情況由全國人民代表大會以
法律規定。依此，全國人民代表大會相繼通過港澳基本法。
港澳基本法均在第 11 條規定："根據中華人民共和國憲法第
三十一條，香港（澳門）特別行政區的制度和政策，包括社
會、經濟制度，有關保障居民的基本權利和自由的制度，行
政管理、立法和司法方面的制度，以及有關政策，均以本法
的規定為依據。香港（澳門）特別行政區立法機關制定的任
何法律（、法令、行政法規和其他規範性文件），均不得同本
法相抵觸。"港澳地區體現的是基本法制定主體全國人大對
憲法的適用。其中，從"均以本法（港澳基本法）的規定為
依據"的字面含義理解，似乎港澳地區的所有立法機關、司
法機關與行政機關不再與我國憲法的適用有關，至少不再與
憲法第 31 條以外的條文有關。實則不然。

首先如前面所述，港澳法院在司法裁判中完全有可能適

---

[1]　謝維雁：〈憲法效力問題研究〉，《四川法學研究》，2001 年第 3 期。

[2]　胡錦光：〈憲法在特別行政區的適用問題研究〉（未刊稿），全國人大常委會香
　　　港特別行政區基本法委員會課題"憲法在特別行政區的適用性"項目成果，
　　　第 12 頁。

用憲法條文，包括與社會主義制度有關的憲法條文，進行裁判案件。如香港吳嘉玲案中，香港法院的確司法適用了有關社會主義制度的條文。[1]

其次，當基本法存在漏洞或存在爭議點而需要進行解釋時，香港基本法第 158 條與澳門基本法第 143 條規定：基本法解釋權屬於全國人大常委會；全國人大常委會授權港澳法院在審理案件時對基本法關於港澳特區自治範圍內的條款自行解釋，但是對關於中央人民政府管理的事務或中央和特區關係的條款進行解釋，而該條款的解釋有影響到案件的判決時，應由港澳終審法院提請全國人大常委會對有關條款作出解釋；如全國人大常委會作出解釋，港澳法院在引用該條款時，應以全國人民代表大會常務委員會的解釋為準。一言以蔽之，港澳司法裁判中，特定情況下需要全國人大常委會解釋基本法並且依據該解釋作出裁決。司法實踐中，香港終審法院於 2011 年"剛果金案"中就該案所涉的香港基本法第 13、19 條等有關款項向全國人大常委會提出了解釋請求。[2]

作為我國最高國家權力機關的常設機關，我國人大常委會解釋法律的依據來自憲法第 67 條第 4 項的規定，即全國人大常委會職權之一為解釋法律。全國人大常委會解釋法律在性質上屬行使國家立法權，具有抽象性與普遍性而非針對具

[1] 王振民教授同樣認為香港法院在本案中適用了我國憲法第 57、58 條的規定。參見王振民、孫成：〈香港法院適用中國憲法問題研究〉，《政治與法律》，2014 年第 4 期，第 7 頁。

[2] 就"剛果金案"的大致介紹與法律分析，詳見秦前紅、黃明濤：〈對香港終審法院就"剛果金案"提請人大釋法的看法〉，《法學》，2011 年第 8 期。

體的個案。[1] 換句話說，在憲法意義上說，全國人大常委會釋法體現了對憲法的立法適用，而該釋法結果同樣構成我國的法律。港澳法院適用全國人大常委會的法律解釋，則屬適用港澳基本法之外的全國性法律。因此，可以得出這樣一個結論，港澳地區法院不但適用憲法與基本法附件中所列的全國性法律，而且適用基本法之外的但與基本法有關的法律，也即全國人大常委會解釋基本法而形成的法律。這一點也證明了憲法條文在港澳地區司法適用時具有彌補漏洞和解決爭議的功能與作用。除了前面所述的與國家機構、全國人民代表大會、國務院、國旗的憲法條文有關的司法適用案件外，不排除港澳法院在具體案件中司法適用其他的憲法條文。

對於憲法在港澳地區的立法適用，即港澳立法機關依據憲法予以立法的行為，目前沒有立法案例可考。香港基本法第 11 條第 2 款規定，香港特別行政區立法機關制定的任何法律，均不得同本法相抵觸；澳門基本法第 11 條第 2 款規定，澳門特別行政區的任何法律、法令、行政法規和其他規範性文件均不得同本法相抵觸。問題是，在判定一項法律或法令等文件是否同基本法相抵觸時，如果涉及到對基本法的解釋且該解釋涉及中央人民政府管理的事務或中央和港澳特別行政區關係的條款時，該如何處理？港澳基本法分別在第 158 條與第 143 條規定，"香港（澳門）特別行政區法院在審理案件時需要……進行解釋……"而沒有規定立法機關制定法律時需要解釋。也許這個問題出現的可能性非常小，但是

---

[1] 王磊：〈論人大釋法與香港司法釋法的關係〉，《法學家》，2007 年第 3 期，第 18 頁。

不能完全排除這種可能性。即使在該問題出現時，港澳立法機關需要適用全國人大常委會的解釋而立法，也是立法適用基本法之外的法律，而不構成憲法的立法適用。當然，如前所述，這裡的"立法適用"強調的是直接適用，也是它應有的含義。如果說，港澳立法機關立法適用的是港澳基本法，而港澳基本法的制定主體即全國人大立法適用的是憲法，則得出港澳立法機關的立法都是對憲法的立法適用，超出了對"立法適用"一詞應有含義的理解。對於憲法在港澳地區的行政適用，即港澳行政機關依據憲法制定行政法規或法令，實施行政措施，同樣無例可參。以澳門基本法第11條第2款為例，同憲法在港澳地區的立法適用的討論類似，即使澳門行政機關需要適用全國人大常委會的解釋而制定行政管理方面的規定，也是行政適用基本法之外的法律，但不構成憲法的行政適用。

4. 結語

憲法對港澳地區的效力，如同對於中國境內其他任何區域，都是具有效力的。憲法效力的實現方式可能因地區不同而不同，也即不同的地區可能有不同的憲法實施方式，但對於是否有效力這個問題，答案是統一的。這是由適格的憲法制定主體與制定程序所決定的。憲法僅具有效力還不夠，尚需要在實際生活中切實發揮作用。憲法效力實現的方式則為憲法實施，包括憲法的遵守與適用。憲法遵守與憲法適用之間是相互區別與相互聯繫的關係，如同車之兩輾，誰也替代不了誰。如同其他普通法律，憲法適用與遵守的這種平衡關係有其合理性，即只有兩者合作搭配與相互保障，才能共同構成憲法的實施過程以最終實現憲法的效力。

憲法在港澳地區適用與遵守的平衡，對於釐清港澳地區與憲法之間的關係有重要的意義。憲法作為全國人民共同意志的體現，憲法遵守使得我國所有公民或組織有一個共同的"底線"。港澳地區作為中國的地方行政區域，直轄於中央人民政府，港澳居民作為我國公民，同樣須遵守憲法，承擔維護憲法尊嚴、保證憲法實施的責任。通過憲法遵守，才能理順內地居民與港澳居民均為中國公民的統一性，才能體現"一國兩制"方針中的"一國"。這是我國憲法第 5 條明確規定，同時通過港澳基本法第 2 條等條文能夠推論出來的。憲法遵守體現在尊重與承認憲法的每一條，即承認憲法的每一條是全中國人民共同意志的體現。憲法所規定的社會主義國家性質、國家結構與組織制度、共產黨執政的政黨制度等等，都需尊重與承認，否則港澳地區的高度自治權無從建基。

與憲法遵守不同，憲法適用使國家的具體地區處於不同的位置，這體現出憲法在不同地區發揮功能與作用的差異性。我國憲法第 31 條規定了特別行政區的設立，作為全國性法律的港澳基本法均在第 11 條規定，特別行政區的制度和政策，包括社會、經濟制度，有關保障居民的基本權利和自由的制度，行政管理、立法和司法方面的制度，以及有關政策，均以基本法的規定為依據。港澳基本法又均在第 2 條、第 5 條等條文中規定享有高度自治權，包括行政管理權、立法權、獨立的司法權和終審權，不實行社會主義的制度和政策等。可以說，在港澳地區範圍內，尤其是對於本地區內的自治事務，立法機關、行政機關、司法機關適用的是基本法及其附件三所列的全國性法律而非憲法。[1] 但是，如前所述，鑒於排除憲法在外的港澳地區法律體系與系統不能解決實踐中可能出現的全部法律問題，港澳地區同樣需要憲法的司法適用以彌補基本法可能存在的漏洞和解決爭議。同時，當案件涉及違背憲法或者侵害憲法的尊嚴時，不可避免會適用憲法作為裁判的依據。本文前面所述的案件中就司法適用了與國家機構、全國人民代表大會、國務院、國旗有關的憲法條文，因此不排除港澳法院在特定案件中司法適用其他的憲法條文。該類特定案件往往超出港澳地區本身的自治範圍，或者出現適用基本法仍然無法解決法律問題的情況。

---

[1]　再次重申，"憲法適用"或"適用憲法"一詞，指的是直接適用憲法。

第四章

作為縱向權力基礎的中央與特區關係命題

中央與特區的關係，本質上是中央管治權與特區自治權的關係，它是特別行政區理論體系的縱向權力問題。妥善處理中央與特區關係是"一國兩制"成功的關鍵，而釐清、處理中央權力與特區自治權關係又是成功處理中央與特區關係的核心。

一、基本概念

（一）國家結構與行政區劃

1. 國家結構

國家結構形式主要有單一制與聯邦制兩種，區別在於中央與組成部分的關係的性質和內容不同。

第一，單一制。單一制國家指由行政區域組成的統一國家，構成中央與地方的關係。雖然對單一制這一概念沒有明確的界定，但單一制有一個基本的內涵，即單一制先要有一個統一的、完整的國家作為基礎，由於國家幅員遼闊、人口眾多，為了更好地管理，中央政府會根據國家制度和管理的需要，把國家劃分為不同的行政區域並設立不同的地方政府實行地方自治管理，從而達到中央政府通過領導地方政府實現國家管理。如我國 960 萬平方公里，劃分為 34 個一級行政區，包括 23 個省、5 個自治區、4 個直轄市和 2 個特別行政區，在省、自治區和直轄市下面再劃分市、縣、鄉、鎮，通過設立地方政府實行地方自治管理，中央政府再通過領導地方政府實現國家治理。我國實行單一制的國家結構的事實主要體現在憲法序言中："中華人民共和國是全國各族人民共同締造的統一的多民族國家。"以及第3條："中華人民共和國的國家機構實行民主集中制的原則……中央和地方的國家機構職權的劃分，遵循在中央的統一領導下，充分發揮地方的主動性、積極性的原則。"我國自公元前221年以來，在漫長的歷史長河中就實行統一的中央集權的單一制。雖然中國也更換了不同朝代甚至也經歷了國家的分裂，但最終都走向了國家統一，其根本原因就是單一制的國家結構模式始終沒有改變。哪怕港澳回歸後成立特別行政區實行"一國兩制"、高度自治，我國仍然是一個單一制國家，這與自然環境、經濟發展和民族文化的影響不無關係。我國時至今日仍然實行單一制的國家結構模式也證明其本身的生命力，特別是能夠有效處理中央與地方關係。

單一制的國家結構一般有三個顯著特點：第一，全國只有一部憲法，一個中央機關體系；第二，各個行政單位和自治單位都接受中央的統一領導，沒有脫離中央的獨立權力；第三，不論中央與地方的權力配置達到甚麼樣的程度，地方的權力都由中央通過法律文件予以規定或改變。因此在單一制國家中，只有一部憲法、只有一套國家機關體系，中央政府根據管理的需要劃分為不同的行政區域，各行政區域的地方政府均受中央政府的統一領導，不能脫離中央而獨立。中央政府向各行政區域的地方政府授權而實現國家管理，地方政府的權力源自中央政府或受制於中央政府，國家整體是代表國家的唯一主體。世界上絕大多數國家都採用這種單一制模式，如英國、法國、意大利、日本、斯里蘭卡、伊朗以及中國等。

單一制模式就中央與地方政府間的關係而言又主要有兩種具體形式：一是中央集權型關係，二是地方分權型關係或非中央集權型關係。中央集權型單一制，主要是基於"分工性"地方分權而形成的。這種分權方式是中央政府將部分權力交給地方政府行使，而中央政府仍有最終的決定權。這種分權只是權力的一種委託或代理，地方政府實際上是中央政府的派出機構。這種模式的代表國家有法國、一些亞非拉發展中國家、變革前的一些東歐國家等，其特點是法律上不規定實行地方自治而且中央政府會採取各種手段嚴格控制地方政府，如立法監督、行政監督、司法監督及財政監督等。地方分權型單一制模式是基於"分割性"地方分權而形成的，這種分權方式是權力的一種確定性轉移，其形式是以立法的形式賦予地方政府一定的權力，實行地方自治，並在法律上規定中央政府不得隨意干涉地方政府權力範圍內的事務，是中央政府在承認地方政府相對獨立的前提下，對地方政府實施控制。[1] 這種模式的代表國家有意大利、英國、瑞典、挪威、日本等，其特點是在確立為單一制國家的同時明確規定實行地方自治，地方政府既是地方自治機關在法律範圍內享有自主管理地方事務的權力，又是受中央政府統一領導的地方政權機構，接受中央的監督。

第二，聯邦制。聯邦制國家與單一制國家結構不同。與單一制一樣，對於聯邦制也沒有統一的界定或一致的理論。

---

[1] 張千帆主編、肖澤晟副主編：《憲法學》，法律出版社，2004年，第412-413頁。

概念 邏輯 命題：中國特別行政區理論體系研究

聯邦制國家是指由兩個或兩個以上的聯邦組成單位（如邦、州、共和國等）組成的聯盟國家，聯邦和其成員分別有自己的憲法和法律以及國家機關體系等，公民也具有雙重國籍。聯邦制是複合制國家結構的最典型形式，也是現代最常見的國家結構形式之一。[1]

聯邦制的國家結構模式主要特點包括：第一，存在兩套政府。一套是聯邦中央政府，一套是聯邦各成員政府；第二，中央政府與各成員政府之間存在着明確的權力（立法權、行政權和財政權）劃分；第三，具有一部剛性的聯邦憲法；第四，聯邦政府是一個有限的政府；第五，聯邦中央政府和地方政府都不得逾越憲法中關於它們各自應享有的權利和地位的條款，從而干涉到另一方的權力範圍；第六，各成員政府可以在聯邦憲法所規定的權力範圍內，制定適合本成員國的憲法和法律，並自主決定和管理本成員國事務；第七，聯邦公民同時也是某一成員國公民；第八，各成員國下屬的地方政府，實行地方自治，其自治權受法律保護，成員政府不能直接干涉所屬地方政府的事務。[2]

同時，聯邦制國家結構模式根據中央政府和各成員政府間權力關係，又分為均衡型聯邦制模式和非均衡型聯邦制模式。前者聯邦政府與各成員政府間的權力分配比較均衡，並且聯邦政府無權直接干預成員政府以下的各級地方政府；後者聯邦中央政府高度集權，從而導致聯邦中央政府和成員政

---

[1]　胡錦光、韓大元：《中國憲法》，法律出版社，2018 年，第 73 頁。

[2]　張千帆主編、肖澤晟副主編：《憲法學》，法律出版社，2004 年，第 413 頁。

府間的權力和職能劃分不均衡。[1]

2. 行政區劃

每一個國家都必須有一定的領土作為其行使權能的空間，同時又往往將其領土劃分成若干部分和層次，以分別設置國家機關，實現國家職能，簡單講這種分層設置國家機關實行管理的地區就是行政區域。行政區域是一種人為的領土結構，是按照統治者的意志，從有利於實現其統治利益的原則出發而劃分的，這種行政區域的劃分就是行政區劃，是一項重要的法律制度。[2] 行政區劃指有權限的國家機關，按照一定原則和程序，把國家的領土劃分為等級不同的行政區域，建立相應的國家機關，實現國家管理。根據行政區域建立的法律依據和方法以及相應國家機關的權限範圍可將行政區域分為普通行政區域和特殊行政區域。如我國憲法第 30 條規定：＂中華人民共和國的行政區域劃分如下：（一）全國分為省、自治區、直轄市；（二）省、自治區分為自治州、縣、自治縣、市；（三）縣、自治縣分為鄉、民族鄉、鎮。直轄市和較大的市分為區、縣。自治州分為縣、自治縣、市。自治區、自治州、自治縣都是民族自治地方。＂第 31 條規定：＂國家在必要時得設立特別行政區。在特別行政區內實行的制度按照具體情況由全國人民代表大會以法律規定。＂

第一，普通行政區。

普通行政區域在一個國家行政區域體系中是主體。在普

---

[1] 張千帆主編、肖澤晟副主編：《憲法學》，法律出版社，2004 年，第 413-
414 頁。

[2] 張千帆主編、肖澤晟副主編：《憲法學》，法律出版社，2004 年，第 446 頁。

通行政區域中的國家機關，依據憲法或法律行使職權，管理一定範圍內的事物，與特殊行政區域的國家機關相比，不具有後者所擁有的一些特殊權力，如，省、直轄市。[1]

第二，特殊行政區。

特殊行政區域由於組成原則、基礎和方法不同，又包括民族自治區、特殊自治區和行政特區。

一是，民族區域自治以民族聚居地區為基礎，為在單一制下實現民族平等、團結、和諧、互助而設立，是國家解決民族問題和處理民族關係的基本政策，是國家的一項基本政治制度，體現了國家充分尊重和保障各少數民族管理本民族內部事務權利的精神，和國家堅持實行各民族平等、團結和共同繁榮的原則。我國憲法第 4 條規定："各少數民族聚居的地方實行區域自治，設立自治機關，行使自治權。各民族自治地方都是中華人民共和國不可分離的部分。"全國人大依據憲法制定了《民族區域自治法》進行了具體規定。民族區域自治的國家機關一方面與普通行政區域的國家機關一樣，是一級地方政府，享有地方政府應有的職權，並實行民主集中制；另一方面又有特殊的地位，作為自治機關擁有普通行政區的國家機關所沒有的自治權。自治機關可根據本地方的實際情況，在不違背憲法和法律的原則下，有權採取特殊政策和靈活措施，加速民族自治地方經濟、文化建設事業發展。各民族自治地方的人民政府都是國務院統一領導下的國家行政機關，都服從國務院。民族自治機關的人民代表大

[1] 駱偉建：《澳門特別行政區基本法新論》，社會科學文獻出版社、澳門基金會，2012 年，第 64-65 頁。

會可根據當地情況制定自治條例和單行條例等地方性自治法規，按法定程序經上級機關批准後生效。民族自治地方的人民代表大會常務委員會應當由實行區域自治的民族的公民擔任主任或副主任，自治區主席、自治州州長、自治縣縣長由實行區域自治的民族的公民擔任。自治機關在執行職務時，依照本民族自治條例可使用當地通用的一種或幾種語言文字。依照國家財政體制規定屬民族自治地方的財政收入，都由民族自治地方的自治機關自主安排使用。

二是，特殊自治區是根據憲法的規定，由國家制定的賦予特殊自治條件形成的特別法律設置的。如丹麥的格陵蘭就是根據丹麥政府 1978 年通過的《格陵蘭自治法案》建立的。[1] 格陵蘭原是丹麥的一個殖民地，後變為其一個地方自治區，丹麥中央政府與格陵蘭地方政府的權力劃分由法律規定。中央政府一般負責外交、國防、金融事務；而格陵蘭地方政府擁有一些特殊的權力，即可在自治的條件下，規定自治政府的行政組織等內容。此外，中央政府與格陵蘭自治政府的關係也有特殊之處：中央政府對格陵蘭的立法必須諮詢當地政府，方可在國會討論；格陵蘭自治政府可要求中央政府協助其行使某些非政治性的外事權利；二者發生爭執時也可把問題提交一個專門的仲裁委員會最後決定。[2]

三是，行政特區是由根據憲法制定的專門法律為了一定的目的而建立的。如美國的"哥倫比亞特區"是國會根據美

---

[1] 駱偉建：《澳門特別行政區基本法新論》，社會科學文獻出版社、澳門基金會，2012 年，第 65 頁。

[2] 駱偉建：《澳門特別行政區基本法新論》，社會科學文獻出版社、澳門基金會，2012 年，第 66 頁。

國憲法第 1 條第 8 項第 17 款 "對於由某些州割讓與合眾國，經國會接受，充作合眾國政府所在地的區域（其面積不得超過十平方英里），行使任何一切事項的專有立法權" 的規定，於 1878 年 6 月 10 日頒佈《組織法》所建立的，後經 1890 年、1894 年修正又對哥倫比亞特區進行了補充。哥倫比亞特區以馬里蘭州和弗吉尼亞州劃分出的一塊地區構成，其不屬任何一個州，由聯邦中央政府直接管轄，其立法權和行政權由聯邦政府直接負責，是一種聯邦中央政府直接管轄下的行政區域。[1]

（二）授權與分權

授權與分權是兩個不同的法律概念，表示兩種不同的權力關係，二者區別在於權力來源、權力劃分、權力屬性的不同。

1. 授權

授權從學術演進的歷程來看，西方法學的歷史雖然漫長而悠久，但關於授權規則的專門研究卻是晚近才發生的事。古希臘有豐富的法律思想，卻沒有誕生出一個職業的法學家階層，也不存在相對獨立的法學，也就沒有關於授權規則的專門研究。[2] 在古羅馬時期，法學極為興盛，法學家們研究了相當廣泛的問題，其中也涉及到了羅馬法的體系問題，其中

---

[1] 駱偉建：《澳門特別行政區基本法新論》，社會科學文獻出版社、澳門基金會，2012 年，第 66 頁。

[2] 何勤華：《西方法學史》，中國政法大學出版社，1996 年，第 11-13 頁。

烏爾比安（Domitius Ulpianus）的分類方法在後世產生了較大的影響：他將法律分為公法與私法兩個部分，雖未涉及授權規則，卻開啟了對規則進行分類研究的先河。[1] 在歐洲中世紀，註釋法學派時期對法律條文進行說明，而在評論法學派時期整理、改造當時的各種法律淵源、法律規則和法律思想的集大成者阿奎那（Thomas Aquinas），從神學的角度對法進行的分類和對私權與公權進行區分。這些對於法律規則的效力淵源有所揭示，與後來的分析法學特別是奧斯丁（John Austin）的理論之間存在着一定的呼應關係。[2] 在 17、18 世紀，自然法學家對於法律規則這種偏重於技術性的問題無暇過多關注。到了 19 世紀，法學理論才發生了一個根本性的轉向，當歷史法學派、哲理法學派在德國興起的同時，英國萌生了一個由功利主義哲學家邊沁（Jeremy Bentham）開啟的分析法學派。[3]1832 年，奧斯丁的代表作《法理學的範圍》在英國的出版，標誌着法理學作為一個獨立學科的開始，奧斯丁也因此成為分析法學的主要奠基人，法律規則以及其中的授權規則才開始全面深入地走進法學家們的視野中，成為了一個被反覆追問的對象。[4] 從歷史看，雖然其他法學流派也關心過授權規則的問題，但是西方法學史上關於授權規則的專門研究文獻，特別是關於法律文本中某種表達方式、某個詞語的研究——特別是自覺的、系統化的研究，在法學傳統或

---

[1] ［古羅馬］查士丁尼：《法學總論》，張企泰譯，商務印書館，1989 年，第 5 頁。

[2] 喻中：《論授權規則》，山東大學博士學位論文，2006 年，第 7 頁。

[3] 喻中：《論授權規則》，山東大學博士學位論文，2006 年，第 8 頁。

[4] 喻中：《論授權規則》，山東大學博士學位論文，2006 年，第 8 頁。

法學範式中，主要還是出於分析實證主義法學的貢獻。[1]

　　授權既可指權力的授予，也可指權利的授予。權利的授予主要是指民事法律上處於平等地位的兩個民事主體間的委託授權，在此暫不討論。而就作為“權力的授予”的授權概念，主流的觀點認為是指權力擁有者將其行使的權力授予被授權者，而使被授權者得以行使授權者權力的單方處置行為。[2] 也有學者將授權的內涵理解為一個法律概念、一種法律理念、一項法律制度和一種法律關係。[3] 還有學者在區分了四種語境（君權神授與人民主權授權理論、單一制下中央對地方的權力授予、宗主國對殖民地總督的授權和某種具體權力的授權）下授權概念的基礎上，認為基本法中存在兩種授權概念：憲法與法律等規範性文件對某個主體的權力賦予（第一次授權）；已經擁有某種權力的機構，再將法律賦予自己行使的權力授權給其他機構來行使（第二次授權）。[4] 對於授權的本質 [5] 而言，目前我國學界對此主要有兩種觀點：一種為權力本身轉移說，其認為授權的本質是某種國家權力在授權主

---

[1]　[英] 哈特：《法律的概念》，張文顯等譯，中國大百科全書出版社，1996 年，第 84 頁。

[2]　董立坤：《中央管治權與香港高度自治權的關係》，法律出版社，2014 年，第 66 頁。

[3]　鄒平學等：《香港基本法實踐問題研究》，社會科學文獻出版社，2014 年，第 123-124 頁。

[4]　王禹：〈港澳基本法中有關授權的概念辨析〉，《政治與法律》，2012 年第 9 期。

[5]　蘇樂治教授總結了行政法上關於授權性質之理論上的三種學說：轉移和轉讓說、許可說、實施轉移說。參見 [葡] 蘇樂治：《行政法》，馮文莊譯，法律出版社，2014 年，第 125-127 頁。這裡的授權性質，根據原文語境應指授權的本質，即授權的本體意義。

體與被授權主體之間依照一定的原則和程序進行的轉移。[1]
另一種為權力行使轉移說，認為如果單一制下的授權為權力
本身的轉移，則中央不能按照自己的意志收回授權，能否收
回須取決於地方是否同意，這與單一制國家理論與實踐相悖
逆。[2] 後一種觀點更符合"一國兩制"下的中央授權的原則。

2. 分權

分權主要是指 17 — 18 世紀以來資產階級思想家提出的
關於國家的主要權力相互獨立，並由不同部門分別執掌和相
互牽制的學說。分權概念源於古希臘亞里士多德的分權思
想，但作為一種學說最早由英國洛克提出。"如果同一批人同
時擁有制定和執行法律的權力，這就會給人的弱點以絕大誘
惑，使他們動輒要攫取權力，藉以使他們自己免於服從他們
所制定的法律。"洛克認為分權是保障自由、平等和私有財
產，防止專制壓迫的最好辦法。[3]18 世紀法國孟德斯鳩繼承和
發展了洛克的思想，明確地闡述了分權與制衡理論，提出立
法、行政、司法三權分立，互相牽制的思想，為近代資產階
級國家的形成和政治法律制度的建立提供了理論依據。[4]1789
年法國《人權宣言》接受了這種思想，宣稱 "任何社會，如

[1] 李元起：〈澳門特別行政區高度自治權性質和特點初探〉，載全國人大常委會
澳門基本法委員會編著：《紀念澳門基本法實施十週年文集》，中國民主法制
出版社，2010 年，第 103 頁。

[2] 王禹：〈"一國兩制"架構下的授權理論研究〉，《港澳研究》，2013 年春季號。

[3] 楊允中主編：《"一國兩制"百科大辭典》，澳門理工學院一國兩制研究中心，
2011 年，第 113 頁。

[4] 楊允中主編：《"一國兩制"百科大辭典》，澳門理工學院一國兩制研究中心，
2011 年，第 113 頁。

果在其中不能使權利獲得保障或者不能確立權力分立，即無憲法可言"。19世紀末康有為、梁啟超等將此學說介紹到中國，孫中山先生在此基礎上提出了立法、行政、司法、考試、監察五權分立的思想，強調以權力制約權力，對於防止專制統治和政治腐敗具有一定的積極意義。[1]

現代意義的權力分立理論產生於資產階級革命時代，所謂分權制衡原則是指憲法對國家權力的分立予以確認並加以保障的原則，是西方國家的憲法基本原則之一。權力分立是指規範國家機構內橫向權力的配置，即將國家權力行使權按一定標準區分為相對獨立的若干部分（以區分為立法權、行政權、司法權三部分較為常見，但不限於作三部分的區分），由相應的機關分別依法掌握和運用，並在這一過程中相互制約、相互平衡，使它們不致因權力過分集中而危害公民的權利與自由的一種制度化措施。[2]權力分立本身從來不是目的，而是一種防止權力腐敗、保證權力不過分集中，並藉以維護民主的手段，是國家權力行使權或主權行使權的分立，不是國家權力所有權或主權所有權的分立。[3]

因此授權不同於分權，授權是指擁有權力的主體將一部分權力授予另一個主體行使；分權的前提條件是共同擁有權力，然後不同的主體共同對權力進行分配或劃分，根據分配或劃分的結果分別享有各自的權力。二者相比較，首先基

---

[1] 楊允中主編：《"一國兩制"百科大辭典》，澳門理工學院一國兩制研究中心，2011年，第112-113頁。

[2] 楊允中主編：《"一國兩制"百科大辭典》，澳門理工學院一國兩制研究中心，2011年，第113頁。

[3] 楊允中主編：《"一國兩制"百科大辭典》，澳門理工學院一國兩制研究中心，2011年，第113頁。

礎不同，前者是擁有權力再授權，後者是共同擁有權力再分權。其次關係不同，前者是負責與被負責、監督與被監督的關係，即被授權者要按授權者的要求行使權力並對授權者負責，授權者對被授權者行為進行監督；而分權不形成負責與被負責，監督與被監督的關係，各自平等和獨立地行使權力。由於國家擁有對澳門的主權，澳門自身並沒有固有權力，所以，特區不存在與中央進行分權的基礎，只能是中央向特區授權。

（三）中央權力與特區自治權

只有明確了中央權力的範圍和特區自治權的範圍，才能處理好中央與特區權力的分工與合作，分工是為了各盡其職從而更好地合作。合作需要有諮詢與協商的理念互相配合，確保權力有效行使。

1. 外交權與外事權

第一，外交權。

香港、澳門基本法第 13 條規定：中央人民政府負責管理與特別行政區有關的外交事務。外交權與外事權都是與外面聯繫的權力，區別在於主體是否要求為主權國家，只有主權國家才有外交權。外交權具體包括外交談判、官方往來以及參加以國家為單位的國際組織，在這些領域特別行政區不能單獨參加或加入，但可作為中國代表團成員參加。

第二，外事權。

對外事務（簡稱外事）就是特區在香港、澳門以外與其他國家和地區發生關係的事務，如經濟、貿易、文化、教育等領域的事務。處理對外事務的主體不要求有國家主權的資格，只要國家允許或有國際組織或會議允許的身份，就可以開展聯繫。如，特區參加的比較重要的國際組織有：世界貿易組織、亞洲開發銀行、萬國郵政聯盟、世界知識產權組織、國際刑警組織等。

按照香港基本法第 152 條的規定，香港特區政府可派遣代表作為中華人民共和國代表團成員，或以中央人民政府和有關組織所允許的身份參加的有關活動有 37 個。以 "中國香港" 的名義參加的這類組織有 67 個，加入和簽訂國際協議的有 258 個。[1] 截至 2020 年底，澳門特派員公署共辦理國際公約適用澳門事項 600 餘起，其中 513 項國際公約已在澳門特區適用。[2] 特區的對外事務處理權並不是固有的，而是中央政府授予的。第一，中央政府授予特區對外事務處理權是有範圍的，聯合聲明用了 "適當領域" 的限制，基本法延續了聯合聲明的表述，列舉了特區主要是在經濟、貿易、金融、航運、通訊、旅遊、文化、科技、體育等 "適當領域" 的對外事務，不能超出基本法規定的 "適當領域" 自行處理對外事務。第二，中央對授予特區處理的對外事務進行監督，確保特區在符合國家外交政策的前提下處理對外事務。當然外交和外事要互相配合。一方面，外交支持外事，特區與其他國家簽訂互免簽證協議需要中國大使館與當地介紹 "一國兩制" 方針政策，才能得以順利開展。同時外交權的行使也是需要

---

[1]　詳見香港特別行政區政府政制及內地事務局網站。

[2]　詳見中華人民共和國外交部駐澳門特別行政區特派員公署網站。

與特區協商的,如國際條約是否延伸適用於特區,中央人民政府根據情況和特別行政區的需要,在徵詢特別行政區政府的意見後,決定是否適用於特別行政區。另一方面,外事也要支持外交,比如國家的"一帶一路"倡議,就會涉及與眾多沿線國家之間的外交關係,特區可發揮自己優勢與外國加強聯繫,支持"一帶一路"倡議,從而實現外事支持外交。

2. 防務權與治安權

第一,防務權。

香港、澳門基本法第 14 條規定:中央人民政府負責管理特別行政區的防務。國家防務是為防備和抵抗侵略,制止武裝顛覆等,為保衛國家的主權、統一,領土完整和安全所進行的軍事活動。防務主要是負責國家的外部安全,所以是由中央政府來負責。

第二,治安權。

香港、澳門基本法第 14 條規定:特別行政區政府負責維持特別行政區的社會治安。治安主要指社會秩序的安全、特區的內部安全,所以是由特別行政區政府負責。

當然,二者也是互相支持和互相配合的。防務是由駐軍負責,但其在必要時可以協助維護治安和救助自然災害。如,2017 年颱風"天鴿"襲來造成澳門特別行政區重大損失,治安受到威脅,行政長官就要請求中央政府派出駐軍來協助解決自然災害。同時,良好的治安也是對防務的支持,澳門立法會制定了第 4/2004 號法律《軍事設施的保護》、第 6/2005 號法律《中國人民解放軍駐澳門部隊協助維持社會治安和救助災害》、第 23/2009 號法律《中國人民解放軍駐澳門部隊因履行防務職責而享有的權利和豁免》，以及行政長官制定了第27/2004號行政法規《對軍事設施的行政違法行為的處罰制度》，對防止、制止、制裁破壞防務軍事設施的行為，保障防務設施的安全免遭破壞起到了法律的保障，同時也協助和支持了防務。

3. 任免權與選舉權

第一，任免權。香港、澳門基本法第15條規定：中央人民政府依照本法有關規定任免特別行政區行政長官和政府主要官員等。"任"就是任命，"免"就是免除。所以，"任免"包含了兩個權力，既享有任命的權力，也享有免除的權力。中央的任免權是一項實質性的權力，即可以任命，也可以不任命，而非僅僅是形式上和程序上的權力，並不是只能任命。"任免"一詞的真實含義是實質任免權，這是起草委員會起草基本法時達成的共識。1986年11月8日，香港基本法起草委員會政治體制專題小組的工作報告指出："行政長官在當地通過選舉或協商產生，由中央人民政府任命，此項任命是實質性的。對此，小組會上沒有人表示異議。"[1] 中央人民政府有權任免行政長官和主要官員，這是中央的權力。但是中央在任命的時候並不是直接任命，而是有個前提，就是要通過特區選舉來產生行政長官人選，主要官員由行政長官提名後，中央人民政府任命。所以中央的任命是在選舉的基礎上任命的，是在行政長官提名的基礎上任命的。行政長官

[1] 全國人大常委會香港基本法委員會辦公室編：《中華人民共和國香港特別行政區基本法起草委員會文件彙編》，中國民主法制出版社，2011年，第62頁。

作為特區的首長對中央負責以及中央領導特區的性質，決定了中央有實質的任免權，同時行政長官對特區負責也決定了行政長官的產生需要經特區選舉。

第二，選舉權。選舉權指的是根據基本法規定，由特區按照基本法規定方式和程序，選舉產生行政長官人選的權利。

因此，任命與選舉是相互配合的，要做到平衡，即特區所選舉的人選是讓中央基本放心的，中央所任命的人選是讓澳門居民基本滿意的。

4. 行政權與指令權

第一，行政管理權。香港、澳門基本法第 16 條規定：特別行政區享有行政管理權，依照本法有關規定自行處理特別行政區的行政事務。特別行政區享有行政管理權是高度自治的一個方面，行政管理權的範圍是非常廣泛的，凡是基本法條文規定屬政府管理的事務都屬行政管理範圍。雖然行政管理權是高度自治的一方面，但仍需要受中央的監督。

第二，中央指令權。香港基本法第 48 條第 8 項、澳門基本法第 50 條第 12 項規定：行政長官要執行中央人民政府就本法規定的有關事務發出的指令。指令權是指中央政府依據基本法的規定，向行政長官發出的指示或指令。如當香港特區政府取締公然主張 "港獨" 的組織，中央政府有權指令特區政府提交有關報告。當然中央指令權也要嚴格按照基本法並尊重高度自治。

5. 立法權和審查權

香港、澳門基本法第 17 條規定：特別行政區享有立法權。特別行政區的立法機關制定的法律須報全國人民代表大會常務委員會備案。備案不影響該法律的生效。全國人民代表大會常務委員會在徵詢其所屬的特別行政區基本法委員會的意見後，如認為特別行政區立法機關制定的任何法律不符合本法關於中央管理的事務及中央和特別行政區關係的條款，可將有關法律發回，但不作修改。經全國人民代表大會常務委員會發回的法律立即失效。該法律的失效，除特別行政區的法律另有規定外，無溯及力。

第一，立法權。根據香港基本法第 73 條、澳門基本法第 71 條規定，立法權是制定規範性文件的權力，包括四項具體權力，即制定、修改、暫停實施、廢除法律的權力。特別行政區享有獨立的立法權，是高度自治的體現。

第二，審查權。這是對特區立法會向全國人大常委會備案的法律進行審查的權力。根據基本法的規定，特區立法會制定的法律須報全國人民代表大會常務委員會的備案，備案不影響該法律的生效，因為備案不是批准而是監督，特區立法會審議通過，行政長官簽署公佈，法律就產生效力。備案是接受全國人大常委會審查特區法律是否符合基本法的規定。全國人民代表大會常務委員會在徵詢其所屬基本法委員會意見後，認為特區立法會制定的法律不符合基本法關於中央管理的事務及中央和特區關係的條款，可將有關法律發回，但不作修改。全國人民代表大會常務委員會為尊重特區高度自治，其監督是有一定範圍的，主要是涉及中央管理的事務和中央和特區關係的事務，因為這兩方面不是特區高度自治範圍內的事務。如果特區法律既涉及了這兩方面又違反了基本法，全國人大常務委員會才將特區立法會所制定的法律發回，但不作修改。因為法律的修改也是立法權的一部分，如果全國人大常委會修改法律就是代行了特區的立法權，所以只將法律發回但不作修改，這充分體現了立法權與全國人大常務委員會審查的互相尊重以及分工與合作。

6. 全國性法律與特區法律

第一，全國性法律。

全國性法律是指由全國人民代表大會及其常務委員會制定的法律和國務院制定的行政法規。

全國性法律在特區的適用。香港、澳門基本法的第 18 條規定：全國性法律除列於本法附件三者外，不在特別行政區實施。凡列於本法附件三的法律，由特別行政區在當地公佈或立法實施。全國人民代表大會常務委員會在徵詢其所屬的特別行政區基本法委員會和特別行政區政府的意見後，可對列於本法附件三的法律作出增減。列入附件三的法律應限於有關國防、外交和其他依照本法規定不屬特別行政區自治範圍的法律。在全國人民代表大會常務委員會決定宣佈戰爭狀態，或因特別行政區內發生特別行政區政府不能控制的危及國家統一或安全的動亂而決定特別行政區進入緊急狀態時，中央人民政府可發佈命令將有關全國性法律在特別行政區實施。

全國性法律在特區適用主要有兩種方式：一種是平時情況，涉及 "一國" 原則，主要是中央管理的事務或者是中央和特區關係的事務，即全國性法律不屬自治範圍事務的就可以適用。比如外交是中央負責的，有關國家外交領事保護等法律就可以適用；再比如中央負責防務，則駐軍法也可以適用；中國人的身份界定的依據是國籍法，所以國籍法就在特區適用；還有特區要尊重國家的象徵，那麼《國旗法》《國徽法》《國歌法》也要在特區適用。這部分全國性法律需要列於附件三在特區適用。但是，為了尊重高度自治，凡是涉及特區自治事務的就不能把國內的刑法、民法適用在特區，有一個範圍的限制。在正常情況下全國性法律的適用是必須遵照所規定的程序，即一定要徵詢特別行政區政府的意見，還要徵詢基本法委員會的意見。如決定適用全國性法律，特區政府主要有兩種適用方式可以選擇：一種方式是公佈，即將全國性法律在特區政府公報上刊登就在特區產生效力；還有一種方式是立法實施，即通過自身的立法來適用。如，目前澳門有三個法律，即國旗法、國徽法和國歌法，是通過立法來實施的，主要是因為在違反國旗法、國徽法、國歌法行為的處理上，內地的法律和澳門的法律在刑罰上有很大的差別。如內地對於"在公共場合故意以焚燒、毀損、塗劃、玷污、踐踏等方式侮辱中華人民共和國國旗的，依法追究刑事責任；情節較輕的，由公安機關處以十五日以下拘留"；而澳門就違法行為主要採取罰金的處罰形式。因此，全國性法律採用立法實施的靈活方式，既堅持了全國性法律的適用，又考慮到澳門特區自身法律體系的特殊性。

全國性法律在特區適用的另一種情況是特別狀態，即基本法第 18 條第 4 款所明確規定的：在全國人民代表大會常務委員會決定宣佈戰爭狀態，或因特別行政區內發生特別行政區政府不能控制的危及國家統一或安全的動亂而決定特別行政區進入緊急狀態時，中央人民政府可發佈命令將有關全國性法律在特別行政區實施。這種全國性法律的適用是有前提條件的，即在決定宣佈戰爭狀態或是發生特區政府不能控制的同時，又危及國家統一或安全的動亂而進入緊急狀態時。在這個前提下，全國性法律在特區的適用就不需要再徵詢特區政府的意見以及所屬基本法委員會的意見，而是由中央人民政府直接發佈命令將有關全國性法律在澳門特別行政區實施，此時所適用的全國性法律也不限於國防、外交等中央負責管理事務範圍的法律。因此，從這一規定中看到，中央在制定基本法的時候，就已經做了維護"一國兩制"底線的準備，凡出現觸碰"一國兩制"紅線、危害國家統一和安全的行為，即堅決加以制止。一旦出現這種情況的話，中央就要宣佈進入緊急狀態，發佈命令將全國性法律在特區實施。因此在這一點上港澳同胞尤其是港澳青年人一定要慎重考慮，不要受外部勢力影響或被外部勢力利用，試圖將港澳特區從國家中分裂、獨立出去。這對國家、對個人、對港澳都沒有好處，千萬不要輕視中央政府維護國家統一和安全的決心，中央劃出的底線是不能突破的。任何危及國家統一和安全的行為，中央將不惜代價予以制止，恢復國家的秩序。

第二，特區法律。

"法律"一詞有廣義和狹義之分：廣義指由國家機關制定的，並由國家機關強制力保證實施的規範性文件，統稱法律；狹義專指由立法機關制定的規範性文件。香港、澳門基本法第 18 條規定：在特別行政區實行的法律為本法以及本法第八條規定的原有法律和特別行政區立法機關制定的法律以及列於本法附件三的全國性法律，由特別行政區在當地公佈或立法實施。香港、澳門基本法第 8 條規定：原有的法律（、法令、行政法規和其他規範性文件），除同本法相抵觸或經特別行政區的立法機關或其他有關機關依照法定程序作出修改者外，予以保留。因此，基本法所指的特別行政區實行的法律，是廣義上的法律，是指特區的法律體系和法律淵源所包含的各類規範性文件。

特區法律包括基本法、保留下來的原有法律以及特別行政區自行制定的法律規範性文件以及適用於特區的全國性法律四部分。

基本法是特別行政區一切立法的基礎，是依法治港治澳的準則。特別行政區基本法是由全國人民代表大會制定的，所以從立法的主體性上，決定了特別行政區基本法是國家的一部基本法律，效力僅低於憲法。特別行政區的任何法律（、法令、行政法規和其他規範性文件）均不得同基本法相抵觸。同時，基本法與國家的其他基本法律相比，又有自己顯著的特點，就是全面、系統、充分體現了"一個國家，兩種制度"的國策。具體地說，基本法既要維護國家的統一和領土完整，堅持國家行使主權，又要保障特別行政區的穩定和發展，授權特區高度自治；既要堅持國家的主體實行社會主義制度，又要保護特別行政區實行資本主義制度。這在中國的法律體系中是獨一無二的，因此作為特別法與其他基本法律發生關係時優先適用。

以澳門特區為例，澳門基本法第 71 條規定：立法會可根據基本法和法定程序制定、修改、暫停實施和廢除法律。澳門特區立法會從 1999 年至 2018 年，共制定了 271 部法律。其中，1999 年制定法律 11 件；2000 年制定法律 9 件、修改法律 4 件；2001 年制定法律 14 件、修改法律 5 件；2002 年制定法律 9 件、修改法律 1 件；2003 年制定法律 10 件、修改法律 3 件；2004 年制定法律 10 件、修改法律 2 件；2005 年制定法律 7 件、修改法律 2 件；2006 年制定法律 9 件、修改法律 1 件；2007 年制定法律 5 件、修改法律 2 件；2008 年制定法律 7 件、修改法律 9 件；2009 年制定法律 17 件、修改法律 7 件；2010 年制定法律 11 件、修改法律 3 件；2011 年制定法律 8 件、修改法律 4 件；2012 年制定法律 10 件、修改法律 7 件；2013 年制定法律 9 件、修改法律 4 件；2014 年制定法律 6 件、修改法律 4 件；2015 年制定法律 7 件、修改法律 8 件；2016 年制定法律 6 件、修改法律 5 件；2017 年制定法律 10 件、修改法律 6 件；2018 年制定法律 11 件、修改法律 8 件。[1] 同時，澳門行政長官根據澳門基本法第 50 條第 5 項規定：行政長官可制定行政法規並頒佈執行。根據第 13/2009 號關於訂定內部規範的法律制度規定，行政長官制定兩種類型的行政法規：第一，獨立行政法規：得就法律沒有規範的事宜設立初始性規範；第二，補充性行政法規：得就為執行法律而訂定所必需的具體措施。通過澳門法律檢索可知，從 1999 年至 2021 年澳門特區政府共制定行政法規 728 件。[2] 特區法律規範性文件除立法會制定的法律和行政長官制定的行政法規外，還包括適用於澳門的國際公約、條約。截至 2020 年底，公署共辦理國際公約適用澳門事項 600 餘件，其中 513 項國際公約已在澳門特區適用。[3]

---

[1]　詳見中華人民共和國澳門特別行政區立法會網站。

[2]　詳見澳門特別行政區政府印務局網站。

[3]　詳見中華人民共和國外交部駐澳門特別行政區特派員公署網站。

7. 司法權與管轄權

香港、澳門基本法第 19 條規定：特別行政區享有獨立的司法權和終審權。特別行政區法院除繼續保持原有法律制度和原則對法院審判權所作的限制外，對特別行政區所有的案件均有審判權。特別行政區法院對國防、外交等國家行為無管轄權。特別行政區法院在審理案件中遇有涉及國防、外交等國家行為的事實問題，應取得行政長官就該等問題發出的證明文件，上述文件對法院有約束力。行政長官在發出證明文件前，須取得中央人民政府的證明書。

司法權主要指審判權。特別行政區享有獨立的司法權和終審權，但特區法院審理案件的管轄範圍仍有一定的限制。管轄權的限制主要來自於兩個方面：

第一，原有限制。回歸前，原有法律制度和原則對法院審判權所作的限制，回歸後繼續保留。如軍人犯罪，澳門原來的法律規定由特別法院管轄，澳門普通法院不能管轄，回歸後這樣的限制繼續保留。因此，駐澳部隊軍人在執行軍事任務時發生法律糾紛，澳門特區法院就不能管轄，而是由國家軍事法院管轄。

第二，新的限制。特區法院對國防、外交等國家行為無管轄權。在各國司法制度中，各國法院的審判權均依法受此限制，在英國稱為"國家行為"，在美國稱為"政治行為"或"政治問題"，在法國和日本稱為"統治行為"，法院對此行為均無管轄權。"國家行為"和國家行為的事實是由國家機關以國家名義作出的，運用國家主權所為的行為。"國家行為"具有高度的政治性，相關國家機關在決定如何運用國家主權作出國家行為時，其考量的因素是政治性的，建基於自身的政治判斷和考量，因而不能對其提起司法訴訟，交由法院管轄。"國家行為"主要表現為國防和外交，但不限於此，所以，條文中加上了"等"字。"等"表示國防、外交以外還有中央行使的國家主權作出的其他行為也不受法院管轄。屬國防、外交的國家行為，如決定在特別行政區駐軍，中央人民政府批准外國在特區設立領事機構或其他官方、半官方機構；屬其他的國家行為，如中央人民政府對行政長官和主要官員的任免，全國人大常委會對特區立法機關備案的法律審查和發回，決定全國性法律在特別行政區的適用，對基本法條款的最終解釋等，法院完全無管轄權。[1] 如《中華人民共和國香港特別行政區維護國家安全法》第 55 條規定："有以下情形之一的，經香港特別行政區政府或者駐香港特別行政區維護國家安全公署提出，並報中央人民政府批准，由駐香港特別行政區維護國家安全公署對本法規定的危害國家安全犯罪案件行使管轄權：（一）案件涉及外國或者境外勢力介入的複雜情況，香港特別行政區管轄確有困難的；（二）出現香港特別行政區政府無法有效執行本法的嚴重情況的；（三）出現國家安全面臨重大現實威脅的情況的。"第 56 條規定："根據本法第 55 條規定管轄有關危害國家安全犯罪案件時，由駐香港特別行政區維護國家安全公署負責立案偵查，最高人民檢察院指定有關檢察機關行使檢察權，最高人民法院指定有關法院行使審判權。"第 57 條規定："根據本法第 55 條規定管轄案件的立案偵查、審查起訴、審判和刑罰的執行等訴訟

---

[1] 王禹：〈論港澳基本法中的國家行為和政治問題〉，《澳門研究》，2005 年，第 30 期，第 7 頁。

程序事宜，適用《中華人民共和國刑事訴訟法》等相關法律的規定。"

此外，特區法院對國家行為的事實也無管轄權。如特區法院有權審理一起刑事案件，而案件中的一份文件是否屬國家機密，涉及國家行為的事實問題，特區法院無管轄權。按照基本法規定，法官要報告行政長官，由行政長官報告中央，中央要對這個國家行為的事實作出認定並給行政長官發出一個指示，行政長官接到中央的指示後向法院發出一個證明文件，法院只能根據這份證明文件審理案件。香港法院審理剛果金案件時，也是遵循基本法的規定，剛果金政府是否享有司法豁免權必須按中央的證明文件處理，不是由法院自行裁決。這裡需要明確的是，中央政府認定事實不等於代替法院進行法律適用，因為從法理上講，審判中的法律問題和事實問題是有區別的。前者解決的是法官正確地適用法律，後者則解決認定的事情是否存在。中央政府的認定只是解決一個事實問題，並不妨礙也不能代替特區法院獨立自主地適用法律，罪與非罪仍由特區法院根據澳門的法律作出判決。

8. 全國人大常委會解釋權與授權特區法院解釋

第一，全國人大常委會的解釋權。

根據香港基本法第 158 條、澳門基本法第 143 條規定，全國人大常委會享有基本法的解釋權。根據中國憲法第 67 條第 1 項和第 4 項的規定，全國人民代表大會常務委員會行使"解釋憲法，監督憲法的實施"和"解釋法律"的職權。因此，解釋憲法和解釋全國人民代表大會及其常務委員會制定的法律，是屬全國人民代表大會常務委員會的專屬權力。

而基本法是全國人民代表大會制定的全國性法律，所以全國人民代表大會常務委員會享有基本法的解釋權，有充分的憲法依據。人大常委會對基本法的解釋權包涵了唯一性、排他性、全面性和最終性的特點，並由此派生出授權性和監督性。唯一性是指基本法的解釋權屬於全國人大常委會，全國人大常委會獨佔基本法的解釋權。排他性是表明全國人大常委會不與其他機關共享和分享解釋權。全面性是指解釋權是全國人大常委會的專有職權，對基本法的所有條文都可以進行解釋，如果是部分解釋，部分不能解釋，就不是完整、全面的解釋權。最高性是指在專有和全面的基礎上，全國人大常委會對基本法的解釋具有權威性和最高性，對其他機關產生約束力，其他機關不能予以挑戰和否定。授權性是指因為人大常委會享有解釋權，才可以授權特區法院解釋，因此特區法院可以對基本法作出解釋源自於全國人大常委會的授權。監督性是指全國人大常委會對授權法院解釋基本法進行監督，以保障法院對基本法解釋的準確性。以上是一個完整的邏輯體系。

基於基本法解釋權屬於全國人大常委會，全國人大常委會行使解釋權可以主動，也可以被動。全國人大常委會主動解釋基本法，可以是對抽象行為的審查，也可以是對具體行為的審查。如人大常委會根據基本法第 17 條的規定，對特區立法會備案的法律進行審查，其對象就是抽象行為。不論該法律有沒有引起司法訴訟，人大均可以法律違反基本法終止其效力。第二，全國人大常委會可以應特區法院或行政長官的提請或請求解釋基本法。按香港基本法第 158 條、澳門基本法第 143 條的規定，在特區法院對案件作出終審判決前，如涉及解釋基本法關於中央管理的事務或中央與特區關係的條款，須提請全國人大常委會作出解釋。此時，全國人大常委會行使解釋權可以是被動的，如香港終審法院審理剛果金案。如果法院沒有按照基本法的規定，應該提請全國人大常委會解釋而沒有提請，行政長官可以依據基本法規定負責執行基本法的職權，請求國務院提請全國人大常委會解釋基本法，如香港居留權案中涉及的法律爭議。

第二，特區法院對基本法的解釋。

特區法院對基本法的解釋是指全國人大常委會授權特區法院在審理案件時對基本法關於特別行政區自治範圍內的條款自行解釋，但其效力不能超越人大常委會所解釋的效力。根據《中華人民共和國立法法》第 48 條規定："法律有以下情況之一的，由全國人民代表大會常務委員會解釋：（一）法律的規定需要進一步明確具體含義的；（二）法律制定後出現新的情況，需要明確適用法律依據的。"此外，根據全國人民代表大會常務委員會 1981 年 6 月 10 日通過的關於加強法律解釋工作的決議："二、凡屬於法院審判工作中具體應用法律、法令的問題，由最高人民法院進行解釋。凡屬於檢察院檢察工作中具體應用法律、法令的問題，由最高人民檢察院進行解釋。最高人民法院和最高人民檢察院的解釋如果有原則性的分歧，報請全國人民代表大會常務委員會解釋或決定。"據此，特區基本法解釋是以全國人大常委會的立法解釋為主導，具有最高性。同時賦予司法機關解釋法律，受全國人大常委會立法解釋的監督。立法解釋是解決明確法律規範的界限，司法解釋是解決法律規範的具體適用。正因為中國的法律解釋制度中存在立法解釋之外，司法機關也可對法律進行解釋，所以基本法規定，全國人民代表大會常務委員會授權特別行政區法院在審理案件時對本法關於特別行政區自治範圍內的條款自行解釋。

在授權特區解釋基本法時，首先需明確授權解釋的範圍，根據基本法規定，法院就自治範圍內的條款進行解釋。其次授權解釋的條件是在審理案件中自行解釋，不能在審理案件外作抽象的解釋。再次授權解釋需要接受全國人大常委會的監督，如全國人大常委會認為法院的解釋不符合基本法的規定，可以作出新的解釋加以糾正。法院解釋基本法的自治範圍條款，啟動程序應是被動的，只有存在審理具體的法律訴訟案件時，才作出解釋。

9. 全國性事務與地方性事務

第一，全國性事務。中央管理和中央與特區關係的事務屬全國性事務。因此就中央與特區而言，全國性事務為中央管理的事務，即在中央權力範圍內所管理的事務，不僅包括國防、外交，還包括任免、立法審查、行政監督、司法監督，以及涉及中央與特區關係的事務。

第二，地方性事務。"地方性事務"概念首次出現在全國人大於 2000 年 3 月 15 日審議通過的《中華人民共和國立法法》中，作為規範立法活動的基本法律，對中央與地方的立法權限劃分作了較為細緻的規定。第 82 條規定："地方性法規可以就下列事項作出規定：（一）為執行法律、行政法規的規定，需要根據本行政區域的實際情況作具體規定的事項；（二）屬於地方性事務需要制定地方性法規的事項。"本條進一步明確了地方性法規的立法範圍，同時也保護地方立法的相對獨立性。但《立法法》中的"地方性事務"含義並無明確界定抑或一一列舉，而是概括地規定自主性地方立法屬地方性事務的範圍。

如何判斷事務是全國性還是地方性？有學者提出了三種標準。第一是按照事務所涉及的利益範圍：一項事務所產生的利益如果涉及全國或者中央，則該事務屬中央事務；如果涉及某地區公民的權益，則該事務屬地方事務。第二是按照事務實施的地域範圍：以全國為實施範圍的應該屬中央事務；以某一地方為實施範圍的應該屬地方性事務。第三是按照事務性質：從性質上講具有整齊劃一性、應該保持全國範圍內一致的屬中央事務範圍；有些事務可以根據地方的特定情況做出特殊處理、不需要在全國範圍內統一的，則屬地方性事務。[1]

有學者從法律解釋出發，認為地方性事務是與全國性的事務相對應的，地方性事務是指具有地方特殊事務。[2] 有學者從地方立法的實踐出發，認為主要是根據不相抵觸原則和法律保留原則來判斷地方性事務。[3] 在法國，判斷地方事務的主要標準為地方公共利益，凡涉及專屬性的地方公共利益的事務，一般均可被認定為地方事務。[4]

特區地方性事務為特區自行處理的事務，即在特區自治權範圍內所管理的事務，不僅包括基本法概括性授權的"一

[1] 孫波：〈論地方性事務——我國中央與地方關係法治化的新進展〉，《法制與社會發展》，2008 年第 5 期，第 56-57 頁。

[2] 張春生主編：《中華人民共和國立法法釋義》，法律出版社，2000 年，第195 頁。

[3] 涂艷成：《地方創制性立法之"地方性事務"研究》，上海交通大學碩士學位論文，2009 年。

[4] 李馳：《法國地方分權改革》，中國政法大學出版社，2016 年，第 7 頁。

國兩制"、高度自治、行政管理權、立法權、獨立的司法權和終審權，還包括基本法中具體授權的"自行"處理、管理、立法、制定、支配、確定、決定等，以及根據基本法第20條新的授權，都屬特區在自治範圍內自行處理的事務。但地方性事務必須確保是地方政府在國家統一的範圍內自行處理本地區事務。也就是說本地區所處理的事務不能夠突破自身範圍，不能威脅其他地區或國家的安全與利益，更不能與國家分離。[1]

---

[1] James Crawford, *The Creation of States in International Law*, Clarendon Press, 2006, p. 323.

二、基本邏輯與命題

首先確定中央與特別行政區的關係是領導與被領導的關係；其次，在領導與從屬關係的基礎上，明確中央的權力和特區自治權的範圍，最後規定中央應該承擔的職責和特區應該履行的義務。

（一）特區直轄於中央人民政府

在基本法中使用了"中央"的概念，也使用了"中央人民政府"的概念，兩者之間既有聯繫，又有區別。"中央"主要指全國人大及其常委會、國家主席、中央人民政府等，具體治理的任務由中央人民政府也即國務院履行。[1]"中央"是對應"地方"，"中央人民政府"是行政機關，既對應全國人大和最高法院和檢察院，也對應"地方行政機關"。兩者之間的聯繫體現在，"中央"是個集合體，"中央人民政府"是"中央"集合體的一部分，是一個國家行政機關。"中央人民政府"不能與"中央"劃等號，前者小，後者大。所以，基本法針對所要調整的內容不同，使用"中央"或"中央人民政府"的概念。如，當涉及到中央與特區關係時，基本法使用"中央管理的事務""中央與特區的關係"概念。當涉及到中央人民政府與特區政府關係時，基本法使用"中央人民政府"。行政

---

[1] 韓大元：〈論香港基本法上"國家"的規範內涵〉，《中外法學》，2020 年第 1 期，第 28 頁。

長官對"中央人民政府"負責，執行"中央人民政府"發出的指令的概念，是從行政機關（狹義的政府）角度確定中央人民政府的職責以及中央人民政府與特區政府的關係。

處理中央與特區關係首先要明確中央與特區關係的性質，性質不同決定處理的方法不同，決定所處關係中主體的權利和義務的不同。比如，在行政法律關係上的雙方主體在權利和義務並不平等，而民事法律關係中的雙方主體在權利義務上是平等的。中央與特區關係的邏輯中，首要的問題是確立中央與特區領導與被領導的關係。在這個邏輯起點上，再確定中央的管治權與特區自治權的範圍和關係。

香港、澳門基本法第 12 條規定，特別行政區直轄於中央人民政府，明確了中央與特區的關係是領導與被領導的關係，而非平起平坐的關係。這是由"一國"原則和單一制國家結構形式決定的。因為單一制的三個顯著特點是：全國只有一部憲法，一個中央機關體系；各個行政單位和自治單位都接受中央的統一領導，沒有脫離中央的獨立的權力；不論中央與地方的分權達到甚麼樣的程度，地方的權力都由中央通過法律文件予以規定或改變。[1] 特區直轄於中央人民政府也是有憲法依據的。憲法第 89 條規定，國務院行使下列職權："（四）統一領導全國地方各級國家行政機關的工作……"特區政府是地方行政機關，所以要接受最高國家行政機關——國務院的領導。領導和從屬關係集中體現在兩個關鍵詞上，即"直轄"與"負責"的核心要素。

"直轄"一詞的中文含義包含了領導、從屬、管轄和監督

---

[1]　何華輝：《比較憲法學》，武漢大學出版社，1988 年，第 148-149 頁。

之意，即中央領導特區，特區從屬中央。"直轄"表明我國最高國家權力機關、最高國家行政機關對香港與澳門特區有直接管轄之權；表明兩個特區的權力是中央授予的，而不是與生俱來的，不是自身固有的，香港和澳門特區只能在中央授權範圍內行使權力；同時還表明在兩個特區與中央政府之間，沒有任何中間層次，兩個特區與我國各省、自治區、直轄市之間沒有隸屬與管轄的關係。兩個特區與我國各省、自治區、直轄市的關係，應當是互相尊重、互不干預內部事務的關係，香港和澳門特區只受中央人民政府的直接管轄。[1]具體而言，特區直轄於中央表明：第一，中央對特區行使地域管轄，特區不能脫離中央；第二，中央對特區行使事務管轄，不論是中央直接行使負責管理的權力，還是行使監督的權力，特區不能排除中央，因為直轄於中央人民政府的核心就是中央對特區享有全面的管治權。

"負責"一詞的含義是擔當責任、盡到責任。香港基本法第 43 條、澳門基本法第 45 條規定，特區行政長官是特區的首長，代表特區，並依照本法規定對中央人民政府負責。"負責"的規定，就是要求特區作為下級對上級的中央盡責，如果特區不對中央負責，不盡到責任，中央就要問責。由於特區對中央的負責是下級對上級的負責，必然是實質性的負責，不是象徵意義上的負責。

---

[1]　楊靜輝、李祥琴：《港澳基本法比較研究》，澳門基金會，1996 年，第 33-34 頁。

（二）中央對特區行使管治權

　　中央行使國家的主權，主權在治理特區上具體表現為管治的權力。香港、澳門回歸中國，處於中國主權之下，受中國管治，這是一個確定的法律事實，是一個基本前提。而承認中國對香港、澳門恢復行使主權，承認中央與特區的關係是領導與被領導的關係和授權與被授權的關係，就不能迴避、否認國家擁有對港澳地區的管治權力。[1]2014年《"一國兩制"在香港特別行政區的實踐》白皮書中明確指出："中央擁有對香港特別行政區的全面管治權，既包括中央直接行使的權力，也包括授權香港特別行政區依法實行高度自治。對於香港特別行政區的高度自治權，中央具有監督權力。"即中央對港澳特區管治權的內涵包括了兩個層次：一個是國家層面的管治權，另一個是地區層面的管治權。前者是由代表國家行使主權的中央權力機構對香港、澳門實施的管治，凡與香港、澳門有關而屬國家主權或中央職權下的事務，以及屬中央與香港、澳門特區關係的事務，概由中央負責管理或行使職權。而後者是由國家授權的香港、澳門特區的地方管理，即凡屬香港、澳門特區本地事務，由中央授權香港、澳門特區依照基本法自行管理，實行"港人治港""澳人治澳"，高度自治。國家管治層面主要彰顯的是"一國"，即中央的權力，用以規範中央和特區的關係，是"一國"原則在管治權上的主要體現；第二個層面主要彰顯的是"兩制"，即香港、

---

[1]　饒戈平：〈一國兩制與國家對港澳地區的管治權〉，《中國法律》，2012年第1
　　　期，第11頁。

澳門特區的自治權，用以規範香港、澳門地區的內部管理秩序，是"兩制"原則在管治權上的重要體現。[1]

根據"一國兩制"的原則，中央領導特別行政區，授予特區自治權，一方面直接行使管理權，如外交和防務等事務；另一方面對特區的自治事務行使監督權。這充分體現中央管治權的全面性。按照授權原理，被授權者應該嚴格按照授權的範圍和方式行使所授的權力；授權者對所授權力的行使及與權力行使有關的事務有監督權，被授權者應當受授權者的監督。[2] 具體來講，行政方面，特區行政長官向中央人民政府"述職"，向中央人民政府報告工作。香港行政長官的述職始於 1998 年，澳門特區行政長官的述職始於 2000 年。[3] 從性質上說，述職就是一種監督。司法方面，香港基本法第 158 條、澳門基本法第 143 條規定：本法的解釋權屬於全國人大常委會。由人大常委會授權特區法院釋法。特區法院在審理案件的過程中，如果對基本法作了不符合基本法的解釋，人大就要進行釋法。例如 1999 年人大對香港"吳嘉玲案"涉及居港權的問題進行釋法，就是對特區法院解釋基本法的一種監督。立法方面，香港、澳門基本法第 17 條規定：特別行政區立法機關制定的法律須報全國人大常委會備案。

---

[1] 饒戈平：〈一國兩制與國家對港澳地區的管治權〉，《中國法律》，2012 年第 1 期，第 11 頁。

[2] 董立坤：《中央管治權與香港特區高度自治權的關係》，法律出版社，2014 年，第 60 頁。

[3] "1998 年 10 月 15 日—17 日，香港特區行政長官董建華到北京向中央政府述職"，見〈香港回歸大事記（1998 年）〉，中央人民廣播電台《華夏之聲》，2007 年 6 月 14 日；"2000 年 12 月 17 日，澳門行政長官何厚鏵首次赴京述職"，見〈澳門回歸大事記（2000 年）〉，《澳門日報》，2000 年 12 月 31 日。

全國人大常委會在徵詢特別行政區基本法委員會意見後，如認為特區立法機關制定的任何法律不符合本法關於中央管理的事務及中央和特區關係的條款，可將有關法律發回，發回的法律立即失效，這是中央對特別行政區立法權的監督。因此，中央的管治權是以直接行使管理權與監督特區自治權相結合的方式落實的。

（三）特區必須依法實行自治

特區既要依法行使高度自治權，也要依法履行憲制義務。

第一，依法行使自治權。香港、澳門基本法第 2 條規定：中華人民共和國全國人民代表大會授權特別行政區依照本法的規定實行高度自治，享有行政管理權、立法權、獨立的司法權和終審權。本條明確規定特別行政區實行高度自治是“依照本法的規定”進行，不能離開基本法講高度自治，明確了實行高度自治界限的判斷標準。一是，對高度自治權的界定範圍不能超越基本法的規定，只能以基本法為限。基本法沒有規定給特區的權力不能歸為自治範圍。二是明確規定了中央授予特區的各項自治權的行使也需要按照基本法的規定，即依法行使高度自治權。三是對基本法規定的各項高度自治權，均應按基本法的規定全面準確的解釋，不能離開基本法作隨意的解釋。所以，將基本法沒有規定的權力，用“剩餘權力”理論來伸索和擴張特區自治權的觀點是錯誤的，也是站不住腳的。“剩餘權力論”產生於美國建立聯邦制的過程中。在各州組成統一的美利堅合眾國的時候，沒有轉讓給聯邦政府的權力歸屬誰呢？美國憲法明確，凡沒有轉讓給聯邦政府的剩餘權力，歸屬各州保留。"本憲法所未授予合眾國政府，也未禁止各州政府行使的權力，均由各州或由人民保留之。"[1] 而中國是單一制的國家，由中央對國家進行地方行政區劃分，並在地方行政區內設立地方政府，再向地方政府授予管理權。所以，中央沒有授予的權力由中央保留。中央向特區授權主要形式是通過基本法，因此，基本法沒有規定的，就是中央沒有向特區授權，也就不能自然而然地推定或成為特區的自治權。

第二，依法履行憲制義務。港澳特區作為國家的一級地方政府，直轄於中央人民政府，在依法行使高度自治權的同時，也需要依法履行憲法與基本法賦予的憲制義務，有責任維護國家的統一和安全。"一國"是出發點也是目的，因此"兩制"在"一國"的基礎上，服務於"一國"。同理，高度自治權的行使也是在主權授權的基礎上，因此高度自治權的行使不能侵犯到國家主權的統一和領土的完整及安全，而是應該更好地維護國家統一和安全。香港、澳門基本法第23條規定：特別行政區應自行立法禁止任何叛國、分裂國家、煽動叛亂、顛覆中央人民政府及竊取國家機密的行為，禁止外國的政治性組織或團體在特別行政區進行政治活動，禁止特別行政區的政治性組織或團體與外國的政治性組織或團體建立聯繫。以澳門特區為例，於2009年3月2日通過的第2/2009號法律《維護國家安全法》在澳門特區正式生效。該

---

[1] 《聯邦黨人文集》在描述全國政府的權力時，使用的是各州"移交"的權力。在描述各族的權力時，使用的是"剩下"的權力。詳見〔美〕漢密爾頓、杰伊、麥迪遜：《聯邦黨人文集》，程逢如等譯，商務印書館，1982年，第205頁。

法共有 15 條條文，規定了叛國、分裂國家、顛覆中央人民政府、煽動叛亂、竊取國家機密、外國的政治性組織或團體在澳門作出危害國家安全的行為，以及澳門的政治性組織或團體與外國的政治性組織或團體建立聯繫作出危害國家安全的行為等七種犯罪行為及其罰則。同時亦就法人的刑事責任、附加刑、減輕等方面作出規定，確保維護國家安全。

（四）中央管治權與特區自治權有機結合

正確處理中央與特區的關係必須建立互相信任和合作的基礎，將中央管治權與特區自治權有機結合。

第一，建立互相信任的基礎。"人類的相互交往，包括經濟生活中的相互交往，都依賴於某種信任。信任以一種秩序為基礎。而要維護這種秩序，就要依靠各種禁止不可預見行為和機會主義的規則。我們稱這些規則為'制度'。"制度使他人的行為變得更可預見，為社會交往提供了一種確定的結構。用制度降低複雜性的效果可以相當泛化，它能給人以心理上的舒適感和安全感，使人感到自己屬一個有序的、文明的共同體。[1] 信任與制度是互為條件的。制度實施需要從信任出發，當運作中的問題由缺乏信任引起，就不應該否定制度本身。因為缺乏信任的基礎，就是法律作出了規定，法定的權力也會受到干擾，猜疑的一方總想限制另一方的權力行使，壓縮其合法的活動空間。相反，當雙方有了信任，就會

---

[1] 邱建新：《信任文化的斷裂——對崇川鎮民間"標會"的研究》，社會科學文獻出版社，2005 年，第 301 頁。

作出互相配合，事半功倍。而制度的作用就在於一方面促進互相信任，另一方面對損害互相信任的行為給予糾正。所以既需要信任，也需要制度，制度以信任為基礎，制度以保信任為己任，兩者缺一不可。

港澳特區回歸祖國，中央為解決歷史遺留問題，結合歷史與現實實行"一國兩制"方針政策，創新了單一制國家結構的新形式。"一國兩制"方針政策的提出及基本法的制定都充分說明中央給予香港、澳門特區充分的信任，授權香港、澳門特區依照基本法的規定實行高度自治，享有行政管理權、立法權、獨立的司法權和終審權。這樣開明的制度可以說是世界首創，為的是中央和特區能夠在互相信任的基礎上，更好地相互合作維護國家的統一、安全和發展利益以及特區的社會穩定和經濟發展。然而"兩制"之間也存在客觀的差異。"一國兩制"的制度，不是要消除差異和不同，而是要調和差異之間的矛盾，關鍵是要防止因差異而引起衝突，在差異中尋求共識。因此，互相之間的信任是必不可少的。信任是防止衝突的基礎，也是解決矛盾的基礎。正確處理中央與特區關係就必須建立互相信任和合作的基礎。

第二，在互相信任的基礎上，將中央管治權與特區自治權有機結合。首先，"一國兩制"的宗旨是中央管治權與特區自治權結合的政治基礎。"一國兩制"的宗旨決定了中央管治權與特區自治權的任務和目標是相同的，既要實現國家的利益，也要維護港澳特區的利益，從而決定了中央和特區有共同的責任，即共同承擔國家發展和特區發展的責任。既然任務和目標一致，責任和義務共擔，兩者互相尊重，互相支持和互相合作就是必然的關係。其次，憲法和基本法是中央管治權與特區自治權結合的法律基礎。中央管治權與特區自治權可以有機結合，除了有共同的政治基礎外，還有共同的法律基礎。不論中央管治權，還是特區自治權均來自於憲法和基本法的規定。憲法和基本法是中央管治權和特區自治權的法律來源。憲法明確規定了中央的主權和治權，也規定了中央可以根據憲法第 31 條規定授予特區自治權。在中央管治權與特區自治權的法律關係中，基本法遵循權利和義務統一性原則，並按照這個原則規範了中央與特區的權力和責任的關係。在中央管治權與特區自治權的關係中，一方在行使權力時，另一方要履行相應的義務。例如，中央根據國家主權、安全和發展的要求行使對特區的管治權，特區就必須履行基本法第 23 條規定的義務，應自行立法禁止分裂國家、叛國、煽動叛亂、顛覆中央人民政府、泄露國家機密的行為，維護國家的安全。特區在行使高度自治權，中央政府就要保障特區自治權。按照基本法第 22 條規定，中央人民政府所屬各部門、各省、自治區、直轄市均不得干預特別行政區依照基本法自行管理的事務。即中央行使管治權時要保障特區的自治權；特區行使自治權時要維護中央的管治權。在中央管治權與特區自治權的關係中，一方在行使權力的同時也要履行相應的責任。如，中央行使任免行政長官的權力，同時對行政長官依法施政要給予支持和配合。行政長官行使特區自治權時，要履行接受中央領導、對中央負責的責任。正因為權利和義務、權力和責任是統一的，不可分割的，互相依賴，決定了中央管治權與特區自治權必須有機結合。

"一國兩制"制度運作過程中，中央與特區如何能夠做到互相信任和合作呢？其中就需要有一種諮詢和協商的理念。基本法是 "一國兩制" 制度的法律化和具體化，明確了中央的權力並依據基本法授權特區享有高度自治權。但在實踐 "一國兩制" 的過程中，雙方行使權力的時候，需要在諮詢協商基礎上互相合作。例如，澳門基本法第 118 條規定："澳門特別行政區根據本地整體利益自行制定旅遊娛樂業的政策。" 雖然基本法授權澳門特區自行制定旅遊娛樂業政策，屬澳門特區自治範圍內的事務，但在諮詢與協商的理念下，首屆行政長官何厚鏵先生 2001 年赴京述職時仍將澳門博彩業的開放作為重點工作彙報，聽取中央的意見。中央同意澳門關於博彩業開放政策，並在《內地與澳門關於建立更緊密經貿關係的安排》框架下，於 2003 年 7 月 28 日開始實施港澳個人遊（以下簡稱：自由行），准許中國大陸居民以個人方式前往港澳地區旅遊。隨着自由行政策的出台，中國大陸旅遊來訪澳門的人數從 2002 年的 311.3 萬人次增長至 2019 年的超過 2,800 萬人次。[1] 據統計，澳門博彩收益年增長率，1999 年為 –10%；但到回歸後不但立即轉負為正，而且呈逐年加速的快速增長態勢：2000 年為 12.9%，2001 年為 15.2%，2002 年為 18.1%，2003 年為 33.5%，2004 年為 43%，2005 年為 83%。[2] 2006 年澳門博彩業收入超過了美國拉斯維加斯，成為世界第一。相信這樣的成績與中央為支持港澳經濟發展所推行的政策不無緊密關係。在 "一國兩制" 制度下，中央信任特區，給予充分授權和支持；特區信任中央，給予充分諮詢和協商，在信任和合作下澳門經濟不斷發展。同時，澳門

---

[1] 詳見澳門特別行政區政府統計暨普查局網站。

[2] 〈澳門經濟適度多元化何時破題？〉，人民網，2008 年 8 月 22 日。

特區對中央越有信任，越能加強中央對澳門特區的授權與支持，從而推動澳門特區融入國家改革開放發展的列車，帶動澳門經濟產業結構多元化發展，充分發揮澳門作為"粵港澳大灣區"中心城市的獨特優勢。這樣的中央與特區信任與合作的機制是維護中央與特區關係的良性循環。正如鄧小平先生指出，如果沒有信任，其他就都談不上了。而有了信任，一切都可以在"一國兩制"的制度框架下穩步推進，達到"國家好、澳門更好"的雙贏局面。

第五章

作為橫向權力基礎的特區機關關係命題

行政與立法關係是特別行政區理論體系中的一個組成部分，是一個重要的橫向權力關係。這個權力關係既受制於"一國"與"兩制"的關係、中央管治權與特區自治權的關係，也要考慮特區的現實政治關係，形成以行政主導，行政和立法互相制約合作的關係。

一、基本概念

（一）三權分立與行政主導

1. 三權分立

　　三權分立是指國家的權力分為行政權、立法權、司法權，並由互相獨立的三個國家機關掌握和行使，建立一種制約和平衡的關係，其背後的理論假設是權力不受約束就會產生專制，因此要以權力制衡權力。三權分立的思想最早可以追溯至古希臘的亞里士多德，他認為國家的職能分為議事、行政和審判三個方面，亦被稱為"政體三要素"論。[1] 之後古希臘的波里比阿（Polybius, 公元前 200 年—公元前 120 年）倡導"混合政府論"，認為羅馬政體應為代表君主的執政官、代表貴族的元老院及代表民主的人民代表會議互相牽制和均衡，出現了制衡思想。[2] 到了 16 世紀，博丹提出司法獨立的

[1] 魏海群：《美國三權分立制度的歷史發展及其啟示》，山東師範大學碩士論文，第 6 頁。
[2] 楊允中主編：《"一國兩制"百科大辭典》，澳門理工學院一國兩制研究中心，2011 年，第 286 頁。

概念　邏輯　命題：中國特別行政區理論體系研究

主張。17 世紀英國政治思想家洛克在《政府論》中認為，為了能最有效的保護人們的生命、自由、財產，實現法治原則，應踐行分權理論，即把國家權力分為立法權、執行權和對外權。立法權即"享有權利來指導怎樣運用國家的力量以保障這個社會及其成員的權力"，應屬議會；執行權即"負責執行被制定的和繼續有效的法律的權力"；對外權包括戰爭與和平、聯合與聯盟以及同國外的所有人士和社會進行一切事務的權力。[1] 但對外權和執行權都歸屬於國王且從屬立法權，因此洛克的分權實際上是兩權分立。

孟德斯鳩在洛克的分權思想上進一步深化了分權理論，其在《論法的精神》中明確提出了三權分立思想，發展和完善了洛克的"二權分立說"，並在這個基礎上，對國家權力彼此之間如何互相監督、互相制約、協調工作以及防止國家權力被某一機構或集團所壟斷和濫用作了富有啟迪意義的論證。[2] 其中立法權是指制定臨時的或永久的法律，並且修正或廢止已制定的法律；行政權，是指媾和或宣戰，派遣或接受使節，維護公共安全，防禦侵略；司法權是懲罰犯罪或裁決私人訟爭的權力。孟德斯鳩的"三權分立"思想進一步強調分權："當立法權力、行政權力集中在同一個人或同一個機關之手，自由便不復存在了；如果司法權力不同立法權力、行政權力分立，自由也就不復存在了。如果司法權力同立法權力合二為一，則將公民的生命和自由施行專斷的權力，因為法官就是立法者。如果司法權同行政權合二為一，法官便將

---

[1] 楊允中主編：《"一國兩制"百科大辭典》，澳門理工學院一國兩制研究中心，2011 年，第 286 頁。

[2] 楊允中主編：《"一國兩制"百科大辭典》，澳門理工學院一國兩制研究中心，2011 年，第 286 頁。

握有壓迫者的權力。如果同一個人或者由重要人物，貴族或平民組成的同一個機關行使這三種權力，即制定權，執行公共決策權和裁判私人犯罪或爭訟權，則一切都完了。"[1] 同時孟德斯鳩也強調制衡，確信"一切有權力的人都容易濫用權力"，因此"要防止濫用權力，就必須以權力約束權力。"[2]

2. 行政主導

行政主導是基本法的立法原則，具體體現在基本法的條文中，主要是指在行政、立法、司法三機構的關係上，既做到互相獨立、互相制約、互相配合，又保障以行政長官為核心的權力主導政治體制的運作。行政主導體制有與三權分立體制相同的一面：將權力分為行政權、立法權和司法權，三者之間存在互相制約和合作。但又有不同的一面：行政長官的權力在行政、立法和司法關係中發揮主導作用。行政長官的權力主導性具體體現在：行政長官領導特區政府，行使行政權；行政長官領導的政府行使向立法會提出重大法案和議案的專屬提案權，立法會通過的法案須經行政長官簽署，行政長官不簽署可以發回立法會重新審議；行政長官任命法官和檢察官，負責基本法的實施，對法院解釋基本法引起的爭議可請求中央人民政府提請全國人大常委會解釋基本法。行政主導體制是適應"一國兩制"需要的獨特政治體制。

近代的政治體制理論是議會主導而非行政主導，這是人

概念 邏輯 命題：中國特別行政區理論體系研究

---

[1] ［法］孟德斯鳩：《論法的精神》，上冊，張雁深譯，商務印書館，1997年，第156頁。

[2] ［法］孟德斯鳩：《論法的精神》，上冊，張雁深譯，商務印書館，1997年，第154頁。

民主權原則決定的。早期洛克提出的"立法權至上""立法權優先"[1]，憲政實踐中表現為英國的"議會主權""議會至上"。[2] 這一理論發端於 17 世紀開始的英國資產階級革命，其鬥爭的主要焦點是以國王為首的行政權應隸屬於資產階級參加的立法議會，還是議會隸屬於國王。[3] 洛克在分權學說的理論上強調"議會至上"，認為議會是人民的代表，是最高權力機構。"因為誰能夠對另一個人訂定法律就必須是在他之上。而且，立法權之所以有權為社會的一切部分和每個成員制定法律，制定他們的行政準則，並在法律被違背時授權加以執行，那麼立法權就必須是最高的權力，社會的任何成員或社會的任何部分所有的其他的一切權力，都是從它獲得和隸屬於它的。"[4] 而擁有執行權的國王"沒有意志、沒有權力"，有的只是"依照國家的法律所表示的社會意志而行動"。[5] 之後，擁有執行權的內閣完全來自於議會，從 1832 年至 1867 年，有十屆內閣因為下院的不信任而倒台，再加上 19 世紀政黨制度的完善，"英國資產階級可以控制政黨，政黨控制議會，議會又控制內閣的'連環套'順利執行資產階級的內外政策"。[6] 這使得國王成為了虛位的國家元首，議會的權力在

---

[1] ［英］洛克：《政府論》，下篇，葉啟芳、瞿菊農譯，商務印書館，1983 年，第 82、91 頁。

[2] ［英］戴雪：《英憲精義》，雷賓南譯，中國法制出版社，2001 年，第 116 頁。

[3] 劉波：〈淺析洛克的"議會至上"思想〉，《史學月刊》，1989 年第 5 期，第 88 頁。

[4] ［英］洛克：《政府論》，下篇，葉啟芳、瞿菊農譯，商務印書館，1983 年，第 92 頁。

[5] ［英］洛克：《政府論》，下篇，葉啟芳、瞿菊農譯，商務印書館，1983 年，第 93 頁。

[6] 施雪華：《當代各國政治體制：英國》，蘭州大學出版社，1998 年，第 125 頁。

此時得到了極大的發展。這就是最早的立法主導論，主要表現有兩方面：一方面是議會立法權在國家權力體系中處於最高地位，行政權與司法權從屬立法權並對立法權負責；另一方面，議會有權監督執行權的行使，有權"調動和更換"執行機關，從而使執行權對立法權的"政治責任"得以貫徹。[1]

從 19 世紀七八十年代起，工業化的浪潮席捲了整個歐洲，西方資本主義國家紛紛從自由資本主義走向壟斷資本主義。為了更好的適應新的形勢，國家的權力結構中心紛紛從議會轉向了行政部門。由於大多數西方國家的現代化是在二戰後完成的，二戰後西方國家行政權力擴張成為一種普遍和流行的現象，主要表現在議會的職能與權力從 19 世紀末大量轉移至內閣及其各部委。政府除了有權指導和安排議會的立法活動以外，還可以通過它在議會中多數黨的地位，使自己的意志在立法活動中得到充分的貫徹，使得原屬議會的大部分立法權逐漸以直接或間接、公開或隱蔽的形式轉移至以首相為核心的內閣。[2] 綜上，行政主導並非最早的制度理論而是各國實踐的結果。隨着世界經濟、社會複雜性、突發性、多樣性的發展，逐漸地發生權力的轉移。各國政府權力越來越大，而立法會的權力慢慢在縮小。而香港、澳門特別行政區採用行政主導的政治體制是政治設計的產物，是符合"一國兩制"的新的政治體制，其實施同時也基於以下原因：第一，英國、葡萄牙管治時期通過總督集權、行政主導的體制

[1] 祁建平：〈英國議會制度的變遷：從"議會主權"到"行政集權"〉，《人大研究》，2006 年第 11 期，第 38 頁。

[2] 祁建平：〈英國議會制度的變遷：從"議會主權"到"行政集權"〉，《人大研究》，2006 年第 11 期，第 40 頁。

進行嚴密統治，有利於維護政府有效管治，只不過它含有較多的集權成分，缺乏民主的因素。《英皇制誥》規定，總督集大權於一身，行政局與立法局是總督的諮詢機構，總督可以中止行政局成員行使職權，經皇室批准，撤銷委任。立法局制定的法律不能超越制誥所授予的權限或與制誥有所抵觸，並經總督批准。《澳門組織章程》規定總督代表澳門，權力最大，很顯然也是行政主導的形式，這是法律的規定，也是政治的一個客觀的現實。在"一國兩制"下，保持原有的社會、經濟制度不變，法律基本不變，香港、澳門基本法很大程度上保持了原來的政制特色。第二，香港、澳門特別行政的行政主導政治體制符合香港、澳門基本法的規定：行政長官地位崇高，行政權處主導地位，行政長官一定程度上制約司法權。獨特的行政會設置，同時也受其他權力機關的制約，以體現政治權利之間的均衡關係。[1] 鄧小平先生在 1987 年 4 月會見香港基本法起草委員會委員時明確指出："香港的制度不能完全西化，不能照搬西方的一套。香港現在就不是實行英國的制度、美國的制度，這樣也過了一個半世紀了。現在如果完全照搬，比如搞三權分立，搞英美的議會制度，並以此來判斷是否民主，恐怕不適宜。"他在 1988 年 6 月會見中國與世界國際會議全體與會記者時又指出：西方的三權分立，互相制衡——防止專權的制度不是合適的選擇，故此不在特區實施。[2]

---

[1] 楊允中主編：《"一國兩制"百科大辭典》，澳門理工學院一國兩制研究中心，2011 年，第 387 頁。

[2] 《鄧小平文選》，第三卷，人民出版社，1993 年，第 267 頁。

（二）特區首長與政府首長

1. 特區首長

香港基本法第 43 條、澳門基本法第 45 條規定，特別行政區行政長官是特別行政區的首長，代表特別行政區。特別行政區行政長官依照本法規定對中央人民政府和特別行政區負責。特區首長具有以下幾個特點：

第一，全面性。特區首長所代表的是整個特別行政區，並不限於行政或某個機關或某方面，而是具有全面性。因此，香港基本法第 48 條、澳門基本法第 50 條規定由其負責執行基本法和依照基本法適用於特別行政區的其他法律。

第二，凌駕性。特區首長代表特區對中央負責，表明其地位是高於行政、立法和司法的，並非平行或並列，其他任何一個機關都不能代表特區對中央負責。

第三，實權性。特區首長並不是一個虛位，而是有實際權力的。以澳門基本法為例，行政長官的職權有：行政長官作為特區首長有負責執行本法和依照本法適用於特別行政區的其他法律；簽署立法會通過的法案，公佈法律；簽署立法會通過的財政預算案，將財政預算、決算報中央人民政府備案；制定行政法規並頒佈執行；提名並報請中央人民政府任命下列主要官員：各司司長、廉政專員、審計長、警察部門主要負責人和海關主要負責人；建議中央人民政府免除上述官員職務；委任部分立法會議員；任免行政會委員；依照法定程序任免各級法院院長和法官，任免檢察官；依照法定程序提名並報請中央人民政府任命檢察長，建議中央人民政府免除檢察長的職務；執行中央人民政府就本法規定的有關事務發出的指令;依法頒授特別行政區獎章和榮譽稱號;依法赦免或減輕刑事罪犯的刑罰;處理請願、申訴事項等。

第四,雙負責。行政長官作為特區首長,向上對中央人民政府負責,向下對特別行政區負責。這是由特區首長的地位所決定的,不僅滿足"一國"的需要,更好地維護國家利益;同時也符合"兩制"的需要,更好地保證高度自治。

2. 政府首長

所謂政府是指領導和管理國家某一部分事務的機構,並由領導和管理職能的人組成。"政府"有廣義和狹義之分:廣義包括行政、立法和司法;狹義僅指行政。基本法規定的政府概念就是狹義的政府概念,就是管理行政事務的機關。

香港基本法第 60 條、澳門基本法第 62 規定,特別行政區政府的首長是特別行政區行政長官。行政長官作為政府首長,負責依據基本法籌組特別行政區政府,提名並報請中央人民政府任命政府主要官員。根據基本法的規定,行政長官作為政府首長有權:領導特區政府;決定政府政策,發佈行政命令;依照法定程序任免公職人員;代表特別行政區政府處理中央授權的對外事務和其他事務;批准向立法會提出有關財政收入或支出的動議;根據國家和特別行政區的安全或重大公共利益的需要,決定政府官員或其他負責政府公務的人員是否向立法會或其所屬的委員會作證和提供證據等。行政長官作為政府首長掌握絕對的行政權,有利於保證行政主導和行政效率。

（三）對中央負責與對特區負責

在"一國"和"兩制"、中央與特區關係之間，行政長官是一個連接點，只有行政長官是特區權力關係中的主導，對中央負責，對特區負責，才能夠做到承上啟下，上通下達，中央才能通過行政長官對特區實施管轄。

1. 行政長官對中央負責

行政長官是由中央人民政府任命的，作為特別行政區首長代表特區，須對中央人民政府負責。行政長官是特別行政區的首長，既是特區的全權代表，也是特區的第一責任人，對"一國兩制"和基本法在特區的實施承擔最終責任。"責任"一詞有三層含義：第一層含義是指義務或職責，即有義務作為或不作為；第二層含義是指一定的行為主體須對自身的行為負責，即承擔行為責任；第三層含義是指違背義務的行為要受到相應的追究和制裁。對中央而言，行政長官就是責任主體、問責主體。行政長官為甚麼要承擔這個責任？這是由行政長官的身份和地位決定的。行政長官作為特區首長，就要承擔對特區的最終責任。根據法治中的權力責任原則，一個無權力的人無須承擔責任。有權力的人一定要承擔責任，體現權責一致，權責相適應。無權就無責，有權就要問責。作為責任主體，行政長官必然要承擔全面的責任。所以，從責任的角度可以看到，行政長官在特區政治體制中處於權力核心地位，絕非虛位首長。因此，行政長官對中央負責不是形式上的負責，而是真正意義上的負責。要確保中央對特區的真正領導和特區對中央的真正負責，中央就必須掌握對行政長官的實質任免權。如果行政長官不接受中央的領導，不對中央負責，那麼中央就可以直接免除行政長官的職務。雖然，基本法規定立法會可制約行政長官，對行政長官的嚴重違法行為可以提出彈劾案，但不能直接決定行政長官的免職。立法會、居民可以監督行政長官的工作，但不能罷免行政長官的職務。否則，就會讓中央人民政府的實質任免權流於形式，直接影響中央人民政府對特區的領導和行政長官對中央負責的效果。

2. 行政長官對特區負責

行政長官作為特別行政區的首長要對特別行政區負責。行政長官是特區踐行"一國兩制"的掌舵人。能否成功實踐"一國兩制"？能否實現維護特區社會穩定和經濟發展的目標？行政長官要對特區負責。在特區，具體機關承擔具體的法律或行政責任，但最終由行政長官承擔政治責任。為了做到行政長官對特區負責，基本法規定行政長官領導特區政府；制約立法會，有權拒絕簽署立法會法案，解散立法會；負責法律的實施，監督法院對基本法的解釋，如認為法院的解釋不符合基本法，可通過中央人民政府，提請全國人大常委會解釋基本法等等。所以，行政長官的權力能夠承擔對特區負責的責任。

3. 宣誓效忠國家和特區

特別行政區是中華人民共和國不可分割的一部分，特別行政區直轄於中央人民政府，特別行政區的行政機關、立法機關、司法機關的政治職位的據位人需要對國家和特區承擔責任。澳門基本法第 102 條規定："澳門特別行政區行政長官、主要官員、立法會主席、終審法院院長、檢察長在就職時，除按本法第 101 條的規定宣誓外，還必須宣誓效忠中華人民共和國。"這條規定在香港基本法中是沒有的，體現了澳門基本法對香港基本法相關表述的完善：中央人民政府任命的官員，既要效忠中華人民共和國，也要效忠特別行政區。基本法規定的效忠，要求是一心一意的效忠，不允許雙重效忠。效忠國家不僅是愛國的要求，即"澳人治澳"需要以愛國愛澳者為主體，愛國者就必須對國家承擔責任，對國家不負責任的人是不能夠治理中華人民共和國的特別行政區；同時也是法律義務，即行政長官、主要官員、立法會主席、終審法院院長、檢察長必須具備中國公民的資格，上述人員又分別是特區的首長，特區的行政機關、立法機關、司法機關的代表，行使特區的高度自治權，必然在效忠特別行政區的同時，效忠中華人民共和國，維護國家的利益和安全。

2016 年 11 月 7 日，全國人大常委會表決通過關於香港基本法第 104 條的解釋，對依法宣誓的具體要求作出了規定。第一，依法宣誓是議員入職的法定條件和必經程序。不依法宣誓不得就任公職。第二，依法宣誓必須符合法定的形式和內容要求。宣誓人必須真誠、莊嚴地進行宣誓，必須準確、完整、莊重地宣讀法定誓言。第三，宣誓人故意宣讀與法定誓言不一致的誓言或以不真誠、不莊重的方式宣誓，視為拒絕宣誓。第四，宣誓必須在法定監誓人面前進行。這使得就職宣誓制度不僅確保其對中央負責也確保其對特區負責，同時更確保其既效忠特區也效忠國家。2021 年 5 月香港《2021 年公職（參選及任職）條例》刊憲公佈，條例正式生效，規定區議員等公職人員均需要宣誓擁護香港基本法、效忠香港特區。條例列明，特區政府律政司司長可以立法會或區議會議員違反誓言，或不符合擁護香港基本法、效忠香港特區的法定要求，提出法律程序，有關議員會即時自動暫停職務，直至法庭對有關訴訟有最終決定。律政司也可於任何時間提出法律程序，如果法庭裁定某議員某日開始失去議員資格，則其由該日起不再享有任何相應待遇，包括薪津等。澳門特區制定的第 4/1999 號法律《就職宣誓法》體現了依法宣誓不僅僅是就職的必經程序，也是就職的實質要件。《就職宣誓法》第 5 條明確規定，拒絕宣誓即喪失就任資格。

（四）法律與行政法規

1. 法律

香港基本法第 66 條、澳門基本法第 67 條規定，特別行政區立法會是特別行政區的立法機關。同時香港基本法第 73 條、澳門基本法第 71 條規定了立法會依照基本法規定和法定程序制定、修改（、暫停實施）和廢除法律。法律在基本法中有廣義和狹義概念之分。例如在澳門，"原有法律"概念中的"法律"是廣義的，法律包括立法機關制定的法律，也包括其他規範性文件，如法令、行政法規。在"澳門特區使用的法律"概念中，"法律"也是廣義的，包括立法會制定的法律和行政長官制定的行政法規。而在"法律與行政法規同時使用時"中，此處的"法律"是狹義的，專門指由立法機關制定的規範性文件。

2. 行政法規

澳門基本法第 50 條第 5 款規定，行政長官職權之一是"制定行政法規並頒佈執行"。根據澳門基本法 50 條、58 條、64 條規定：第一，行政法規是由一特定的主體即行政長官所制定，而不是由行政機關制定，更不是由行政機關的職能部門制定；第二，制定行政法規的權限是行政長官的專有權，其他任何機關不得行使；第三，制定行政法規的程序是特定的，必須經過行政會的討論，否則無效，而其他行政規範性文件的制定無須經行政會討論；第四，行政法規調整的對象較其他行政規範性文件調整的對象更重要，基本法將行政法規與其他行政性規範文件加以區別，就是要體現兩者之間的重要性不同。"行政法規"所具備的這四個要素是缺一不可的，一般的行政性規範文件並不都具備，澳門原訓令、行政章程、命令、批示同樣如此。所以，在這種情況下，"行政法規"是一個專門特定概念，主要是指由行政長官依照法定的職權和法定的程序制定的，調整較重要社會關係的法的規範性文件。

行政長官是否可以直接依據《澳門基本法》規定的職權制定行政法規呢？一種意見認為，行政長官可以直接依據基本法，對行政管理的事務制定行政法規。另一種意見主張，行政長官只能為執行立法會通過的法律而制定行政法規，否則行政法規是無效的。為了解決爭議，澳門立法會推動制定了澳門立法法，雖然該法沒有使用"職權立法"和"授權立法"的概念，但是體現了這種區分。在簡稱"澳門立法法"的《關於訂定內部規範的法律制度》第 4 條第 3、4 項中規定："三、獨立行政法規得就法律沒有規範的事宜設定初始性的規範。四、補充性行政法規得為執行法律而訂定所必需的具體措施。"可以看到,澳門立法法將行政法規分為"獨立行政法規"和"補充性行政法規"兩種,事實上清楚地確認了行政長官制定行政法規有兩種立法依據。一種是以澳門基本法作為直接立法依據,在沒有法律的情況下,對行政長官管理的事務進行立法;另一種是以法律為依據,在立法會制定了法律的情況下,為執行法律而制定行政法規。這明確了行政長官制定行政法規有獨立行政法規和補充執行法律的行政法規兩種形式,充分體現了行政長官和立法會之間既有權力制約又有權力配合。

(五)決策與協助決策

決策是決定策略或辦法,是作出判斷、得出結論的過程,指最終對事務處理的決定權。行政長官是特區的首長,也是特區政府的首長,行使基本法賦予的職權時,對管轄的事務擁有最終的決定權。協助決策是幫助享有決定權的責任人作出決定。香港基本法第 54 條、澳門基本法第 56 條規定,特別行政區行政會議或行政會是協助行政長官決策的機構。澳門行政會制度的設立既參考了香港原行政局和澳門原諮詢會的做法——原《澳門組織章程》第二章第四節規定,澳門總督於作重要決策前須聽取諮詢會意見;同時也借鑒了回歸後香港行政會議的制度。行政會的性質非常明確,是協助行政長官決策的機構,其本身並不是一個決策機構,不能取代行政長官決策。

行政會作為協助行政長官決策的機構,其會議由行政長官主持，每月至少舉行一次。基本法規定行政長官在作出重要決策、向立法會提交法案、制定行政法規和解散立法會前，須徵詢行政會的意見，但人事任免、紀律制裁和緊急情況下採取的措施除外。即規定行政長官在作出重大決策前須徵詢行政會的意見，聽取全面的意見綜合作出決定，從而保證行政長官的施政方針能夠符合特區整體利益。行政會的意見並不具有約束力，但行政長官不能規避、不徵詢行政會的意見。行政長官可不採納行政會多數委員的意見，但應將具體理由記錄在案。因此可以進一步得出結論：行政會作為協助決策的機構，無決定權，其意見也無法律約束力。

（六）獨立與負責

香港基本法第 57 條和 58 條、澳門基本法第 59 條和 60 條規定，特別行政區設立廉政公署和審計署，獨立工作。廉政專員和審計長對行政長官負責。

1. 廉政公署、審計署獨立工作

(1) 廉政公署、審計署是獨立機關

廉政公署、審計署不屬於行政機關的組織系統，不是行政機關的一個部門，而是獨立於行政機關之外的一個獨立機構。有關廉政公署、審計署的規定是在行政長官一節中，而不是在行政機關一節中，說明它們不屬行政機關體系。按照基本法的規定，行政長官領導政府，但廉政公署、審計署僅是對行政長官負責，從領導和負責兩種不同關係的規定中可以看出它們之間的區別。

(2) 廉政公署、審計署獨立工作

廉政公署、審計署獨立開展工作，不受任何機關和個人的干涉，不接受行政機關的指示和命令。而行政機關沒有這種獨立性，要接受上級首長和上級機關的領導。廉政公署的工作程序獨立於一切法定的行政申訴途徑及司法爭訴途徑，且不中止或不中斷任何性質的期間。所以它的工作方法和程序有獨立性，這是為了適應廉政公署的工作性質。在廉政公署開展調查和偵查時，有關信息不能要求公開，而追究貪污等違法責任也沒有期限。審計署按照"衡工量值"監督公共財政的使用。

2. 廉政專員和審計長對行政長官負責

廉政專員、審計長對行政長官的負責不同於政府主要官員對行政長官的負責。廉政專員、審計長對行政長官負責，不是一般意義上行政上下級關係的負責，不是由行政長官領導、指令廉政專員和審計長工作，而是法律關係上的負責。廉政專員、審計長是否依法履行職責對行政長官負責，行政長官必須依據法律對廉政公署、審計署的工作進行監督。只有廉政公署、審計署對行政長官負責，才能保障行政長官對中央和特區負責。但行政長官與政府其他主要官員之間就屬於行政領導關係，因為行政長官領導政府。所以，不能將"負責"都簡單化地理解為領導關係。

（七）行政與立法

1. 制約與合作

（1）權力制約

在政治學研究中，權力制約問題一直是一個基本問題。一般認為，權力制約是指人類社會基於對權力特性以及人類本性的深刻洞察而自覺建立起來的一種特定權力關係。具體來說，就是人類社會通過各種方式和途徑，對權力主體行使權力的行為形成的特定限制與約束，以使權力的運用真正符合人類社會的目的。[1] 西方的權力制衡思想始於古希臘時期亞里士多德，他強調法制但不否認自由，認為良好的法律既有權威而又不專斷；又提出了權力分立思想，為西方的權力制衡思想奠定了基礎，開創了人類權力制衡思想的先河。權力制衡即在法制的基礎上，權力分開、互相協調、相互制衡、相互監督，防止權力的濫用。[2] 現代權力制衡思想的成熟始於資產階級啟蒙時期，代表性的理論家是洛克和孟德斯鳩。洛克在其《政府論》中闡述了立法權、執行權和對外權三者關係。而孟德斯鳩在其《論法的精神》中豐富了洛克的分權理論，提出了立法權、行政權和司法權 "三權分立" 的思想，又為有效地預防權力濫用與異化提出了以權力制約權力的制衡思想。基本法規定的權力制約，主要指行政長官以及行政長官領導的政府與立法會之間的制約。

---

[1] 鄧名奮：〈論權力制約的基本途徑及方式〉，《福建行政學院福建經濟管理幹部學院學報》，2006 年第 6 期，第 36 頁。

[2] 王慎、鄭易平：〈西方權力制衡思想及實踐簡述〉，《重慶科技學院學報（社會科學版）》，2005 年第 4 期，第 5 頁。

(2) 權力合作

權力間不僅需要制衡，相互配合也同樣重要。波里比阿在《羅馬帝國的崛起》一書中說："我已經敘述了在國家之中，政治權力要如何分割為三個成分，而我現在將要解釋它們三個其中之一——假如要的話——將會如何與另外一個合作或牽制……這些是系統裡三個成分中每一項所享有的權利，能夠彼此協助或互相傷害；其結果是聯手時，其強大足以抵擋所有的緊急狀況，所以不可能發現比這一系統更佳的憲政體制。因為無論何時有共同外敵威脅時，都會強迫這三者團結起來，同心合作，那時國家所發展出的力量變得格外強大。沒有任何要求會被忽略掉，因為所有各派系的人都爭相去發現符合當時需求的方式，而且每個決定一旦被採用，會立即實施，因為所有的人於公於私都會合作，來完成手上的任務。"[1] 孟德斯鳩在《論法的精神》中稱三種權力需要互相協調方能前進是客觀事實："這三種權力原來應該形成靜止或無為狀態。不過，事物必然的運動迫使它們前進，因此它們就不能不協調地前進了。"[2]《聯邦黨人文集》也認為三權分立不應被理解為行政、立法、司法三權的絕對分開："只要各個權力部門在主要方面保持分離，就並不排除為了特定目的予以局部的混合。此種局部混合，在某些情況下，不但並非不當，而且對於各權力部門之間的互相制約甚至還是必

---

[1] [古希臘] 波里比阿：《羅馬帝國的崛起》，翁嘉聲譯，廣場出版社，2012年，第403-409頁。

[2] [法] 孟德斯鳩：《論法的精神》，上冊，張雁深譯，商務印書館，1997年，第164頁。

要的。"[1] 政治體制是一個整體，行政權與立法權是政治體制中的組成部分，制約和合作是由整體決定的，甚麼條件下制約，甚麼條件下合作都要服務於整體需要。可以設想，一個整體內的兩個部分，只有制約沒有合作，整體是無法運行的。

特別行政區實行以行政長官為主導的政治體制，行政、立法、司法橫向權力之間既有明確分工也有合作。其中基本法中規定行政與立法會的權力制約與配合主要體現為兩方面：一方面是行政長官和立法會之間的權力制約與權力配合；一方面是政府與立法會之間的權力制約與權力配合。

(3) 行政長官與立法會的制約

香港基本法第 49 條、澳門基本法第 51 條規定：特別行政區行政長官如認為立法會通過的法案不符合特別行政區的整體利益，可在三個月（九十日）內提出書面理由並將法案發回立法會重議。即行政長官對於立法會通過的法律，結合基本法和特區整體利益有權拒絕簽署，從而制約立法會的立法權。其次，香港基本法第 50 條、澳門基本法第 52 條規定，特別行政區行政長官遇有下列情況之一時，可解散立法會：（一）行政長官拒絕簽署立法會再次通過的法案；（二）立法會拒絕通過政府提出的財政預算案或行政長官認為關係到特別行政區整體利益的法案，經協商仍不能取得一致意見。當然行政長官在解散立法會前，須徵詢行政會議或行政會的意見，解散時應向公眾說明理由，同時行政長官在其一任任期內只能解散立法會一次。也即，為了避免行政與立法

[1]　［美］漢密爾頓、杰伊、麥迪遜：《聯邦黨人文集》，程逢如譯，商務印書館，1982 年，第 337 頁。

概念 邏輯 命題：中國特別行政區理論體系研究

的僵持，當行政長官拒絕簽署立法會再次通過的原案或立法會拒絕通過政府提出的財政預算案或行政長官認為關係到特別行政區整體利益的法案，經協商仍不能取得一致意見時，為了保證以行政長官為主導的政治體制有效運行，基本法賦予行政長官解散立法會的權力。但是行使這樣的權力也是有風險的，香港基本法第 51 條、澳門基本法第 54 條規定，行政長官有下列情形的必須辭職：（二）因兩次拒絕簽署立法會通過的法案而解散立法會，重選的立法會仍以全體議員三分之二多數通過所爭議的原案，而行政長官（在三十日內）拒絕簽署；（三）因立法會拒絕通過財政預算案或關係到特別行政區整體利益的法案而解散立法會，重選的立法會仍拒絕通過所爭議的原案。因此基本法雖然賦予行政長官解散立法會的權力，但是也需要謹慎使用。這也是立法會對行政長官的第一個制約，即立法會再次通過行政長官發回的原案時，行政長官仍拒絕簽署並解散立法會，而新成立的立法會仍然通過原案的情況，行政長官就要辭職。

立法會對行政長官的第二個制約為香港基本法第 73 條第 9 項、澳門基本法第 71 條第 7 項規定。以後者為例："如立法會全體議員三分之一聯合動議，指控行政長官有嚴重違法或瀆職行為而不辭職，經立法會通過決議，可委託終審法院院長負責組成獨立的調查委員會進行調查。調查委員會如認為有足夠證據構成上述指控，立法會以全體議員三分之二多數通過，可提出彈劾案，報請中央人民政府決定。"也即，立法會在行政長官有嚴重違法或瀆職行為而不辭職的前提下，有彈劾行政長官的權力。彈劾分為三步：第一步是要有立法會全體議員三分之一聯合動議，指控行政長官有嚴重違法或瀆職行為而不辭職；第二步要經過立法會討論而有半數議員同意通過這個動議；第三步是由終審法院院長負責組成的獨立調查委員會進行調查，經過調查確認存在之後，就把這個決定再交回到立法會全體會議上，如有立法會全體議員的三分之二通過，就可提出對行政長官彈劾，之後再報中央人民政府決定是否免除其職務。

(4) 政府對立法會負責

政府對立法會的負責主要體現為香港基本法第 64 條、澳門基本法第 65 條規定：特別行政區政府必須遵守法律，對特別行政區立法會負責：執行立法會通過並已生效的法律；定期向立法會作施政報告；答覆立法會議員的質詢。立法會作為民意代表機構，特區政府必須遵守立法會通過制定的法律，對立法會負責，這是一個基本關係。當然這個負責是受政治體制約束的，因為基本法規定特區實行行政主導的政治體制，所以政府對立法會的負責並不是全面的，而是在一定範圍內的負責，具體包括：第一，執行立法會通過並已生效的法律，因為立法會通過的法律如果不執行的話，那肯定不是對立法會負責；第二，定期向立法會作施政報告，政府制定的重大決策在執行前，要向立法會作施政方針報告，如香港每年 7 月、澳門每年 11 月中旬，行政長官要向立法會作施政報告，就是因為基本法規定特區政府要向立法會負責；第三，答覆立法會議員的質詢，政策通過後在執行的過程中也有方方面面的問題，立法會議員就要質詢政府工作。當立法會議員提出質詢之後，政府就要回答立法會議員的質詢，以體現對立法會負責。例如，《澳門特別行政區立法會議事規則》第 135 條規定質詢有兩種形式：一種叫書面質詢，一種叫口頭質詢。如果立法會議員提出書面質詢，政府就需要書面答覆；如果立法會議員提出口頭質詢，立法會就要召開全體會議，召集政府的有關負責人到立法會進行口頭答覆。

立法會作為特區的重要機構，香港基本法第 73 條、澳門基本法第 71 條規定了立法會的職權，立法會通過行使職權對政府進行制約。第一，通過制定法律規範政府的行政行為。特區制定法律的權力只有立法會享有，行政長官只能制定行政法規，不能夠制定法律。立法權屬於立法機關，所以政府的行為都要依法作出。立法會行使立法權本身就是對政府行為的一種規範，要求行政主導不能夠偏離法律的規定，不能夠脫離法律的限制。第二，審議通過政府的財政預算案，決定稅收，對政府的政策和公共收支進行制約。第三，通過公共利益的辯論，制約政府的政策制定和執行。因此，特別行政區內部行政與立法等橫向權力之間既有權力制衡又有權力合作，從而保證特區制度的有效運行並有利於特區各權力效率的提升。

2. 政府提案與議員提案

提出法案是指由享有立法提案權的機關、組織和人員，依據法定程序向有權立法的機關提出關於指定、認可、修改、補充和廢止規範性文件的提議和議事的專門活動，是實質性立法的第一道程序，也是由法案到法的階段得以展開的前提性、基礎性程序。[1]

---

[1]　沈靜怡：〈我國提案制度的不足及完善〉，《山西省政法管理幹部學院學報》，2002 年第 4 期，第 36 頁。

（1）政府提案

香港基本法第 74 條、澳門基本法第 75 條規定了政府的專屬提案權。第一，政府專屬提案的範圍主要包括：公共收支、政治體制、政府運作的事項。如《澳門特別行政區立法會議事規則》第 104 條對基本法的規定進行了具體化，明確專屬提案權涵蓋隨後提案權，也即政府向立法會提出專屬提案權範圍的法案，立法會在審議政府法案時可以提出修改的意見，但不能提出修改法案，議員的修改意見由政府決定是否接納，如接納再由政府提出修改案。如果議員可以提出修改案，政府的專屬提案權就不再是"專屬"，而變相成為政府與議員共享的權力，會改變政府專屬提案的性質。此外《澳門特別行政區立法會議事規則》第 103 條規定，政府提出的法案應由行政長官簽署並註明就法案已經徵詢澳門特別行政區行政會的意見，如出現不遵守的情況，主席將法案發還行政長官，並指出所遺漏的形式要件。

第二，規定政府的專屬提案權主要目的是落實行政主導原則，充分保障行政長官所領導的特區政府在立法會制定法律方面的主導地位，因為公共收支、政府運作，政治體制均涉及社會的重大政策和政府對社會的管理，政府需要掌握主導權。同時政府立法提案也需要立法會的合作。對此，澳門立法會前主席曹其真曾指出："毫無疑問，特區政府無論旨在決定政府的政策，還是在決定提出法案方面，均處於主導性地位，並為此享有非常大的權力，但這種主導性地位絕不意味着排斥立法機關的參與，無需聽取立法會的意見和建議甚至批評；也絕不意味着政府在具體工作安排上可以不考慮立法會的實際情況和工作安排，將立法會視為程序上的表決器和政府的附庸。"[1]

（2）議員提案

對於立法會議員的提案權，香港基本法第 74 條、澳門基本法第 75 條規定，特別行政區立法會議員依照本法規定和法定程序提出議案；凡不涉及公共收支、政治體制或政府運作的議案，可由立法會議員個別或聯名提出；凡涉及政府政策的議案，在提出前必須得到行政長官的書面同意。

第一，議員提案權的種類。一類是議員個人和聯名提出法案。例如，《香港特別行政區立法會議事規則》第 30 條規定，議員就議案或修正案作出預告，須將該議案或修正案以書面形式送達立法會秘書辦事處。在符合《基本法》第 73 條第 9 項規定的條件下，擬動議議案或修正案的議員須在該預告上簽署，與議案或修正案動議人聯合提出議案或修正案的其他議員，須在該預告上聯署。如議案以中文撰寫，有關修正該議案的預告須以中文撰寫；如議案以英文撰寫，則有關修正該議案的預告須以英文撰寫。再如，《澳門特別行政區立法會議事規則》第 1 條規定：議員在行使立法會的立法權限時，有下列權力：提出法案、議案；提出上項所指法案、議案及對政府法案、議案的修訂提案；要求以緊急程序處理任何上述數項所指法案、議案。另一類是涉及政府政策，需要得到行政長官書面同意後提出的法案。《澳門特別行政區立法會議事規則》第 105 條稱之為有條件的提案權，即議員行使提案權或隨後提案權，凡涉及政府政策時，須得到行政長官書面許可。

---

[1] 曹其真：〈立法會主席十年工作情況的總結報告〉，2009 年。

第二，議員提案權的程序。《香港特別行政區立法會議事規則》就議案和修正案的預告方式、規限、辯論方式、撤回等作出了詳細的規定。《澳門特別行政區立法會議事規則》第 103 條規定了提案權的行使：議員提出法案或其修訂提案得由不超過九名議員簽署，如出現不遵守的情況，主席將法案發還在首位簽名的議員。第 108 條對提案形式進行了限制規定：所有法案應遵照相關要求，包括以書面提出；以條列方式編寫；具有能簡略反映其主要標的的名稱；附有理由陳述。第 109 條對重新提案進行了規定，如在同一會期內，未獲通過或被確定拒絕的議員提案，所有議員均不可重新提出；未獲通過或被確定拒絕的政府提案，政府亦不可重新提出，但基本法另有規定者除外。

3. 議員特權與議員義務

(1) 議員特權

所謂議員特權，即立法會議員由於其身份所享有的特殊保護。之所以給予議員特權是因為其身份的特殊性，目的是為了保障議員更好地履行職責。香港基本法第 77 條、澳門基本法第 79 條就議員言論自由明確規定，特別行政區立法會議員在立法會會議上的發言（和表決），不受法律追究。這明確了立法會議員在立法會會議上的發言不受法律追究，給予了議員言論自由上的特權，有利於議員監督政府的工作，為公義發聲，從而更好地履行其職責。但同時也限定了特定的地點和時間，即只有在立法會舉行會議的場所、在立法會會議的時間段內發言不受追究。此外，香港基本法第 78 條、澳門基本法第 80 條就議員人身自由明確規定，以後者為例，特別行政區立法會議員非經立法會許可不受逮捕，但現行犯不在此限。可以看到，只有在兩種情況下，議員的人身自由要受限制。第一是現行犯，即當事人正在實施犯罪行為，為制止現實的社會危害性，法院可以對其實施人身自由限制的強制措施。第二是立法會許可的情況。雖然不是現行犯，但當事人犯罪的行為已經觸犯了刑法，並應該受到刑法的處罰，經立法會許可，法院可以採取限制人身自由的強制措施。立法會許可，需要由立法會過半數議員的表決同意方可作出。這是保留了澳門原有的制度，與香港基本法規定比較，受法律保護的範圍更寬。

如果澳門立法會議員被提起刑事訴訟，須按不同情況進行處理。第一種情況需要由立法會作出中止議員職務的決議，方可進入刑事訴訟程序。澳門第 3/2000 號法律《立法會立法屆及議員章程》第 27 條規定：議員在特區內被提起刑事程序，審理該案件的法官應將該事實通知立法會，由立法會決定是否中止有關議員的職務，但倘屬現行犯，且該罪的刑罰上限為超逾三年徒刑的情況，則不在此限。第二種情況是無須立法會許可，強制中止議員的職務。

(2) 議員義務

立法會議員除享有以上的言論自由和人身保護的特權外，也應當履行議員義務。例如，《澳門特別行政區立法會議事規則》第 4 條對議員的義務規定如下：出席全體會議及所屬委員會會議；參加表決；遵守《議事規則》所訂的秩序及紀律，尊重立法會主席及執行委員會的權責；遵守《議事規則》及全體會議的議決。此外，澳門基本法第 68 條規定立法會議員就任時應依法申報經濟狀況。基本法並未規定立法會議員不得兼任其他職務、從事營利活動，為了監督他們行使職權時是否有利益衝突，因此要求他們申報經濟狀況，包括經營和參與公司的活動等事宜。同時，立法會議員作為居民在法律面前同樣平等，需要與普通居民一樣遵守法律，如違法同樣需要受法律的追究。

（八）司法獨立

1. 法官的任用和免職

司法獨立的一個方面是法官獨立，而法官的獨立又需要在任用上獨立。香港基本法第 88 條、澳門基本法第 87 條規定，特別行政區各級法院的法官，根據當地法官、律師和知名人士組成的獨立委員會的推薦，由行政長官任命；法官的選用以其專業資格為標準。獨立委員會的目的在於從推薦的源頭開始，確保法官將來能獨立審判。所以，基本法強調，推薦法官的委員會必須是獨立的，委員必須是以個人身份推薦，不代表法官或律師團體推薦。

另一方面就是法官的免職也必須是獨立的。香港基本法第 89 條、澳門基本法第 87 條規定了嚴格的程序，規定法官只有在無力履行其職責或行為不檢（行為與其所任職務不相稱）的情況下，行政長官才可根據終審法院首席法官（院長）任命的不少於三名當地法官組成的審議庭的建議，予以免職。第一種情況是法官喪失了行為能力，客觀上無法履行職務；第二種情況是法官的行為不符合法律義務的要求，或者徇私枉法，或者利益衝突，或者行為不檢等。終審法院法官的免職由行政長官根據任命的審議庭或特別行政區立法會議員組成的審議委員會的建議決定，且須報全國人民代表大會常務委員會備案。同時，《澳門司法官通則》第 5 條規定："除非在法律規定的情況下，否則不得將法院司法官調任，將之停職，命令其退休，將之免職、撤職，或以任何方式使其離職。"這樣的制度使得法官在履職中不用有所顧慮，而完全憑自由心證依法來審判案件。

2. 法官的權利和義務

司法獨立除體現在法院獨立外，很大程度上還體現在法官獨立，因為司法是否獨立反映為具體每一個案件的審判是否獨立。

（1）依法審判，不聽從命令和指示

《澳門基本法》第 89 條規定，澳門特別行政區法官依法進行審判，不聽從任何命令或指示，但本法第 19 條第 3 款規定的情況除外。同時《澳門司法官通則》第 4 條亦有相同規定。為了確保法官在審判每一個案件時做到獨立，基本法明確賦予了法官依法審判不聽從任何命令或指示的權力，以保障法官在案件審判中完全依照自由心證，依照法律事實客觀審判案件，從而確保判決公正。"任何命令或指示"，一方面包括來自司法機關之外行政及立法機關的命令或指示，另一方面也包括司法機關內部法院與法院之間的或是法院內部上下級的命令或指示。如此確保法官在審理案件時是完全依據法律、案件事實及自由心證的，從而確保每一個案件都是司法獨立的，也保護法官更好地履行審判職責。

（2）履行職務行為不受法律追究

澳門基本法第 89 條還明確規定了法官履行審判職責的行

為不受法律追究。《澳門司法官通則》第 6 條亦有相同規定，即不得使法院司法官對其以法院司法官身份所作的裁判負責。當然這裡強調的是法官依法履行審判職責的行為不受法律追究，如果法官在履行審判職責時徇私舞弊、枉法裁判、玩忽職守等，那麼法官就要受到法律追究。在法律實踐過程中，時常會出現上訴審法官改判下級法官判決的情形，如果法官因判決被改判就受到法律追究，那麼勢必會導致法官在審判案件時要事先徵詢上訴審法院意見，因而無法保證法官在審判案件時做到獨立審判。

（3）法官遵守的義務

為保證司法獨立，法官也需履行法律所賦予的義務。例如，澳門基本法第 89 條規定，法官在任職期間不得兼任其他公職或任何私人職務，也不得在政治性團體中擔任任何職務。如果在任職期間兼任其他職務，一旦發生利益衝突，法官很難確保在審理案件中秉持客觀、公正、中立的價值觀，即司法獨立無法保證。但是，《澳門司法官通則》第 22 條明確："但屬教授法律、法律培訓或法律學術研究的職務，立法、司法見解或學說上的研究及分析的職務，以及自願仲裁或必要仲裁方面的仲裁員職務，不在此限。" 與此同時，《澳門司法官通則》第 3 條規定："法院司法官不得以法律無規定、條文含糊或多義為理由，或在出現應由法律解決的具爭議的問題時，以該問題有不可解決的疑問為理由，拒絕審判；法院司法官亦不得以無合適的訴訟手段或缺乏證據為理由，拒絕審判。" 因此無論是法官的特權還是法官的義務，其核心目標都是確保司法獨立，保證每一個案件能夠得到公平、公正的審理。

二、基本邏輯與命題

特別行政區直轄於中央人民政府，行政長官對中央人民政府負責，決定行政長官在特區體制內的主導地位和享有主導的權力。為了防止權力的專斷、濫權的出現、權力的失衡，以及因權力的對立、對抗導致體制運作失靈，行政與立法之間的權力既要互相制約，也要互相合作。司法機關在政治體制內保障行政權與立法權依法行使，對違法的行為予以糾正。

（一）實行獨特的行政主導體制

行政主導政治體制適應中央與特區之間領導與被領導的的關係，符合行政長官對中央和特區負責的要求，有利於維護中央的管治權，維護特區的高度自治，有利於保持特區的政局穩定和社會穩定，促進特區的經濟發展和民生改善。鄧小平先生對特區政治體制構建提出了一個重要的原則，即從"一國兩制"的實際和需要出發。"基本法是個重要的文件，要非常認真地從實際出發來制定。我希望這是一個很好的法律，真正體現'一國兩制'的構想，使它能夠行得通，能夠成功。"[1] 而西方的三權分立的模式不符合"一國兩制"的實際，不能解決"一國兩制"的需要。

---

[1] 《鄧小平文選》，第三卷，人民出版社，1993 年，第 221-222 頁。

1. 符合中央權力與特區權力的關係

特區實行和堅持行政主導的政治體制，主要原因有兩個。

第一，實行行政主導的政治體制符合"一國兩制"下中央與特區的權力關係。在"一國兩制"下，特區政治體制作為一個地方層面的制度需要與國家層面的制度銜接，處理兩種權力關係：中央與特區的權力關係，以及特區的行政、立法和司法權力間的關係。兩種權力關係中，中央與特區的關係是領導從屬性質的關係，行政與立法、司法的關係是平行關係。兩種權力關係互相交織，互相影響，共處一體。而西方的三權分立模式恰恰只規定了行政、立法和司法之間橫向的平等權力關係，沒有涉及中央與地方縱向的上下級權力關係。所以，三權分立不適合"一國兩制"下政治體制所面臨的特殊需要。中央與特區的關係是領導與被領導、負責與被負責、監督與被監督的關係。行政長官受中央人民政府領導，對中央人民政府負責。如果行政長官不是特區的首長，中央不可能通過領導行政長官達到特區受中央領導、對中央負責的要求和目的。如果行政長官不是特區的首長，只是特區政治體制中某一個機構的負責人，則充其量只是行政長官這個機構對中央負責，不是整個特區對中央負責。所以，基本法先規定中央與特區關係的性質，香港、澳門基本法第 12 條規定，特別行政區是中華人民共和國的一個享有高度自治權的地方行政區域，直轄於中央人民政府。爾後，香港基本法第 43 條、澳門基本法第 45 條規定，特別行政區行政長官是特別行政區的首長，代表特別行政區。特別行政區行政長官依照本法規定對中央人民政府和特別行政區負責。這兩個條文是因果的邏輯關係，不能分割。因為特區直轄於中央人民政府，所以，特區必須對中央人民政府負責。這個負責是通過特區的首長即行政長官對中央負責體現和實現的。

行政主導政治體制適應中央行使管治權和特區落實中央管治權的需要。"一國兩制"決定了特區的法律地位是國家的一個地方行政區，其政治體制也是地方體制，不能脫離國家的體制，特區要接受中央人民政府的領導，行政長官要對中央人民政府負責。這一點與西方的三權分立模式不同。中央人民政府對特區的領導，一方面是通過行使對特區的管治權，另一方面是通過特區落實中央管治權實現的。如果行政長官無法落實中央的管治權，中央對特區的領導和監督也就落空。而行政長官要落實中央的管治權、做到對中央和特別行政區負責，在政治體制中就需要有獨特的地位和主導權力，從而發揮作用達到目的。

2. 適應對中央負責和特區負責的要求

港澳特區之所以實行行政主導的政治體制，是有意為之而非自發形成。西方最早的理論設計是立法主導，只是因為社會的變遷，才慢慢演變成行政主導。但是英葡兩國在佔領港澳的時候從一開始就形成了行政主導，這與其本土實行的制度是不一樣的。比如英國佔領香港的時候有兩部憲制性法律，一部是《英皇制誥》，另一部是《皇室訓令》。這兩部法律都規定了總督是權力的核心，總督下面設立法局和行政局，然而這兩個局都不能構成對總督的約束，只是總督的諮詢機構。澳門被葡萄牙佔領後也有一部憲制性法律《澳門組織章程》，規定總督代表澳門，總督權力最大，很顯然也是行政主導的形式。這既是法律的規定，也是政治上客觀的事實。

為甚麼英國和葡萄牙在佔領管治港澳時，不實行英國和葡萄牙本土的議會制呢？這總是有原因的，不能說他們不懂三權分立、不懂議會制和民主制。英國諾曼・邁因納斯（Norman J. Miners）在《香港的政府與政治》一書中就揭示了英國人在管治香港的時候推行總督制的原因。他指出："《英皇制誥》主要強調的是需要維護女王陛下政府對這個殖民地的各項權益。凡授予港督的一切權力，他必須認識到他只能按照倫敦給予他的指示去行使這些權力，而且皇室明確有剩餘權力為本港殖民地制定法律並有權駁回本港立法局通過的法例。所以，必須將權力集中於港督手裡，這是由英國的國家利益決定的。"[1] 因此，英國人在政治制度上有幾種選擇，一種選擇是採取英國的本土制度，在香港實行代議制，誰在民主選舉中獲勝由誰來執政。如果採取這個制度，通過選舉選出一個根本就不為英國服務的人執政，那麼英國的國家利益就無法保證，所以這個制度不能實行。為了保證英國的國家利益，就推行了總督制，總督由英國委任，全權對英國負責，維護英國的國家利益。所以，英國人管治香港實行總督制乃是由國家利益決定的，不是甚麼民主代議制理念決定的。事實說明，港澳的行政主導制是設計出來的，不是自發形成的。這是行政主導制產生的原因。

　　為甚麼到了特別行政區時代仍要實行行政主導？由於特別行政區實行"一國兩制"，一方面，既不能實行人民代表大會制，也不能實行西方的三權分立制度，需要吸收原有制

[1]　[英] 諾曼・J・邁因納斯：《香港的政府與政治》，上海翻譯出版公司，1986年，第 80-81 頁。

度中的行之有效的因素，繼續保留行政主導，實行行政長官主導制。所以，比較歷史上的總督制，行政長官無論在地位或職權上，有很多地方是相似的。另一方面，為了落實中央對特區的管治權，行政長官對中央負責，需要繼續實行行政主導。由於立法機關採取的是少數服從多數的原則，這樣的組織原則沒有辦法做到對中央負責；司法機關因為依法獨立行使審判權，也無法對中央負責；只有行政長官作為一人組成的機構，實行首長負責制，有足夠的條件對中央負責。所以，實行行政長官主導制根本原因就是能夠落實對中央負責，對國家利益負責。同時，為了保障行政長官更好地向中央負責，基本法賦予其很大的權力，只有權責相適應，行政長官才能真正向中央負責。

3. 有利於維護特區高度自治和政局的穩定

行政主導的政治體制有利於保持特區的穩定和行政效率。行政主導的體制一方面將特區的自治權劃分為行政、立法和司法三種權力，行政、立法和司法機關之間獨立行使權力，建立一定程度的互相制約和配合的關係。這方面與三權分立制度有相似性。另一方面，基本法規定行政長官在特區政治體制中的獨特地位，行政長官是特別行政區的首長，代表特別行政區。行政長官依照基本法對中央人民政府和特別行政區負責。一個代表，兩個負責，集中體現了行政長官在特區政治體制中的重要性。特別行政區實行高度自治，要確保高度自治正確實施以及"一國兩制"行穩致遠，就需要有一位總負責人。行政長官作為特別行政區的首長代表特區，因此，香港基本法第 48 條、澳門基本法第 50 條規定行政長官負責執行基本法和依照基本法適用於澳門特別行政區的其他法律，以確保"一國兩制"的正確實踐，從而對特區負責。同時，特別行政區除主要官員外，下面設立的各個局處理行政管理事務，為了確保高度自治的正確實施，避免"政出多門"的混亂現象，最終的決策權和監督權必須集中在行政長官手中，才能統一政令。因此"兩制"也決定了行政長官應該主導，向特區負責。綜上，無論是從"一國"還是從"兩制"角度分析，行政長官主導的政治體制都有利於"一國兩制"的正確實踐，都有利於保障向中央負責同時也向特區負責的政治要求。

當然，港澳特區實行的行政主導制與英國和美國行政主導的運作相比也是具有優勢的。

首先與英國相比較，英國的行政主導主要體現在內閣首相領導英國的政治。內閣的主要權利包括：立法提案權、執行法律權、編制財政權、人事管理權，還有具體領導行政管理，實施法律制定行政分配，有委託立法、解散議會的權力。從職權看英國與港澳的制度是相通的，但是從運作機制看是不一樣的。因為英國的內閣是由議會產生，受議會制約，所以英國的行政主導體制能夠正常運行的前提條件是內閣一定要控制議會多數席位，如果失去多數議席就將無法運行。德國亦是如此。港澳特區之所以沒有採用這樣的制度，是因為一旦立法會議員沒有過半數支持，行政長官就很難保證對中央負責。在基本法起草委員制定特區基本法、設計港澳特區制度時，就已經考慮到這一點。即使立法會沒有過半數支持行政長官，行政長官也能做到對中央負責。因此港澳特區行政長官並不是由立法會選出，而是分別制定了行政長官產生辦法和立法會產生辦法兩套選舉辦法，以保證行政長官具有很強的獨立性。所以與英國制度相比較，港澳特區的行政長官主導制獨立性更強。

其次與美國的總統制相比，美國總統既是元首代表國家，同時又是政府的首腦。這與特別行政區行政長官很相似：行政長官既是特別行政區的首長對中央負責，又是港澳特別行政區政府的首長。二者都集雙首長於一身，同時享有批准公佈法律、人事任免等權力。但是兩者之間又有不同，由於美國總統跟國會議員是按不同的方式選舉產生，兩個選舉辦法並不重疊，所以他們之間不是互相負責的關係。美國總統只對他的選民負責不對國會負責，國會也是只對他的選民負責不對總統負責。因此美國總統不能解散國會，國會也不能罷免總統。這個制度看起來是可行的，但是實踐中有一個問題，一旦國會與總統之間不合作，行政主導就無法運行。而在港澳特區的行政長官主導制中，行政與立法兩者之間既相互獨立，同時又相互制約。如果行政長官不能夠制約立法會，行政長官主導就無法保證。所以基本法賦予行政長官可以解散立法會的權力，這個權力是美國總統所沒有的。因此如果立法會若不願意與政府合作，行政長官就可以行使解散立法會的職權，否則二者僵持下去，政府沒有辦法工作。與美國制度相比較，港澳特區的行政長官主導制制約性更強。

第三與法國的半總統半議會制相比，從職權看，總統與行政長官所具有的職權是相同的。不同的是法國總統下設的政府要向國會負責，而國會可以通過不信任投票要求政府下台。港澳特區的行政長官主導制與法國的制度很相似，根據香港基本法第 64 條、澳門基本法第 65 條規定，港澳特區行政長官所領導的政府也要對立法會負責。但是特區政府對立法會的負責與法國的政府總理對國會的負責限度不一樣，最大的不同就是立法會沒有權力投不信任票讓特區政府下台。雖然特區政府也要對立法會負責，卻是有限度的。而法國的政府是無限度對國會負責，否則國會就會投不信任票讓政府下台。與法國制度相比較，港澳特區的行政長官主導制更有利於保證行政長官對中央負責。

有一些人將基本法確立的行政主導體制說成是西方模式的三權分立體制，這是不正確的。而一些政治勢力總是曲解基本法的規定，是別有用心的。其目的一是，試圖否定行政長官在特區政治體制中的獨特地位，將行政長官的地位降低到與立法機關平行的位置，否定行政長官的主導作用。二是，試圖弱化行政長官的職權，擴張立法會權力，達到以立法主導代替行政主導的目的。三是，試圖牽制行政長官對中央的負責，讓行政長官失去政治體制中的獨特地位和主導權力，對中央負責變成形同虛設，難以落實，從而實際擺脫中央對特區的領導。有見於此，我們需要將鄧小平先生有關特區政治體制設計的思想和原則進行更深入的宣傳，將基本法的立法原意和規定作更詳細的解釋。更要在基本法實施中，堅定地維護行政主導的體制，支持行政長官依據基本法的規定充分地行使好職權，並且做好相應的制度配套工作。中央需要繼續支持行政長官領導的特區政府依法施政。

4. 實行行政主導需要制度安排

就制度安排而言，主要須做到兩個方面。一是，行政與立法之間權限的劃定。二是，行政機關對立法機關負責範圍的劃定。

(1) 制定行政法規

按照澳門基本法的規定，行政長官制定規範性文件的權力受到保障。在行政主導原則下，依據基本法第 50 條第 5 項規定，行政長官有權"制定行政法規並頒佈執行。"雖然基本法明確規定，立法會制定法律，行政長官制定行政法規，然而法律和行政法規調整的範圍在基本法中並沒有明確界限，需要在基本法實踐中解決。根據基本法的規定，行政長官既是政府的首長，也是特別行政區的首長；既要對特別行政區負責，也要對中央人民政府負責。其地位的特殊性和重要性，決定了行政長官制定行政法規，不能僅限於政府職能和工作範圍之內的事項，還應該涉及特別行政區的一些重大事項，這才符合行政長官的地位，做到責權相適應。首先，特區終審法院依據基本法的規定，在判決書中肯定行政長官有權制定行政法規，行政法規可以對部分原有法令作出修改。此後，特區政府提出法案，立法會審議通過了 13/2009 號法律《關於訂定內部規範的法律制度》，明確了行政長官的獨立行政法規得就法律沒有規範的事宜設定初始性的規範。同時，法律也明確規定，原有法令的內容屬行政長官制定行政法規的事宜，行政法規可以對法令進行修改，從而保障行政長官對澳門社會管理中的立規權，有利於發揮行政主導的作用。

(2) 政府專屬提案權

按照基本法的規定，政府在立法事項上的主導權受到保障。香港基本法第 74 條、澳門基本法第 75 條規定，政府對涉及公共收支、政治體制或政府運作的方案享有專屬提案權。專屬提案權是行政主導立法的一個十分重要的權力。然而，基本法的規定不斷受到反對行政主導的政治力量的挑戰，這些人意圖吞食政府的提案權。例如，有人提出將專屬提案權限定為提出法案的啟動權，提出後立法會議員可以隨意提出修改案替代政府的法案，變相成為政府和議員共享提案權，削弱行政主導的作用。如果不能真正落實政府的專屬提案權，行政主導立法是一句空話。對此，澳門立法會議事規則作出了細則性規定。立法會議事規則第 101 條和 103 條規定，議員和政府享有法律提案權和隨後的提案權。即立法會議員可以對政府專屬提案的內容提出修改的建議，但不能作出修改的決定，不能提出修改的法案，政府專屬提案權法案是否要修改由政府決定。這具體規範了政府專屬提案權的制度，對行政主導在立法方面的作用作出了保障。

(3) 負責基本法實施

香港基本法第 48 條、澳門基本法第 50 條規定，行政長官負責執行基本法。為甚麼要規定由行政長官負責執行基本法？基本法是全國人民代表大會制定的全國性法律，也是中央對特區管制的法律基礎。基本法能否得到完整全面的執行，事關"一國兩制"成敗，行政長官作為特區的最高首長，有權力和責任負責執行基本法，這也體現了行政長官對中央的負責。

(4) 政府對立法會負責的範圍

香港基本法第 64 條、澳門基本法第 65 條規定，政府對立法會負責。根據基本法的規定，在行政主導體制下，特區政府與西方的議會內閣制是不同的。特區政府不是由立法會產生，立法會無權罷免主要官員，即無權倒閣，不能運用此種手段制約行政長官。政府對立法會負責，主要做好三件工作：執行立法會通過的法律，定期向立法會作施政報告，答覆立法會議員的質詢。反對行政主導的政治力量意圖擴大政府對立法會負責的範圍，搞出一些小動作，如對行政長官和主要官員提出不信任案，變相實行議會內閣制。對於違反基本法規定的行為應該堅決制止。

（二）行政主導與立法制約的平衡

分權和制衡理論不僅要通過分權限制政府的權力，而且要保持一個具有最低限度的強有力政府，能夠有效地管理社會。[1] 政治體制的目的是更有效地管理社會，要求政治體制中的行政機關與立法機關既相互制約，又相互合作。沒有制約會使政治體制中的權力被濫用而導致政治體制失衡。同樣，沒有合作會使政治體制中的權力對抗而導致政治體制的失效。失衡和失效都是對政治體制的破壞。所以，政治體制中行政機關與立法機關既制約又合作是必然的。問題的關鍵不是應否存在制約和合作，而是在甚麼條件下制約和合作。同樣，行政主導不等於行政專制，在行政主導之下，行政與立法之間需要制約和合作。制約與合作是行政主導體制運行的必要條件，可以有助於防止權力的濫用與異化。而"一國兩制"作為一個完整的系統，權力分工和權力制約是為了權力

---

[1]　[法] 孟德斯鳩：《論法的精神》，上冊，張雁深譯，商務印書館，1997 年，第 218 頁。

更好地配合，從而有利於制度更好地運行。

1. 行政長官對立法會制約

香港基本法第 49 條、50 條、56 條，澳門基本法第 51 條、52 條和 75 條規定賦予行政長官通過兩個權力制約立法會。

第一個權力是根據基本法，行政長官有權拒絕簽署立法會通過的法案。由於立法會的主要工作就是立法，而立法會通過的法律需要得到行政長官的簽署才能夠公佈產生效力，因此賦予行政長官拒絕簽署立法會通過的法律的權力就構成了對立法會權力的制約。當然行政長官拒絕簽署立法會通過的法律也有一定的限制，以澳門為例：第一，行政長官一定要說明拒絕簽署立法會通過的理由，如法案不符合澳門的整體利益或不符合基本法。第二，一定要以書面的形式說明所不簽署的理由，這是形式要件。第三是時間限制，行政長官要在九十天之內作出簽署或不簽署的決定，若不簽署就要發回，不能遙遙無期。很多人會問為甚麼基本法規定的是九十天而非過去《澳門組織章程》規定的十五天？基本法之所以規定九十天，主要就是因為澳門基本法賦予了行政長官解散立法會的權力。過去總督無權解散立法會，只能建議總統解散立法會，所以解散立法會的責任在總統，而不是總督。但是現在澳門基本法把解散立法會的權力交給了行政長官，行政長官承擔了更大的責任。如果行政長官不簽署法案，發回後立法會再通過原案的話就只能解散立法會，若不解散的話行政長官就要下台。解散立法會是一個很嚴肅的問題，只有窮盡了其他辦法解決不了才會採取此行動。而且基本法規定，行政長官只能在任期內解散一次，不能夠無限期的解散，不像西方政府首腦解散立法會的次數是沒有限制。由於行政長官需要承擔政治責任，所以行政長官把法案發回的時候，一定要非常慎重，需要有足夠的時間去考慮、去協調、去徵求意見。九十天的規定就是基於這些考慮，讓行政長官在此期限內聽取意見，與立法會議員和社會各界人士協商。

行政長官對立法會的第二個制約就是行政長官可以解散立法會。當然解散立法會也有很多限制，不是說行政長官想解散就解散，而是要遵循程序，提出理由，並有次數限制。在下列情況下行政長官可以解散立法會：

第一種情況就是行政長官所領導的特區政府向立法會提出了重要的法案，但立法會不通過這個法案。比如政府提出的財政預算或關係到整體利益的法案，立法會不通過，政府與立法會協商以後還沒有結果，但因為涉及到特區的整體利益政府認為這個法案必須要通過，立法會與行政長官之間的矛盾已經不可調和，沒有其他方法可以解決。在這種情況下，行政長官只有一個辦法就是解散立法會。

第二種情況是行政長官認為立法會審議通過的法案不符合特區整體利益或不符合基本法，拒絕簽署法案，發回至立法會，立法會又再次通過原案。在這種情況下行政長官只有兩種選擇，第一就是簽署，第二就是解散立法會。所以這種情況下解散立法會是要有前提的，一定是行政長官發回之後立法會不修改又再次通過，只有到了第二次，如果行政長官仍拒絕簽署才可以解散立法會。

這就是行政長官解散立法會的兩種情況，一種是被動式的，即立法會逼着行政長官去解散；還有一種是主動式的，即行政長官拒絕簽署立法會通過的法案。同時澳門基本法第52條規定解散立法會要符合條件：第一，行政長官在解散立法會前，一定要聽取行政會意見；第二，行政長官解散立法會一定要向公眾說明理由，因為重選立法會時選民需要辨別是同意行政長官的意見還是同意立法會的意見，所以就需要行政長官給出書面的理由；第三，行政長官在其任期內，只能解散一次立法會，不是無限次解散。雖然這是行政長官對立法會的制約，但其權力也要受到一定的限制，只有到了無法協商的時候，行政長官才能考慮有沒有必要去解散立法會。

2. 立法會對行政長官的制約

立法會對行政長官也有兩個制約手段。

第一個制約手段就是立法會可以再次通過原案。當行政長官把法案發回，立法會有兩個選擇：一個選擇是考慮行政長官的意見，對法案做出修改，然後再審議通過，送至行政長官重新簽署；另一個選擇是一字不改再次通過原案，即再次通過行政長官發回的原案。同時基本法對於再次通過原案的法定人數也是有要求的，就是一定要三分之二以上多數通過。通常立法會通過法案只要過半數即二分之一以上通過即可，但是通過行政長官發回來的原案一定要取得立法會絕對多數即三分之二以上通過，這是一個限制。也就是說立法會行使立法權限的時候也不是完全受制於行政長官，如果立法議員堅持認為通過這法案是沒有問題的，那麼反過來對行政長官也是有約束的。因為當立法會再次通過原案，行政長官就要考慮簽署還是不簽署。如果行政長官仍然拒絕簽署就要解散立法會，但如果重選後的立法會最後還是通過原案，行政長官就要下台。這是立法會對行政長官的第一個制約。

第二個制約就是立法會可以對行政長官提出彈劾。香港基本法第 73 條、澳門基本法第 71 條規定的，行政長官有嚴重違法行為而不辭職的時候，立法會就可以啟動彈劾程序。前文已經介紹，這裡不再重複。

3. 行政與立法之間的合作

行政長官和立法會之間不僅彼此制約，也要相互配合。第一，立法機關制定法律，行政機關負責執行法律。立法機關對行政機關的制約目的就是保障行政活動在法律範圍內進行，做到依法、合法行政。第二，行政機關對社會進行管理，立法機關對行政管理進行制約就是為了促進行政機關的活動能夠合理、有效地實現社會的公共利益，做到行政管理的合理和有效。因此，立法機關對行政機關的制約就是為了行政機關的活動能夠實現合法、合理、有效，絕對不能偏離這個目的。當行政機關依法施政時，立法機關就不能為反對而反對，為制約而制約，影響行政機關的有效施政。行政與立法合作是基本法設計特區政治體制時的一個基本原則，如在行政會議或行政會組成人員的結構上，明確規定協助行政長官決策的行政會有立法會議員參加。這樣行政長官在制定政策和決定政策的過程中，不僅聽取了政府官員的意見，也聽取立法會議員的意見和其他社會人士的意見，就會更加全面，有助於行政與立法之間的合作。

（三）司法獨立

司法獨立是現代法治的最基本原則。正如埃爾曼（Henry W. Ehrmann）指出："如果司法過程不能以某種方式避開社會中行政機構或其他當權者的擺佈，一切現代的法律制度都不能實現它的法定職能，也無法促成所期望的必要的安全與穩定。這種要求通常被概括為司法獨立原則。"[1] 由於歷史的原因，澳門原有的司法制度不夠完善，有些規定也不符合中國對澳門恢復行使主權的要求，需要根據基本法的規定和澳門的實際情況進行重組。根據《全國人民代表大會關於澳門特別行政區第一屆政府、立法會和司法機關產生辦法的決定》第七點規定，澳門特別行政區法院由澳門特別行政區籌備委員會負責籌組。1999 年 7 月 3 日全國人民代表大會澳門特別行政區籌備委員會第 9 次全體會議通過《澳門特別行政區司法機關具體產生辦法》，根據這個產生辦法，完成了澳門特別行政區法院和檢察院的組建。1999 年 12 月 20 日立法會通過了第 9/1999 號法律《司法組織綱要法》，就法院和檢察院的組織、職權和運作做出了具體的規定。

香港基本法第 85 條、澳門基本法第 83 條規定：特別行政區法院獨立進行審判（，只服從法律），不受任何干涉。從基本法的規定中，司法獨立包含了三個意思。第一，司法權的專屬性。司法權獨立於行政權與立法權，不與行政機關和立法機關分享司法權。第二，司法權的獨立行使。司法權

[1]　［美］埃爾曼：《比較法律文化》，賀衛方、高鴻鈞譯，三聯書店出版社，1990年，第 134 頁。

由法院獨立行使，法院要獨立行使審判權，不受行政、立法及社會團體的干涉。法院間也要獨立，即不僅行政法院與普通法院之間要獨立，同時上下級法院之間也要獨立。同時，法官也要獨立。為實現司法獨立最終體現於每一個具體案件中，因此法官就要獨立。基本法從兩方面保障法官獨立，以澳門為例：一方面是法官任命要獨立，由一個獨立的委員會來推薦，行政長官根據推薦進行任命；另一方面就是法官免職也要獨立，法官只有在無力履行其職責或行為與其所任職務不相稱的情況下，行政長官才可根據終審法院院長任命的不少於三名當地法官組成的審議庭的建議，或是根據特別行政區立法會議員組成的審議委員會的建議，予以免職。為確保法官獨立審判，基本法明確規定了法官履行職責的行為不受法律的追究，在任職期間，不得兼任其他公職或任何私人職務，也不得在政治性團體中擔任任何職務。第三，司法權必須依法行使。法院只有在依法的前提下行使審判權才能獨立，脫離法律沒有獨立可言，甚至會變為司法霸權。換言之，司法獨立指的是法院與法官在行使審判權的過程中保持獨立，不受外來干涉，目的是保障法官能夠嚴格依照法律作出公平公正的判決。

第六章

作為權利基礎的
政府與居民
關係命題

一、基本概念

（一）公民與居民

1. 公民

憲法第 33 條規定："凡具有中華人民共和國國籍的人都是中華人民共和國公民。中華人民共和國公民在法律面前一律平等。國家尊重和保障人權。任何公民享有憲法和法律規定的權利，同時必須履行憲法和法律規定的義務。"這明確了我國公民是指具有我國國籍的人士，根據我國法律規定享有權利和承擔義務。

"公民"（Polites）一詞的概念最早可追溯到古希臘，意為"屬城邦的人"。在城邦建立的過程中，當需要處理人們公共生活的各項事務而進行權力分配時，便形成了主權者和被統治者兩個階層或階級，而那些能夠享受主權的一類人僅限於具有本城邦血統的人。[1] 對於"公民"，亞里士多德認為："凡有權參加議事和審判職能的人，我們就可說他是那一城邦的公民；城邦的一般含義就是為了要維持自給生活而具有足夠人數的一個公民集團。"[2] 對於公民而言，他們是城邦的權利主體，有共同信奉的家族、部落的神，他們堅信只有在本邦神的庇佑下才能生存，離開城邦是很痛苦的事情，他們把

---

[1] 孫玉紅、陳二林：〈西方"公民"概念演變的歷史考察——基於個人與國家關係的維度〉，《人民論壇》，2013 年第 23 期，第 189 頁。

[2] ［古希臘］亞里士多德：《政治學》，吳壽彭譯，商務印書館，2010 年，第 116-117 頁。

放逐看成"比死亡更嚴酷的懲罰"。[1] 之後，經歷上帝的"子民"和封建王權的"臣民"階段，11世紀城邦工商業的發展將城鎮（town）和鄉村聯結起來，規模更大的城市（city）出現了，隨之也出現了"市民"（burgenses）一詞，其作為一種既非領主又非附庸的具有獨立合法身份的社會階層，主要由商人和工匠組成。[2] 市民階層為實現經濟和政治利益，組成行會促使城市通過立法予以保護。然而中世紀後期，行會逐步蛻變為特權階層，實行壟斷。城市市民的平等意識在文藝復興和宗教改革運動的激發下覺醒，組成組織對行會進行反抗，最終城市市民站在王室一邊，而王室逐漸向國家機構轉化。[3] 隨着商品經濟的發展與城市不斷向外擴張市場，一種完全不同於自然經濟的非自足性經濟形態開始深刻地影響着人們的生活，市民社會逐步形成。到了14世紀後期，歐洲各地的市民基本上都以市民社會的面貌而登上了歷史舞台。而由於王室轉化為國家機構以及絕對主義國家的生成，市民也逐漸地獲得了另一重角色，那就是"公民"。[4] 事實上，現代意義上的公民是由市民演化而來的，在民族國家形成之前，市民就是公民，就是指自由城市中的自由民。但是在民族國家形

---

[1]　[法] 庫朗熱：《古代城邦：古希臘羅馬祭祀、權利和政制研究》，譚立鑄等譯，華東師範大學出版社，2006年；孫玉紅、陳二林：〈西方"公民"概念演變的歷史考察——基於個人與國家關係的維度〉，《人民論壇》，2013年第23期，第189頁。

[2]　孫玉紅、陳二林：〈西方"公民"概念演變的歷史考察——基於個人與國家關係的維度〉，《人民論壇》，2013年第23期，第190頁。

[3]　孫玉紅、陳二林：〈西方"公民"概念演變的歷史考察——基於個人與國家關係的維度〉，《人民論壇》，2013年第23期，第190頁。

[4]　孫玉紅、陳二林：〈西方"公民"概念演變的歷史考察——基於個人與國家關係的維度〉，《人民論壇》，2013年第23期，第190頁。

成之後，二者的含義發生了分野：市民失去了政治的含義，不再以政治國家為前提，而成為與市民社會相對應的個人，而公民則以政治國家為前提。[1]

"公民"這個稱謂在我們國家也有其演變過程，建國初在《共同綱領》中使用的是"國民"的稱謂，從 1953 年制定的選舉法開始，用"公民"取代"國民"這一稱謂，以後的幾部憲法也都沿用這一稱謂。同時憲法條文中多次出現"人民"的提法，1954 年起草憲法時，參與起草工作的法律小組對"人民"和"公民"作了區別與比較：人民包括工人階級、農民階級、小資產階級和民族資產階級，他們是國家的一切權力的所屬者；而公民則包括一切具有中華人民共和國國籍的人，公民是法律上權利和義務的主體。從本質意義上說，人民是政治概念，指的是各民族階級；而公民是法律概念，表明在法律上的地位。從形式上看，人民通常是用於集體意義上的，而公民總是用於個體意義上的。[2]

特區的中國公民是指具有中國國籍的人。列於基本法附件三中的《中華人民共和國國籍法》在特別行政區適用，即特區居民是否為中國公民須依照中國國籍法確定。同時全國人民代表大會常務委員會於 1996 年 5 月 15 日通過〈《中華人民共和國國籍法》在香港特別行政區實施的幾個問題的解釋〉，於 1998 年 12 月 29 日通過〈關於《中華人民共和國國籍法》在澳門特別行政區實施的幾個問題的解釋〉。文件區分了兩種情況：第一，凡具有中國血統的港澳居民，本人出

---

[1]　孫玉紅、陳二林：〈西方"公民"概念演變的歷史考察——基於個人與國家關係的維度〉，《人民論壇》，2013 年第 23 期，第 191 頁。

[2]　蔡定劍：《憲法精解》，法律出版社，2006 年，第 241 頁。

生在中國領土（含港澳特區）者，以及其他符合中華人民共和國國籍的條件者，不論其是否持"英國屬土公民護照"或者"英國國民（海外）護照"，葡萄牙旅行證件或身份證件，都是中國公民；第二，凡具有中國血統又具有葡萄牙血統的澳門特別行政區居民，可根據本人意願，選擇中華人民共和國國籍或葡萄牙共和國國籍，確定其中一種國籍，即不具有另一種國籍。[1] 澳門特區第 7/1999 號法律《澳門特別行政區處理居民國籍申請的具體規定》，對國籍申請的種類（加入、退出、恢復、選擇、變更中國國籍等），均作了具體規範。澳門因中葡人士通婚產生了一部分同時具有中國和葡國血統的社群，俗稱"土生葡人"或"葡萄牙後裔居民"。按照葡萄牙國籍法，他們是葡萄牙公民；按照中國國籍法，他們是中國公民，但中國國籍法不承認雙重國籍。為解決其國籍問題，國家採取了靈活的辦法：一是尊重他們本人的意願，不強求他們做中國公民；二是允許其自由選擇國籍且不規定時限。根據第 8/1999 號法律《澳門特別行政區永久性居民及居留權法律》第 8 條的規定，外籍人士在申請成為永久性居民時，要簽署一份聲明書，聲明其本人以澳門為永久居住地。如果上述人士選擇了這一做法，實際上就等同於選擇了中國國籍。再如，上述人士若參與澳門特別行政區全國人民代表大會代表的選舉，也意味着選擇了中國國籍。世界各國憲法規定公民（或稱為國民）為基本權利和義務的主體，因為公民與國家是緊密聯繫、不可分的，是構成國家的因素，並與一國的

---

[1] 〈全國人民代表大會常務委員會關於《中華人民共和國國籍法》在澳門特別行政區實施的幾個問題的解釋〉。

國籍聯繫在一起。

2. 居民

《中華人民共和國居民身份證法》使用"居民"一詞，其第 1 條明確規定了本法制定的目的，是"證明居住在中華人民共和國境內的公民的身份，保障公民的合法權益，便利公民進行社會活動，維護社會秩序"。第 8 條規定："居民身份證由居民常住戶口所在地的縣級人民政府公安機關簽發。"第 9 條規定："香港同胞、澳門同胞、台灣同胞遷入內地定居的，華僑回國定居的，以及外國人、無國籍人在中華人民共和國境內定居並被批准加入或者恢復中華人民共和國國籍的，在辦理常住戶口登記時，應當依照本法規定申請領取居民身份證。"同時，《中華人民共和國公民出境入境管理法實施細則》第 7 條規定："居住國內的公民辦妥前往國家的簽證或者入境許可證件後，應當在出境前辦理戶口手續。出境定居的，須到當地公安派出所或者戶籍辦公室註銷戶口。"因此居民是指居住在中國境內的公民，與戶籍概念相關。因此居民即居住在國內的公民，若出境定居的，須到當地公安派出所或戶籍辦公室註銷戶口。

香港基本法、澳門基本法第 24 條規定特別行政區居民，簡稱香港或澳門居民，包括永久性居民和非永久性居民。

香港特別行政區永久性居民包括："（一）在香港特別行政區成立以前或以後在香港出生的中國公民；（二）在香港特別行政區成立以前或以後在香港通常居住連續七年以上的中國公民；（三）第（一）、（二）兩項所列居民在香港以外所生的中國籍子女；（四）在香港特別行政區成立以前或以後持有效旅行證件進入香港、在香港通常居住連續七年以上並以香港為永久居住地的非中國籍的人；（五）在香港特別行政區成立以前或以後第（四）項所列居民在香港所生的未滿二十一週歲的子女；（六）第（一）至（五）項所列居民以外在香港特別行政區成立以前只在香港有居留權的人。"

澳門特別行政區永久性居民包括："（一）在澳門特別行政區成立以前或以後在澳門出生的中國公民及其在澳門以外所生的中國籍子女；（二）在澳門特別行政區成立以前或以後在澳門通常居住連續七年以上的中國公民及在其成為永久性居民後在澳門以外所生的中國籍子女；（三）在澳門特別行政區成立以前或以後在澳門出生並以澳門為永久居住地的葡萄牙人；（四）在澳門特別行政區成立以前或以後在澳門通常居住連續七年以上並以澳門為永久居住地的葡萄牙人；（五）在澳門特別行政區成立以前或以後在澳門通常居住連續七年以上並以澳門為永久居住地的其他人；（六）第（五）項所列永久性居民在澳門特別行政區成立以前或以後在澳門出生的未滿十八週歲的子女。以上居民在澳門特別行政區享有居留權並有資格領取澳門特別行政區永久性居民身份證。澳門特別行政區非永久性居民為：有資格依照澳門特別行政區法律領取澳門居民身份證，但沒有居留權的人。"

即特區居民為定居在港澳特區的人士，依據基本法第24條又分為永久性居民和非永久性居民，前者指有資格領取永久性居民身份證並在特別行政區享有居留權的人，後者指有資格領取居民身份證但不享有居留權的人。

可以看到，與"居民"相對應的是居住地，是其與居住地建立的聯繫；而"公民"則是與國家相聯繫，是具有一國國籍之人。一國公民可以不居住在本國領土上,依然保有該國國籍;而一地居民可以與某地建立居住的聯繫,同時擁有非屬本地區的國籍,但一旦不在該地區居住,就喪失居民的資格。這就是居民與公民的本質區別。[1] 基本法使用居民概念是符合香港、澳門的法律地位的,因為特區並不是一個政治實體,而是國家的一個地方行政區域,因此並沒有一個與國籍相聯繫的獨立的公民概念。居民作為基本權利和義務的主體是特區法律制度的一個特色。

(二)基本權利

1. 基本權利的由來

基本權利通常規定於憲法,而各國憲法對基本權利各有規定。有的國家憲法把基本權利的範圍劃得較窄,如美國憲法前十條修正案將基本權利限於生命、自由和財產等最基本的方面。有的國家憲法對基本權利的規定較寬,不僅涵蓋前述傳統的權利內容,而且觸及經濟、社會、文化等權利內容。我國憲法規定的基本權利是較為廣泛的,不僅有生命、安全、自由、財產權和政治權利,還有勞動權、受教育權,以及國家提供社會保障的權利等內容。對公民基本權利保護的寬窄,與一個國家的政府職能大小、意識形態的價值觀、國家經濟發展水平等因素有關。[2] 香港、澳門基本法分別在第三章規定港澳居民享有各項基本權利。

[1] 駱偉建:《澳門特別行政區基本法新論》,社會科學文獻出版社、澳門基金會,2012年,第158-159頁。
[2] 蔡定劍:《憲法精解》,法律出版社,2006年,第235頁。

就基本權利的產生而言，我們認為它與如下兩方面的影響因素密切相關。第一，與近代西方人權思想的興起密切相關。近代意義上的人權思想起源於 14 至 16 世紀的文藝復興運動。致力於這場運動的思想家們高揚人性，將目光從神轉向人，從天堂轉向塵世，並重視人的主體性地位。一些人文主義者如詩人但丁（Dante Alighieri）、作家薄伽丘（Giovanni Boccaccio）等強調人的自然本性、自由意志、世俗生活和文化教育，反對封建等級制度和專制主義，倡導個性解放與個人自由。經過文藝復興以及之後的宗教改革運動，西方人權思想已初見端倪，爾後的思想家們則將這種人權思想系統化為全面的人權理論體系，將前述思想中所包含的理性、平等和正義觀念轉化為各種權利以及權利不可侵犯的要求。[1] 這一人權思想的成熟經歷了幾代思想家的共同努力，包括荷蘭思想家格勞秀斯與斯賓諾莎、英國思想家霍布斯與洛克、法國思想家盧梭等。

這些思想家在建構人權理論體系時預設不同，藍圖亦不同。有的認為在國家出現之前，人們活在自然狀態下是極其幸福的，而國家的出現限制了權利。有的認為在自然狀態下人們之間的關係實為＂物競天擇，適者生存＂的＂叢林法則＂，人們之間始終處於戰爭狀態，因此只有一個政治共同體的出現才能結束這種狀態。考慮到將人權思想系統化的典型人物是英國思想家洛克，此處僅闡述洛克的思想。洛克認為，在前政治社會時期或者在民族國家出現之前，人們生而平等，享有天賦的生命、自由和財產，這正是＂天賦人權＂

---

[1]　秦前紅主編：《新憲法學》，武漢大學出版社，2013 年，第 23 頁。

觀或"自然權利"觀的體現。自然權利是天賦的、超階級的和抽象的，包括生存權、平等權、自由權和財產權。但這種狀態下並非不存在問題，問題在於缺乏一套為大家所普遍接受的明文法律、一個有權依法裁判的法官，以及一種執行公正判決的力量。如此而來，人雖享有權利，卻時常充滿危險與恐懼，因為一個人不知明天是否還會繼續享有權利。因此，洛克推論到人們需要締結社會契約與組成政治社會。在政治社會中，人人讓渡自己的部分權利以形成具有強制執行力的政治權力，以切實保障人們的生命、自由和財產等，也即政治權力存在的目的是保護這些天賦的人權。[1]

當然，有必要提醒的是，所謂"自然狀態""自然權利"與"社會契約"這些概念是思想家的理論預設或產物，甚至有些假想的意味而不一定符合真實的歷史。一些唯物主義的思想家更是會反對前者對國家或權利思想的解讀，認為國家的出現根本不是甚麼社會契約或者人們合意的結果，而是隨着私有制的產生，人們的活動單位從簡單家庭到氏族部落，處於統治地位的階層鞏固自己財產、特權的強權工具。[2] 至於近代歐洲出現的權利思想，他們認為這些無非是資產階級對抗國王等特權階層的理論工具而已。然而，無論如何，前述思想家的理論工作着實推動了近代歐洲從"身份社會"到"契約社會"的過渡，推動了從"血統論"到"個體論"的過渡，使平等、自由、財產權等價值逐漸普及並成為主流思想。

第二，基本權利的產生與近代西方的整體背景，即與由

---

[1] 秦前紅主編：《新憲法學》，武漢大學出版社，2013年，第23頁。

[2] ［德］恩格斯：《家庭、私有制和國家的起源》，人民出版社，2019年。

中世紀的封建社會向資本主義社會轉變有關。一個時期的思想往往是同一時期社會問題的反映，換言之，某種思想的產生絕不是"天外飛物"，而是人間要求的投射。在資本主義生產方式逐步取代封建主義生產方式的過程中，擁有資本者的話語權逐漸強於因特權身份而處於統治地位者。"他們（資產階級）對於國王的虛張聲勢的威嚇漠然視之，他們口中的傲慢態度雖然在言詞方面還不算失禮，但卻表示一切已完全變更，表示他們在思想上也是自視甚高的，且表示他們決心要採取權威的行動。"[1] 自由競爭、平等交換、保護財產等經濟要求必然反映到政治鬥爭上來，而作為政治鬥爭手段的資產階級革命就是以保護公民所認為應當享有的權利向封建君主專制發起挑戰為開端的。資產階級革命勝利的結果之一就是將公民的基本權利由上述思想家的思想層面落實到憲法的文本層面，對公權力機關產生實際的約束力。[2] 例如，英國憲法就是資產階級在不斷反對王權以要求保障公民權利中，迫使英王簽署的一系列憲法性文件，如 1628 年的《權利請願書》、1679 年的《人身保護法》、1689 年的《權利法案》等。

再如，美國 1776 年在反對英國殖民統治鬥爭時通過的《獨立宣言》宣稱："人人生而平等，皆由上帝賜予權利，其中有生命的權利、自由的權利以及追求幸福的權利。為了保障此種權利，才在人們中間成立政府，而政府所有的權力應基於被統治者的同意。任何形式的政府，凡破壞此種目的時，人民即有權利予以更廢，並建立以此原則為基礎的新政

---

[1] ［法］基佐：《1640 年英國革命史》，伍光建譯，譯林出版社，2016 年，第 12 頁。

[2] 蔡定劍：《憲法精解》，法律出版社，2006 年，第 236 頁。

府。”至於法國，其 1789 年大革命時即頒佈《人權和公民權宣言》，而 1791 年憲法將之作為序言，並在正文規定公民的選舉權及遷徙、集會、請願、言論、宗教信仰等權利自由。此後，其他資本主義國家以及社會主義國家也紛紛仿效這些國家，把公民基本權利寫進憲法。

人權思想與資產階級革命分別在思想與實踐層面推動了公民基本權利落實於憲法文本之上。在這層意義上，公民的基本權利亦通常稱為公民的憲法權利，由於憲法的公法屬性，其調整的是私主體（如個人）與公權力（如國家）之間的關係，這種權利亦通常稱為公法權利、公權利或主觀公權。這些概念皆意在說明作為公法權利的基本權利主要是私主體針對公權力所享有的權利，而非私主體之間的權利。例如，民法和憲法分別規定財產權，但民法上的財產權指的是平等主體之間的財產權，即某一私主體針對其他私主體的財產權利；而憲法上的財產權則是某一私主體針對公權力所享有的財產權利。

循此思路，公民基本權利的特點可總結為：首先，在一般意義上，它是公民個人享有的權利，而非集體的或者組織的權利。其次，在憲法關係屬性上，它主要是個人針對國家的權利，而非私法關係中平等主體之間的權利。再次，近代以來的基本權利主要是個人針對國家的防禦性權利，強調國家不得在沒有法律根據或者授權的情況下干預或者限制個人權利；現代以後，基本權利擴展到要求國家積極作為以幫助個人實現權利。最後，基本權利需要通過一定途徑予以救濟。當基本權利受到國家公權力的不法侵害時，公民個人有權向法院或者其他機關提起訴訟或以其他方式請求救濟。[1]

2. 基本權利的類型

基本權利的劃分方法很多，其中最簡明的是"消極權利"與"積極權利"的二分法，其始於英國著名政治哲學家以賽亞·伯林（Isaiah Berlin）在其論文《自由的兩種概念》中把自由分為"消極自由"（negative liberty）和"積極自由"（positive liberty）的做法。該二分法也是基本權利最重要的分類方法。消極權利是指要求國家不作為的權利，對應國家的消極義務，如人身自由、經濟自由和精神自由等；而積極權利則要求國家作出相應作為，對應國家的積極義務，如社會權和參政權。這種分類方法清楚而嚴整，是極好認識也極好使用的邏輯結構，在基本權利的規範分析中具有極為重要的地位。[2]

深入來看，這是一種依據不同權利的價值屬性以及依據其與國家權力之間的關係所作的分類。自由權是自由價值的憲法體現，社會權是平等價值的憲法體現。在與國家權力的關係上，自由權是消極國家觀的思想體現，社會權是積極國家觀或能動國家觀的體現。前者稱為"免於束縛的自由"，後者稱為"免於匱乏的自由"。在自由價值佔主流地位的早期資本主義國家，一般認為公民權利與政治權利是要求國家不作為的權利，是要求國家不得干預個人自由的法律表現，屬消極自由的範疇。這類權利是個人持有的最基本的權利，也

[1] 《憲法學》編寫組：《憲法學》，高等教育出版社，2011 年，第 196-197 頁。

[2] 張翔：《基本權利的規範建構》，法律出版社，2017 年，第 61 頁。

是憲法和國家法律必須保障予以實現的權利。反觀社會權，其需要國家的積極作為，更多的是政府提供給個人的一種福利、利益或者好處，而不是一種權利。[1]

實際上，這一點不同之處反映的是不同社會階層如有經濟實力者與無經濟實力者對政府角色的不同態度。在現實實踐中，社會權往往意味着政府有義務作為以對無經濟實力者提供幫助與救濟，但政府的救濟資源並非"天上掉豆包"，而是藉徵稅等環節從經濟實力者所得。如此而來，無經濟實力者的社會權實則對應的是有經濟實力者的"掏腰包"，無怪乎主張"社會權"是一種政府恩惠或好處而非權利的人往往是有產者。但是，無論如何，在現代國家，"免於匱乏的自由"亦被人們所普遍重視。也即要求國家有所作為的社會權同樣是公民的基本權利，而非是國家的"施恩"行為。不過，通常認為自由權與社會權之間還是有一定的區別，主要體現在救濟途徑上。例如自由權是可訴的權利，當其受到國家侵犯時，可以通過法院甚至通過裁定法律、法規的合憲性予以救濟。社會權是不可訴的權利，無法取得司法救濟，不是通過司法程序而是通過政治程序給予救濟。

3. 基本權利的效力

基本權利的效力指的是基本權利並非一項空洞的道德話語而是有實際的約束力。如前所述，從近代憲法產生的歷史背景以及立憲主義的精神來看，基本權利的規範是在調整個人與國家關係或者個人與公權力的關係的基礎上產生的。這

---

[1] 鄭賢君：《基本權利原理》，法律出版社，2010 年，第 132-133 頁。

就決定了基本權利的效力主要針對國家或者公權力，而不及於私人關係或者私法領域。[1] 例如，德國基本法第 1 條第 1 項規定：人的尊嚴不可侵犯，尊重和保護它是國家的義務。再如其第 3 項規定："下列基本權利直接有法律效力，並約束立法、行政及司法。" 我國現行憲法第 33 條亦有規定："國家尊重和保障人權。"

基本權利的效力體現為兩方面，一是主觀效力，二是客觀效力。主觀效力指的是基本權利的 "可主張性" 或 "可請求性"。當當事人的基本權利被侵害時，基本權利的主觀效力體現為當事人可通過訴訟等救濟手段要求恢復或賠償。客觀效力指的是基本權利是一種客觀的價值秩序，是國家公權力和全人類共同追求的價值目標，是拘束國家權力的客觀法規範。[2] 主觀效力比較容易理解，最常發生在司法訴訟中。客觀效力的普及源於德國的 "呂特案"。"呂特案" 是一起平等主體之間的民事侵權案件，但憲法法院在判決時論到基本權利的客觀效力，即基本權利作為客觀價值秩序，"對所有法領域發生效力，在民法中，通過私法的規定間接地擴展其法律內涵"[3]。實際上，在行政執法時，基本權利亦能發揮客觀效力。例如，小偷在為逃避警察抓捕而面臨生命危險時，如以跳崖或跳海相威脅，警察在執法手段上就需要作出衡量，此時小偷的生命權約束着警察的執法行為。

---

[1] 《憲法學》編寫組：《憲法學》，高等教育出版社，2011 年，第 203 頁。

[2] 李建良：《憲法理論與實踐（一）》，台灣學林文化事業有限公司，2003 年，第 65 頁。

[3] 張翔主編：《德國憲法案例選釋第 1 輯（基本權利總論）》，法律出版社，2012 年，第 22 頁。

基本權利的效力不意味着其不受限制。如果說主觀效力與客觀效力體現的是基本權利受保障的一面，那麼基本權利的限制則體現其不受保障的一面。一般而言，對基本權利的限制在符合如下條件時符合憲法：一，限制主體適格，即須符合法律保留原則。對於行政、司法機關而言，其只能按照法律（狹義的法律）許可的範圍、程度、程序和方式對基本權利予以限制，法律沒有規定的，行政、司法部門不能逾越，否則違法和違憲。另一方面，對於立法機關而言，一項限制基本權利的立法如超越了憲法明確規定的限制，亦屬違憲。二，限制目的正當。對基本權利的限制須符合一定的目的。我國憲法第 51 條規定："中華人民共和國公民在行使自由和權利的時候，不得損害國家的、社會的、集體的利益和其他公民的合法的自由和權利。"如對基本權利的限制並非基於此類正當目的，則屬違憲。三，符合比例原則。所謂比例原則，指的是評估限制基本權利的手段與限制目的之間是否存在合適關係的一套標準。評估因素包括限制手段是否能達成限制目的——"配的鑰匙打不開鎖"顯然不行；限制手段是否最為溫和——"大炮打蚊子"顯然不行；以及看限制手段所獲得的利益與失去的利益之間是否達成基本的平衡——"傷敵八百自損一千"顯然不行。

4. 基本權利的內容

香港、澳門基本法列舉許多基本權利，包括平等權、選舉權和被選舉權、言論自由、人身自由、財產權，等等。此處僅簡要列明幾項，例如，兩部基本法第 6 條均規定保護私有財產權。私有財產權是指公民個人通過勞動或其他合法方式取得財產和佔有、使用、處分其財產的權利。爭取財產權是近代憲法誕生的基點。我們完全可以想像,在物質仍然有限的近代社會之中,財產的擁有和保障對於個人的生命、生存和發展有着不可或缺的意義,這一意義甚至成就了近代以來各國憲法的核心價值。正是對財產的獲得和保障,使得公民個體可以擺脫奴隸社會以及封建社會時期存在的人身依附關係,"有恆產者有恆心",為人的精神自由、機會平等、自律自主的生存提供了可能的機會,為獨立的人格的生成提供了契機。[1] 毫不誇張地說,財產權使人有機會像"人"一樣活着,使人有機會按自己的想法活着,因為沒有"麵包"無從談"詩和遠方"。還有,財產權使人有機會為其血脈延續的後輩的崛起創造可能。黃仁宇先生曾有這樣的描述:"一個農民家庭如果企圖生活穩定並且獲得社會聲望,唯一的道路是讀書做官。然而這條道路漫漫修遠……通常的方式是一家之內創業的祖先不斷地勞作,自奉儉約,積銖累寸,首先鞏固自己耕地的所有權,然後獲得別人耕地的抵押權,由此而逐步上升為地主。這一過程常常需要幾代的時間。經濟條件初步具備,子孫就得到了受教育的機會。"[2]

與其他權利一樣,財產權的存在並不是絕對的,財產權的社會性實際上決定了財產權存在的界限。[3] 財產權的社會性有兩點含義:一是財產取自社會,且影響着社會,為此在財產權的運用上需要照顧到社會的需要;二是財產權的保障需

---

[1] 胡錦光主編:《憲法學原理與案例教程》,中國人民大學出版社,2013年,第236頁。

[2] 黃仁宇:《萬曆十五年》,中華書局,1982年,第208-209頁。

[3] 胡錦光、韓大元:《中國憲法》,法律出版社,2018年,第265頁。

要社會的配合與支持，為此需要作出一定的給付。這兩點說出財產權存在多方面的界限，最典型的是各種收入稅、財產稅等稅賦。還有，各種各樣的財產可受到無償的、不同形式的限制。例如，在一些城市，機動車按車牌尾號在工作日高峰時段限行，每週限行一天；房屋出租的租金每年只能調整一次；歷史建築的所有權人的修繕裝飾須經文物主管部門批准等。在這些情況下，財產權不僅沒有絕對性，而是近乎承擔着"社會義務"。[1] 最後，財產權還可能被更加"嚴厲地"限制或剝奪，徵收或徵用的情況即為此例。徵收是所有權的轉移，徵用是使用權的改變，一般在緊急狀態下的強制使用。洪水期間強制使用漁民船隻運輸救災物資屬徵用，強制將漁民船隻鑿沉以堵潰壩決口則屬徵收。

再如香港基本法與澳門基本法第 27 條均規定居民享有言論自由。言論自由為何是重要的？首先，我們可以說言論自由事關一個政治共同體的民主程度。民主的最大特點是公權力機關的任何決定都是公民合意的結果，而非個別階層或人士強迫的結果。公民合意如要影響公權力機關，合意的充分表達也即言論自由是不可或缺的條件。言論自由的影響有兩方面，一是在政治決定作出時，公民通過言論表達各種意見、看法或建議，以及呈現潛在的衝突或矛盾，為政治最優方案的得出提供信息資源。二是在政治決定執行時，公民通過言論對具體執行機關的行為進行評價或監督，防止出現權力濫用或腐敗等情形。就言論自由這方面的價值，密爾在其名著《論自由》中有經典的推論：第一，被迫緘默的意見可

---

[1]　張翔：〈財產權的社會義務〉，《中國社會科學》，2012 年第 9 期。

能是真確的，否認此點就是假定人類認識的不可能錯誤性；第二，縱使被迫緘默的意見是一個錯誤，它也可能是含有部分真理，換言之，公認的意見不可能是全部的真理；第三，即使公認的意見不僅是真理而且是全部的真理，若不容受到認真的質疑，那麼接受者保持此意見如同保持一個偏見而對其理性根據很少有領會。[1]

其次，言論自由尚可能與商業、學術、藝術、宗教等範疇的事業相關聯。以最近的"直播帶貨"產業為例，主播們有明星、官員、教師等，其從事的事業目的各異，但皆借助言論這一途徑而實現。換言之，言論自由使相關事業的進行變得可能。最後，言論自由具有自身的價值與意義，如果問言論自由對於一個人為何重要，回答可為"人本身就需要言論自由"。言論者通過言論活動來形成其自身的社會屬性，在個體意義上具有自我實現的價值。在這方面，正如 1789 年法國《人權和公民權宣言》所言："自由交流思想與意見乃是人類最高貴的權利之一，因此，每一公民都可以自由地言論、著作與出版。"

當然，言論自由並非沒有界限，如美國大法官霍姆斯所言："最大的言論自由也不保障任何人在戲院中有誆呼失火造成驚慌奔逃的自由。"同樣，言論自由也不保障在機場或飛機上大聲喊"Hi Jack！"（你好杰克！）因為這句話正是英文劫機（Hijack）一詞的諧音。除此之外，諸如侵犯他人的名譽權或隱私權，猥褻性、淫穢性的言論，煽動或教唆他人實施違法的言論等，亦不在言論自由的保障範圍之內。當然，

---

[1]　［英］約翰・密爾：《論自由》，許寶騤譯，商務印書館，2007 年，第 61 頁。

與其他權利一樣，不同國家地區對言論自由的保障程度並不完全一致，這與其社會文化、道德乃至宗教等影響因素有關。以“焚燒國旗”的行為為例，這在美國屬言論自由的保障範圍，但在東亞乃至整個亞洲地區是引起社會巨大憤慨、受到刑事處罰的行為。而在淫穢性出版物的判定上，美國與東亞、中東地區國家的“接受尺度”也完全不同。公眾人物的名譽權或隱私權範圍亦然，在一些國家可以被“八卦”或“捕風捉影”的行為在其他國家就不一定被允許。這一點亦說明各國憲法與其風土人情緊密相關。

二、基本邏輯與命題

特別行政區制度的最終目標是保障居民充分享有基本權利和自由，為此需要持有公共利益與個人利益的平衡觀，以及要接受權利與義務的統一觀，如此才能真正實現居民的基本權利和自由。

（一）公共利益與個人利益的平衡觀

特區社會對政府的期望、對個人利益的訴求、眾口不一的紛爭，無不涉及一個基本的關係，即公共利益與個人利益的關係。誰都想有個人的幸福生活，誰都生活在社會中，受到社會規則的約束。個人與社會不可分割。在社會的共同體中存在着公共利益。公共利益是甚麼呢？公共利益一般是指屬社會和公眾共同擁有的利益或福利。兩個國際人權公約將公共秩序、公共安全、公共衛生、公共道德，作為公共利益限制個人權利和自由的正當理由。當然，由於公共利益的概念涉及價值的標準，具有相對性（在某些人眼中是利益，在另一些人眼中不認為是利益），涉及廣泛的內容（經濟、教育、衛生、環境等），涉及複雜的利益關係（實際的利益與公共政策的長遠利益關係），難以有適用於任何時候、任何條件的絕對的標準。但是，公共利益確實存在，有時表現為物質的利益，如政府發展經濟，開發公共工程，創造就業，提供福利；有時表現為非物質的利益，如居民從事經濟活動，需要交易的安全，居民安居樂業，需要生命財產的安全，保障安全的社會秩序就是公共利益。

就像承認個人利益的合理性一樣，人人都應承認公共利益的合理性。既然公共利益是客觀存在的，是合理的，不會因為個人的不關注就不存在，不因個人不面對就不產生影響，所以就應該得到積極關注和面對，不迴避、不否認。個人要學會與社會相處。考慮到公共利益，澳門特區制定《維護國家安全法》。絕大多數澳門居民表示支持立法，說明居民對公共利益觀念的接受。

雖然公共利益不是個人利益之和，但公共由個體構成，歸根到底，公共利益是要兼顧個人利益的。而且，公共利益的實現，也有助於實現個人的利益。如澳門回歸之初面臨的是經濟困難和治安不靖的局面，發展經濟、維護治安就是居民的最大的公共利益。經過政府和居民的共同努力，經濟發展了，治安改善了，居民的經濟和人身權利也就得到了切實保障。所以，公共利益與個人利益的區別，並不妨礙它們之間可以互相促進，互相協調，達到平衡。

怎麼平衡公共利益與個人利益的關係呢？尤其是為實現公共利益可能犧牲個人的暫時或局部利益時怎麼處理呢？如澳門賭業開放，經濟發展的同時外勞增加，樓價上升，交通擁擠，一定程度影響居民就業、置業、出行，部分居民從經濟發展中獲得了較多的經濟實惠，一部分居民受益不多。對此，社會產生了分歧，我們怎麼從公共政策中平衡個人的利益呢？一種意見希望有更多的社會福利和保障，另一種意見擔心社會福利過多，經濟發展會喪失活力。是偏執一面，還是互相平衡？需要理性地作出選擇。雖然，公共利益與個人利益平衡觀，在不同個案中，不同人的認識不完全相同，也沒有一個絕對的標準，不能指望從它那裡能得到一個一勞永逸的解決方案。但是，放棄偏見和偏激，秉持兼顧、平衡的理念，對尋求解決社會問題的辦法是有益的。這是通往公共利益和個人利益最大化的唯一途徑。

（二）權利與義務的統一觀

珍惜享有的權利，履行當盡的義務是每一個居民的本分。特區人權目標的實現需要提倡正確的權利觀和義務觀，看到權利義務之間是互相聯繫、互為條件、互相轉化和促進的關係。

首先，權利是自由也是責任。這一方面體現為權利的實現以尊重法律為前提。英國的洛克曾說："法律的目的不是廢除或限制自由，而是保護和擴大自由。這是因為，在一切能夠接受法律支配的人類狀態中，哪裡沒有法律，哪裡就沒有自由。這是因為自由意味着不受他人的束縛和強暴，在哪裡沒有法律，哪裡就不能有這種自由。"[1] 同樣正如社會契約論者盧梭所認為的，人是生而自由的，但卻無往不在枷鎖之中，其主張要通過法律來保障自由，唯有服從人們自己為自己所規定的法律，才是自由。[2] 責任另一方面體現為珍惜權利。相當多的人把權利理解為 "我想行使就行使，我想放棄就放棄，與社會無關"。這樣的想法忽視了權利也包含着社會責任的內涵。近幾年來，澳門的一些青少年過早放棄學業，

---

[1] ［英］洛克：《政府論》，下篇，葉啟芳、瞿菊農譯，商務印書館，1964 年，第 36 頁。

[2] ［法］盧梭：《社會契約論》，何兆武譯，商務印書館，1980 年，第 301 頁。

投入博彩業，長遠影響澳門人力資源的素質，正是需要對上述權利觀進行反思的實例。當有受教育的權利時，不珍惜，不努力學習；當有勞動權利時，也不珍惜，不努力工作；當失去競爭力，失去就業機會時，誰應該負責呢？沒有盡到社會的責任，又要求社會負責，如要求提供福利和救濟，如果人人如此，社會財富如何創造？如何滿足這種權利的需要？權利關乎個人，當然需要珍惜，但僅此而已是狹窄的。權利也關乎社會，個人需要對社會盡責，這才是完整的權利觀。居民必須改變將權利和義務孤立看待的思維。

其次，權利與義務之間也是關聯的。在法律關係中，權利與義務是相統一的。一個人所享有的權利只應該是對他所負有的義務的交換：他從對方那裡得到的權利只應該是用他從對方那裡承擔的義務換來的；反過來，一個人所負有的義務只應該是對他所享有的權利的交換：他從對方那裡承擔的義務只應該是用他從對方那裡得到的權利換來的。[1] 正如黑格爾論道："一個人負有多少義務，就享有多少權利；他享有多少權利，也就負有多少義務。"[2]

[1] 王海明：〈論權利與義務的關係〉，《倫理學研究》，2005 年第 6 期，第 7 頁。
[2] ［德］黑格爾：《法哲學原理》，范揚、張企泰譯，商務印書館，1961 年，第 652 頁。